문학과 영화로
인성을 디자인하다

문학과 영화로 인성을 디자인하다

초판1쇄 발행 2021년 2월 26일
초판2쇄 발행 2022년 9월 16일

지은이 안영희
펴낸이 신일희
펴낸곳 계명대학교출판부
출판등록 제347-1998-1호(1970.9.1)
주소 대구광역시 달서구 달구벌대로 1095
전화 053-580-6233
팩스 053-580-6235
홈페이지 www.kmupress.com

ISBN 979-11-6516-074-6 03370
값 17,000원

문학과 영화로
인성을 디자인하다

안영희 지음

계명대학교 출판부

프롤로그

일본 도쿄대학에서 비교문학 · 비교문화를 공부하느라 10년이라는 시간을 보냈다. 대학에서 일본학을 전공했어도, 능숙하다고 여겼던 일본어는 물론 문학의 기초부터 다시 배워야 했기에 많은 시간이 소요되었다. 돌이켜보면 그 힘들고 긴 시간이 지금의 나를 있게 하였다. 아침부터 밤까지 종일 박사논문을 쓰는 데 매달리다가 미각과 후각 등 오감을 잃어간다는 느낌이 들었다. 식욕을 잃으니 살이 빠지고 종일 논문만 생각하니까 뇌가 쉬지 못해 불면증에 시달렸다. 지속되는 힘든 일상 속에서 유일하게 나를 위로해준 것이 영화였다. 주말에 한 번 보는 영화는 현실을 잠시 잊게 하고 먼 나라로 시간여행을 하게 해주었고 환상세계로 빠져들게 하였으며 나를 힐링하게 해주었다. 영화 덕분에 나는 무사히 박사학위를 받고 귀국할 수 있었다.

대학에서 강의를 시작하면서 내가 영화로 받은 감동과 치유를 학생들도 맛보았으면 하는 마음이 간절했다. 또한 빠르게 변화하는 시대에 교양교육을 어떻게 해야 할지에 대한 고민도 있었다. 처음 일본에 갔을 때, 박사논문을 손으로 써서 제출하였다는 이야기를 들었다. 마감 시간이 임박하여 동료들과 후배를 불러 모아서 논문을 필사하여 겨우 제출하는 일이 다반사였다. 그러다가 워드 프로세서가 나왔고 또 얼마 지나지 않아 컴퓨터로 논문을 쓰게 되었다. 이미 1990년대 이전부터 세상은 아날로그에서 디지털로 빠르게 바뀌고 있었다. 한국에 돌아와서 강의한 지 20년이 다 되어간다. 처음에는 칠판을 사용하다가 점차 컴퓨터로 하는 강의가 늘게 되었다. 2020년에는 코로나19로 거의 모든 수업이 원격수업으로 전환하는 획기적인 수업방식이 도입되었다. 코로나19로 인한 언택트(비대면) 사회로 접어들면서 변화의 물결 속도는 예상보다 빠르게 전개되고 있다.

공상 과학 영화에서나 볼 수 있었던 "인공지능이 문제해결을 돕고, 자동차는 자율주행을 하며 매장에선 로봇이 서빙을 하는 시대"가 이젠 우리 생활에서 실현되고 있다. 머지않아 가사도우미 로봇도 등장할 것이고 로봇과 공존하는 시대가 곧 열릴 것이다. 이렇게 빠르게 변하는 시대에 문학소녀였던 내가 어렸을 때 밤새도록 소설을 읽고 꿈을 꾸고 행복해했던 그 추억을 젊은 세대에게 강요할 수는 없다. 물론 책이라는 아날로그 세계에서는 영화와 같은 디지털 세계에서는 얻을 수 없는 상상력이라는 귀중한 선물을 얻을 수 있다. 하지만 책을 읽는 데는 많은 시간이 걸리지만, 영화는 2시간이면 내용을 이해할 수 있다는 장점이 있다. 따라서 책을 어려워하는 젊은 세대에게 선택의 폭을 넓힌다는 의미에서 소설과 영화를 선택하게 되었다. 소설 · 영화 분석과 작품이해를 통해 예술작품을 읽고 감상하는 즐거움을 느끼고 나아가 타인을 이해하고 배려하는 마음을 학생들이 가졌으면 한다. 한 개인의 배려와 따뜻한 마음이 모이면 살기 좋은 사회가 될 것이다.

인성을 디자인하는데 고전만큼 좋은 소재는 없을 것이다. 따라서 고전교육은 인간성의 고양을 목표로 하며 인간성의 핵심 요소에 도덕적 감수성이 포함된다는 점에서 인성교육의 목표와 그 궤를 같이한다. 하지만 지금의 대학생들은 문학 읽기를 부담스러워한다. 이 점을 고려하여 학생들이 흥미를 느낄 만한 영화나 소설을 선정하였다. 작품의 선정 요인은 다음과 같다. 첫째, 현대사회에 뜨거운 이슈를 주제로 인성 덕목 '책임, 소통, 협동, 배려, 존중'이 들어가는 작품이 대상이다. 둘째, 소설과 영화의 경우 작품성이 뛰어나고 재미있으면서도 잘 알려진 작품으로 선정한다. 셋째, 소설의 경우 주로 영화화된 작품을 골라 학생들의 흥미를 끌게 한다. 넷째, 인문학적 상상력 및 창의력을 증진할 수 있는 작품을 우선 선정한다. 다섯째, 한국 작품을 우선으로 선정하고, 가능하면 다른 나라의 작품들을 비교 고찰한다.

코로나19로 인해 4차 산업혁명의 물결은 걷잡을 수 없이 빠르게 진행되고 있다. 이러한 시대에 학생들이 삶의 방향을 정하고 올바른 인성을 기르고 실천하는 데 이 교재가 도움이 될 것이다. 따라서 많은 대학에서 이 교재를 활용했으면 하는 바람에서 책을 출판하게 되었다.

차례

서문
문학과 영화로 인성을 디자인하다

오늘날 급격한 사회 변화에서 오는 부작용, 가정 형태의 변화에 따른 교육기능의 약화, 입시 위주의 경쟁적 교육 체제로 인해 인성교육의 환경이 더욱 악화하고 있다. 이러한 문제를 극복하기 위해 정부에 의해 제정된 '인성교육진흥법'은 인성교육을 의무사항으로 규정하면서 2015년 7월부터 시행되었고, 인성의 8대 덕목을 〈예, 효, 정직, 책임, 존중, 배려, 소통, 협동〉으로 규정하고 있다. 하지만 지금까지 대학에서는 학생들의 수요에 부합하는 인성교육이 잘 이루어지지 않고 있다. 이에 본 교재는 인성교육진흥법의 8대 덕목 중 〈책임, 존중, 배려, 소통, 협동〉을 토대로 대학생에게 필요한 인성교육 항목을 〈치유와 자존감 회복, 책임과 정의, 존중과 배려, 소통과 협동, 시민의식과 사회 정의〉로 설정한다. 이를 위해 한국의 주요 소설과 영화를 분석하면서 동시에 다른 국가들의 주요 소설과 영화도 고찰함으로써 대학생들의 인성을 함양하는 데 만전을 기한다. 그리하여 이웃들, 그리고 동료들 사이에 서로 아껴주고 배려해주는, 따듯하고 정이 넘치는 학교와 사회 및 국가를 만드는데, 이바지하고자 한다. 이러한 목적을 달성하기 위해 최근의 주요 이슈들을 주제를 다루면서 대학생들이 스스로의 삶을 디자인하는 데 도움을 주고자 한다. 이 책은 대학생들의 교재를 위해 만들었으나 우리가 살아가면서 필요한 주요 이슈들을 다루었기에 일반인들이 읽어도 삶을 디자인하는 데 많은 도움이 될 것이다.

제1장은 '상처 치유와 자존감 회복'이다. 이 부분은 인성의 8대 덕목에는 없지만, 인성 함양의 전 단계로 치유와 자존감의 회복이 필수라고 판단되어 독립항목으로 설정하였다. 자신의 상처를 치유해야만 타인을 배려할 수 있는 여유가 생기기 때문이다. 현대인들은 살면서 수많은 경쟁을 하고 남들과 비교당하며 살아간다. 경쟁과 비교를 통해 자신도 모르게 많은 상처를 안고 있다. 특히 입시 위주의 대한민국에서 학력, 외모, 직업 등 모든 것들이 비교 대상이다. 남들과 비교하지 않고 오롯이 나로만 살아가기란 쉽지 않다. 이때 우리는 상처를 깁고 치유하며 자존감을 회복하는 일이 필요하다.

『서편제』(용서와 치유)에서는 타인을 용서하고 상처를 치유함으로써 자존감을 회복하도록 한다. 가까이에 있고 만나야만 하는 사람 중에 미워하고 그 사람 때문에 괴롭거나 용서하지 못하는 사람이 있다면 나 자신이 괴롭다. 『용서』에서 달라이 라마는 용서를 삶 속에서 실천할 수 있는 가장 큰 수행이라고 했다. 그는 "만일 나를 고통스럽게 만들고 상처를 준 사람에게 미움이나 나쁜 감정을 키워간다면 나 자신의 마음의 평화만 깨어질 뿐이다. 하지만 내가 그를 용서한다면 내 마음은 그 즉시 평화를 되찾을 것이다. 용서해야만 진정 행복할 수 있다."라고 했다. 나 자신의 마음의 평화를 위해 상대방의 입장에 서서 한번 생각해보고 용서할 수 있다면 자신을 치유할 수 있을 것이다.

『키친』(상처 깁기와 힐링)은 천애 고아가 된 미카게의 홀로서기와 상처 깁기, 그리고 미카게의 도움으로 상처를 회복해가는 유이치를 통해 우리에게 힐링을 선사한다. 조모를 상실한 슬픔과 외로움이 너무 커서 조모의 죽음을 인정하는 순간 어둠에 함몰될 것이 두려운 미카게는 무의식중에 자기 생각과 감정을 억누른 채로 생명력의 빛을 밝히고자 본연의 존재와 생명을 긍정하는 사랑을 상징하는 부엌을 찾고 결국 냉장고 곁에서 잠을 잔다. 이렇듯 조모의 죽음을 현실로써 인정하지 못하고 슬픔을 억누른 채로 생명력의 빛을 지키고자 하는 현재는 그녀에게 한계상황이었다. 스스로 고백하길 "나는 한계에 이르지 않으면 움직일 수 없다."라고 하는 미카게가 이때 유이치로부터 받은 그의 집 다나베 가로의 초청은 기적처럼 주어진 한 줄기 구원의 길이었다. 이에 응할 수 있었다는 것은 그녀가 홀로 감당키 힘든 한계상황에 있었음을 의미한다. 그리고 이렇듯 한계상황에서 미카게가 머물게 된 다나베 가는 실제로 그녀에게 구원의 공간이 되어준다.

『나미야 잡화점의 기적』(자존감 회복과 치유)에서 말하는 기적이란 거창한 기적을 말하는 것이 아니다. 사람은 유명 인사나 특별한 존재가 아니라도 누군가의 가능성을 끌어내 줄 수도 있고 변화를 유도할 수 있다. 따뜻한 말과 소박한 정성의 나눔을 통해서 기적을 이룰 수 있다는 메시지를 담고 있다. 소설 속 청년들은 아무런 지식도 뛰어난 능력도 없지만, 진심이 담긴 말을 전해줌으로써 고민하는 누군가에게 수많은 감사 인사를 듣게 된다. 3명의 백수 청년들도 남에게 기적과 같은 존재가 될 수 있고, 값싼 물건을 파는 평범한 잡화점도 사랑이 오가는 기적의 장소가 될 수 있다. 작가는 타인의 고민을 들어주는데 필요한 것은 능력도 자질도 아닌 그저 진심이 담긴 말이라는 것을 전해주고 있다. 이 소설들을 통해 자신을 치유하고 자존감을 회복한다.

제2장은 '팬데믹시대의 바이러스와 공동체 윤리'이다. 자신의 상처를 치유하고 자존감을 회복했다면 이제 인성을 디자인하는 단계로 들어간다. 여기에서 팬데믹시대의 감염병과 바이러스를 통해 상호존중과 협동, 책임 등 공동체 윤리에 대해 생각해본다. 팬데믹은 모두를 뜻하는 그리스어 'Pan'과 사람을 뜻한 'demos'가 합해진 단어로 범유행을 뜻하며 어떤 감염병이나 전염병이 규모가 커져 세계 각지에서 산발적으로 일어나게 된 상태를 나타내는 용어다. 역사적으로 가장 악명 높았던 팬데믹 질병 종류에는 중세 유럽 인구 1/3의 생명을 앗아간 흑사병, 20세기 1918년 스페인 독감, 1957년 아시아 독감, 1968년 홍콩 독감과 21세기 2009년 신종인플루엔자가 있다. 현재 전 세계는 코로나바이러스로 지금까지 경험하지 못했던 초유의 사태를 경험하고 있다. 우리의 일상을 바꾼 코로나바이러스는 환경파괴로 인해서 일어나게 된 것이다. 환경파괴는 신자유주의 경제와 밀접한 관계를 맺게 된다. 신자유주의 경제는 끊임없이 물건을 만들어 팔아 환경을 훼손한다. 신자유주의로 인해 빈부격차와 사회 양극화는 계속 심해지고 있다. 그러므로 지금이라도 우리는 모두 지구온난화 문제와 환경파괴에 대해 심각성을 가지고 해결하려고 노력해야 한다. 기계와 인간의 공존, 그리고 인간과 환경의 공존을 통해서만 우리의 미래는 지

속될 수 있다.

〈감기〉(감염병과 봉쇄, 그리고 국가권력)에서 국내 밀입국을 시도하던 필리핀 노동자들을 통해 전파된 바이러스는 그들과 처음 접촉한 한국인 브로커를 매개체로 삽시간에 경기도 성남시 분당을 공포와 비명이 난무하는 아수라장으로 탈바꿈시킨다. 여기서 등장인물들은 살아남기 위해 사투를 벌인다. 이를 통해 우리는 감염병에 대한 개인과 국가의 올바른 대처 방법에 대해 생각해볼 수 있다.

〈부산행〉(인간의 이기심과 책임)은 정체 모를 바이러스가 전국으로 확산한 가운데 부산행 KTX 안에서 살아남고자 사투를 벌이는 인간 군상의 모습을 담은 영화다. 〈부산행〉에서 좀비는 지능이나 이성은 찾아볼 수 없고 살육과 탐식이라는 유일한 본능에 따라 움직이며 바이러스 전염을 통해 끊임없이 자기 증식을 거듭한다. 즉 좀비는 공동체의 위기를 가속하며 분열을 초래하는 매개체이다. 외환위기 이후 자본 간 경쟁으로 실제 수많은 기업이 도산하고 노동자들이 정리해고를 당하면서 구조조정의 회오리가 불었다. 이후 신자유주의적 자본주의는 지금까지 한국의 시장과 사회에 가히 좀비 증식 같은 흐름을 보여 왔다. 좀비는 결국 자본의 속성처럼 한국의 모든 것(인간뿐 아니라 고라니 같은 동물도)을 물어뜯고 살육하며 감염시킨다. 이 영화에서 좀비같이 공동체를 분열시키는 이기적인 인간과 타인을 배려하는 이타적인 인간군상을 볼 수 있다. 각 등장인물의 모습을 통해 인간의 책임에 대해 생각해볼 수 있다.

〈컨테이젼〉(환경파괴와 집단지성)에서는 홍콩 출장을 끝내고 공항에서 연체된 비행기 시간을 기다리는 한 여성이 기침하고, 열이 나는 증상을 보인다. 이 여성에게 나타난 신종 바이러스는 다국적 기업에 의해 숲이 개발되면서 이상 증상의 박쥐가 위생 상태가 더러운 민가의 돼지 축사로 날아들어 배설물이 떨어지게 되면서 생기게 된다. 배설물을 먹은 돼지가 홍콩의 한 레스토랑으로 유통되고 돼지로 요리를 하던 주방장은 손을 앞치마에 대충 닦고 밖으로 나가 손님과 악수를 하게 되면서 박쥐와 돼지의 신종 바이러스인 전염병이 전파된다. 이 영화는 이 절대적 위기 속에서 백신을 만들어 사람들을 구하는 내용을 담고 있다. 바이러스 영화를 통해 알 수 있는 것은, 소수 영웅적 의료진들이 매우 중요하지만, 결국 창궐을 막는 것은 집단의 힘일 수밖에 없다는 점이다. 바이러스에 대처하는 올바른 자세는 '나를 지키고, 너를 지키고, 공동체를 지키는 일'을 하는 것이다. 팬데믹 시대의 전염병을 다룬 영화를 통해 우리는 국가권력, 집단지성, 그리고 인간과 자연이 공존하는 삶을 생각해볼 수 있다.

제3장은 '성평등과 페미니즘, 그리고 공존'이다. 여기서는 존중과 배려, 소통과 협동에 대해 생각해볼 수 있다. 우리 사회의 화합을 방해하는 가장 큰 갈등 요인 중의 하나가 젠더갈등이다. 페미니즘은 여성우월주의가 아니라 성평등을 이루기 위한 이론이다. 남성과 여성이 동등한 권리와 기회를 얻어야 한다는 신념에 기초하고 있다. 쉽게 말해서 남성과 여성 중 한 성만이 잘 살 수 있는 사회가 아니라 서로 협력하고 공존하고 상생할 수 있는 사회를 만들자는 것이다. 성이 다르다는 이유로 차별받는 사회라면 남성과 여성이 모두 행복할 수 없다. 남성과 여성이 차별이나 혐오가 아닌 존중과 배려를 통해 우리 사회가 더 조화롭고 살기 좋은 사회가 될 수 있다. 우리 사회에 있는 젠더갈등을 해결하고 성평등을 통해 공존하는 방법을 모색할 수 있다.

『무소의 뿔처럼 혼자서 가라』(남성 중심 사회의 여성 이야기)에서는 1990년대를 살아가는 혜완, 영선, 경혜의 삶을 볼 수 있다. 꿈많던 대학 시절을 보낸 그녀들이 불행한 결혼생활을 하게 된 원인은 우리 사회의 가부장제와 사소한 성차별 요소를 들 수 있다. 여성의 사회적 차별을 극복하고 자립하는 길을 걷는 여성들을 통해 성평등의 길을 모색함으로써 성차별을 극복하고 존중과 배려의 정신을 배울 수 있다.

『82년생 김지영』(평등한 성과 공존의 삶)은 대한민국에 사는 일반적인 여성들, 즉 우리 모두의 김지영을 그리고 있다. 이 소설에서는 김지영이라는 가장 많은 보통의 이름을 통해 매개되는 무수한 여성의 목소리를 담고자 했다. 82년생에게 가장 많이 부여되었다는 그 흔한 이름을 내세워 '우리 모두의 김지영', 나아가 한국인 여성의 삶 전체의 공통분모를 보여준다. 작가는 김지영이 이상증세를 보이게 된 원인인 억압적이고 차별적인 젠더 에피소드와 관련된 부분에서 각주를 사용한다. 이야기의 흐름 속에서 김지영으로 대표되는 여성이 억압받고 차별받는 원인이 등장하고, 그 내용의 출처가 각주로 명시한다. 이는 김지영이 겪는 여성의 어려움이 소설 속의 허구가 아닌 객관적 현실이자 사실로 존재함을 말해준다.

〈델마와 루이스〉(가부장적 사회의 반란자들)는 1990년대 초반 미국 사회에서 여성의 일상을 지배하는 남성과 이러한 남성 권력의 유지를 위한 가부장제 이데올로기를 고발하는 페미니즘 영화이다. 영화의 주인공 델마와 그녀의 남편인 데럴을 통해 그 시대의 가부장적인 사회 모습을 알 수 있다. 그 당시 노동시장에서 여성의 지위가 상승했음에도 불구하고 남녀차별은 여전히 존재하였다. 〈델마와 루이스〉에는 사회가 요구하는 남성성과 여성성의 전복이 두드러지게 나타난다. 이 영화에서 여성 주인공 델마와 루이스는 희생자로서의 여성의 이미지에 머물지 않는다. 오히려 적극적으로 남성들의 폭력과 남성 중심의 질서에 저항하는 존재로 변신한다.

제4장은 '제4차산업혁명 시대의 로봇윤리'이다. 우리는 모두 이세돌과 알파고의 대국(2016.3.9-15)을 지켜보며 인공지능의 뛰어난 능력에 놀란 경험이 있다. 인공지능의 승리는 인간의 삶을 크게 변화시킬 4차 산업혁명을 예고했다. 1차 산업혁명은 물과 증기를 이용한 기계화, 2차 산업혁명은 전기의 힘을 이용한 대량생산 체제, 3차 산업혁명은 전기기술과 정보기술(IT 기술 확산)을 이용해 자동화된 생산체제, 4차 산업혁명은 제조업과 정보통신기술(ICT)을 융합한 차세대 산업혁명을 말한다. 다시 말하면 4차 산업혁명은 IoT(Internet of Things, 사물인터넷), 인공지능, 빅데이터, 클라우드 컴퓨팅 등이 융합된 CPS(Cyber-Physical System, 사이버 물리 시스템)를 통한 만물초지능 혁명이다. 1～3차 산업혁명이 육체노동을 대신할 기계 근육을 만드는 과정이었다면 4차 산업혁명에서는 기계 두뇌가 탄생하는 셈이다. 이처럼 세계는 빠르게 변하고 있고 우리 누구도 포스트 코로나 이후의 삶을 모른다. 이때 우리는 다가올 미래를 어떻게 대비해야 하는가?

〈A.I.〉(사랑을 느끼는 로봇과 로봇윤리)는 오직 부모에게 사랑받기 위해서 탄생한 감정을 가진 인공지능 로봇 캐릭터로 표현되고 있다. 인간을 사랑하도록 프로그래밍이 된 데이비드는 모니카를 엄마로 여기며 점차 인간사회에 적응해간다. 하지만 진짜 아들 마틴이 기적적으로 되살아나 퇴원하여 가족의 품으로 돌아오자 데이비드는 슈퍼토이 테디 베어와 함께 숲속에 버려진다. 여기에서 로봇을 생명체로 볼 것인지 아니면 기계로 봐야 하는지에 대해 고민하게 되는 지점이 발생한다. 감정을 가진 인공지능과 로봇윤리에 대해 생각해볼 수 있다.

〈네버 렛 미 고〉(인간 복제와 로봇윤리)는 2017년 노벨 문학상 수상자로 선정된 일본계 영국 작가인 이시구로 가즈오의 2005년 출간 동명 원작소설을 바탕으로 영국에서 만들어진 디스토피아적인 영화이다. 〈네버 렛 미 고〉는 생산된 복제인간들이 성장하여 성인이 되면 정상 인간들을 치료하기 위해 자신의 장기를 기증하다가 결국 사망하는 이야기를 다룬 소설이다. 이 소설에서는 복제인간을 포함한 과학기술과 기술의 급속한 발전으로 인한 윤리와 도덕의 문제를 제기하고 있다. 따라서 복제인간의 삶을 통해 복제인간의 윤리 문제를 생각해볼 수 있다.

〈바이센테니얼 맨〉(인간과의 공존을 갈망하는 로봇)은 SF문학계의 세계적인 거장인 아이작 아시모프의 소설을 영화화한 것이다. 이야기는 미국 뉴저지주를 배경으로, 한 남자가 가족을 위해 가사도우미 로봇 'NRD-114'를 구매하면서부터 시작된다. 가족들은 이 로봇에 '앤드류'라는 애칭을 붙여주고 함께 생활한다. 인간을 완벽하게 닮은 로봇을 지칭하는 '안드로이드'에서 따온 이름이다. 앤드류는 가사, 청소 등 모든 집안일을 완벽하게 처리한다. 결국 앤드류는 인간을 사랑하게 되고 인간이 되고 싶어 죽음을 선택한다. 미래에는 사람처럼 두 발로 걷고 가사 일도 해 주는 가사도우미 로봇이 등장할 것이라고 예상된다. 미래사회의 생활형 로봇과 공생하는 삶을 고민해볼 수 있다.

제5장은 '사회공동체의 시민의식과 정의'이다. 토머스 제퍼슨이

말했듯이 민주주의라는 나무는 피를 먹고 자란다고 한다. 지금 우리가 누리고 있는 민주주의는 그냥 이루어진 것이 아니다. 민주화 운동을 위해 목숨을 바친 수많은 사람의 피 위에서 이루어진 것이다. 과거의 히틀러가 수많은 유대인을 죽인 전체주의의 역사를 되풀이하지 않기 위해 우리는 어떤 자세를 가져야 하는가? 현대인들이 가진 다양한 생각과 개성이 축소되거나 사라지면 언제든지 전체주의가 발생할 수 있다는 사실과 함께 자유와 민주주의를 지키는 일엔 올바른 역사의식과 비판적이고 정의로운 신념이 중요하다는 사실을 배울 수 있다.

『우리들의 일그러진 영웅』(독재자의 탄생과 시민의식)에서 우리 사회의 일그러진 영웅을 볼 수 있다. 한 시골 초등학교에서 비민주적인 권력을 행사하는 독재자 학생인 엄석대, 방관자 선생님, 현실에 순응하는 나약한 지식인인 나, 권력에 빌붙는 아이들의 모습을 통해 사회공동체의 시민의식과 정의가 무엇인가를 생각해본다.

〈기생충〉 (신자유주의 시대, 기생하는 자들의 슬픈 삶)에서 신자유주의와 빈부격차에 대해 생각해본다. 극과 극의 삶을 사는 두 가족을 중심으로 빈부격차와 양극화로 인한 계급 · 계층 간 단절을 다뤄낸 〈기생충〉을 통해 소통과 배려, 계층 간 단절을 극복하고 상생하는 방안을 모색해본다. 이들 작품을 통해 신자유주의 시대의 시민의식을 생각해볼 수 있다.

〈디 벨레〉(전체주의와 민주주의, 그리고 정의)에서 민주주의를 지키기 위해 끊임없는 유지보수가 필요하다는 것을 알 수 있다. 독일 김나지움 고등학교 프로젝트 수업에서, 주제인 독재정치를 실제 체험해가는 과정에서, 전체주의에 도취해가는 학생들의 변화를 통해 비판적 시민의식과 올바른 역사의식 그리고 민주주의와 정의를 생각해 볼 수 있다.

이와 같은 내용을 통해 이 책은 대학생들의 인성 함양을 도모하고 실생활에서 실천할 수 있도록 도움을 주고자 한다. 본 교재의 목표를 요약 · 설명하면 아래와 같다.

1. 인성교육이 시작되기 전 단계로 입시 위주의 경쟁적 교육으로 인해 자존감을 상실하고 열등감을 품게 된 학생들을 치유하고 자존감을 회복하게 한다. (나에 관한 이해→열등감 극복과 자존감 회복)
2. 시대를 초월하여 읽혀 온 문학과 영화의 이해와 감상을 통해 나와 타인의 관계에 대해 생각해본다. (타인에 관한 이해→책임 · 존중 · 배려)
3. 인류의 보편적 가치와 사회 정의에 대해 이해하고 토론한다. (나와 타인의 관계→소통 · 협동)
4. 개인과 타인의 영역에서 문학을 통한 인성교육이 이루어졌다면 종합적 영역에서는 실생활을 통해 이를 실천하도록 유도한다. (실천)
5. 개인의 영역, 타인의 영역, 종합적 영역에서 인성교육이 이루어지도록 한다.

제4차산업혁명 시대에 도래한 현재, 기계가 인간의 영역을 침범하고 인간과 기계의 역할이 불분명하게 되고 있다. 인류의 행복한 미래를 위해 인간의 올바른 가치판단과 인성은 더욱 중요해진다. 문학교육은 작품의 이해와 감상을 통하여 학습자의 체험을 확대하고, 미적 정서와 상상력을 계발하며, 인간의 총체적 삶을 이해할 수 있도록 하여야 한다. 특히 문학작품은 오랜 시간 동안 많은 사람에게 읽히면서 시대를 초월하여 통용될 만한 인간의 가치와 민족의 다양한 생활방식을 담고 있다. 따라서 작품에 나타난 다양한 인간군상을 통해 인성교육을 실현할 수 있다. 따라서 인성교육을 이야기하면서 그 가능성을 문학에서 찾고자 하는 충분한 근거가 된다. 아울러 책임, 소통, 협동, 배려, 존중 등을 다룬 영화 작품을 선정하여 문학작품을 통해 개발된 인성교육의 효과를 극대화하고자 한다.

1

상처 치유와 자존감 회복

제1장
『서편제』
- 용서와 치유

1. 작가소개

이청준(李淸俊, 1939~2008)은 대한민국의 소설가이다. 광주제일고와 서울대 독문과를 나왔다. 1965년 소설 『퇴원』[1]으로 등단, 2년 뒤 『병신과 머저리』로 동인문학상을 수상하는 등 작품활동 초기부터 문단의 관심을 끌었다. 『당신들의 천국』 『벌레 이야기』 등을 내놓으며 40여 년간 우리 문학계의 기둥 역할을 했다. 이청준 문학은 『당신들의 천국』으로 대표되는 인간과 사회 및 개인과 권력의 문제에 대한 성찰, 말과 현실이 어긋나는 현실을 비판적으로 탐구한 『언어사회

1 책 제목은 장편 『 』, 단편 「 」, 영화 제목은 〈 〉로 표기한다.

영화 〈서편제〉 포스터[1]

학 서설』, 억압과 고통의 시대를 살아가는 젊은이와 지식인들의 내적 의식과 고뇌를 그린 『씌어지지 않은 자서전』 『조율사』 등에서부터, 현실의 한과 판소리로 대표된 예술혼과 관계를 탐구한 『남도사람』 연작(『서편제』), 철학적 종교적인 차원의 죄와 구원의 문제를 탐구한 『낮은 데로 임하소서』 『자유의 문』 등에 이르기까지 그의 문학적 스펙트럼은 다채롭다.

『벌레 이야기』(1985)는 〈밀양〉(2007)이란 제목으로 영화화되기도 했다. 또한 이청준 문학 특유의 액자구조, 다원화된 시점, 열린 결말의 구조, 탐구와 추리 기법 등의 문학적 장치는 그가 한국문학에 본격적으로 선보인 현대적인 소설 기법들이다. 이런 다양한 문학 세계를 꿰뚫고 있는 이청준 특유의 문학성은 '장인정신'이라는 말로 압축된다. 장인성이란 자기 작업 범위 안에서 자기만족을 추구하는 전문가적 태도를 말한다. 이 장인성은 근대화 과정에서의 규격화된 대량생산과 효율성의 가치, 그리고 예술 자체의 직접적인 사회적 역할을 요구하는 태도와 어긋난다. 산업사회와 그 이데올로기는 언제나 장인성을 도구로만 이용하려 들기 때문이다. 이청준의 소설 속에는 근대화의 현실과 세속적 가치들을 거절하면서 자기만의 장인성을 극단적으로 몰고 가는 인물들이 등장하며, 이 인물들은 주위의 압박에도 끝까지 장인성의 꿈 안에서 자기 운명을 산다.

이청준은 이 실패할 수밖에 없는 꿈을 '풍요로운 익명 시대에 갈잖

2 제작 태흥영화, 출처 구글 이미지

은 기명(記名) 작업'이라고 표현한 바 있다. 집단적 익명에 의한 세계와 맞서는 장인성 추구는 현대사회에서는 늘 절망을 예고한다. 그리고 그의 소설 속의 인물과 서술자를 통해서 뿐만 아니라, 작가 이청준 스스로가 한국문학에서의 장인정신을 보여주고 있다. 그의 문학적 영감의 원천이었던 고향 장흥은 일종의 삶의 원형을 의미하였다. 이청준의 소설 속에서 귀향하는 인물들은 자신의 삶을 있게 한 운명의 구조를 들여다보는 사람, 가장 본래 시간의 자리로 돌아가는 사람들이다. 그것은 고향 이후의 시간, 고향을 떠나왔던 근대화의 시간에 대한 반성을 의미한다. 귀향은 세속적이고 근대적인 시간을 거슬러 올라가 원형적 기억과 만나려는 충동이다. 물론 순결한 고향의 시간은 이제 남아 있지 않을 것이다. 그러나 바로 그것이 남아 있지 않다는 것을 쓰라리게 깨닫는 순간, 소설 쓰기는 시작된다. 작가 이청준의 귀향은 이제 그의 사후에 이뤄지게 됐다. 그래서 작가의 귀향은 그의 소설 속 인물들의 귀향보다 더욱더 상징적이다. 이청준의 문학은 어떤 집단적인 문학사에도 편입되지 않는 이청준만의 문학사를 이뤘다. 작가의 귀향은, 단지 한 작가의 죽음을 의미하는 것이 아니라 우리 시대 최고의 문학적 장인, 이청준의 문학사가 다시 시작되는 문학적 사건이다.

2. 작품의 시대적 배경

이청준 소설 『서편제』(1976)는 임권택 감독의 〈서편제〉(1993)로 영화화되었다. 1950년대 말~1970년대 판소리 풍속을 이어가는 전남 보성 땅 한적한 소릿재 주막을 배경으로 하고 있다. 『서편제』는 소설가 이청준이 일궈놓은 40년 문학의 총체를 보전하고 재조명하기 위해 새로운 구성으로 준비한 『이청준 전집』 시리즈의 열두 번째 책이다. 이 시리즈에는 장편소설, 중 · 단편소설, 그리고 작가가 연재를 마쳤으나 단행본으로 발간되지 않은 작품과 미완성작 등 1976년 봄부터 1977년 봄까지 발표했던 13편을 담았다. 소설 『서편제』의 시대적 배경은 6.25전후 암흑기이며 공간적 배경은 제목 『서편제』 『남도사람』으로 나타내고 있다. 지역적 특성은 남도 사람들이 힘든 노동을 하여도 소작인으로 남의 일을 해주면서 새경을 받고 근근이 살아야 하는 남도 사람들의 한이 담겨있다. 작중 '햇덩이' 표현이 자주 등장하는데, 햇덩이는 숙명적인 한이자 소리이며 신화적 상징으로 접근해본다면, 그리스 신화의 '아폴론'은 태양의 신이자 음악과 시를 관장하는 신이다.

3. 핵심적인 내용 및 주제

우리 문학의 정서를 논할 때 자주 등장하는 용어가 한(恨)이다. 한은 우리 민족 고유의 정서이기도 하다. 그 민족의 정서를 외국어로 번역할 수 없다면 그 나라만이 가진 고유의 정서라고 해도 무방할 것이다. 사전을 찾아보면 한(恨)은 "억울하고 원통한 일이 풀리지 못하고 응어리져 맺힌 마음의 상태를 지칭하는 말"[3]이다. 복수심과는 다른 한국인의 정서를 담고 있다. 하지만 한을 일본어로 번역하면 "원한〈恨み〉이 된다. '원한'은 다른 사람의 처사를 불만으로 생각하고 화나고

---

3 위키백과

미워하는 마음으로 원망과 복수의 의미가 들어 있다. 이는 우리 민족 고유의 정서인 한을 정확하게 외국어로 번역하기가 어려움을 말해준다.

한의 정서가 가장 잘 드러나는 문학작품 중에서 시는 김소월의 「진달래꽃」, 소설은 이청준의 『남도사람』연작을 들 수 있다. 『남도사람』연작은 임권택 감독이 영화화해 많은 관객 수를 동원하기도 했다. 「진달래꽃」은 나를 떠나는 임과의 이별을 견디고 수용하는 측면을 넘어 진달래꽃을 뿌려 축복한다. 이별의 슬픔과 가슴 속에 응어리진 한을 체념과 절제, 인고의 자세로 극복하고 있다. 한은 개개인에 따라 다양한 형태로 내면에 쌓이게 되고 다양한 형태로 존재한다. 그 한을 표출하는 사람이 있는 반면에 내면에 쌓아둔 채 평생 살아가는 사람도 있다. 한은 『서편제』에서 맺힘 → 쌓임 → 삭임 → 풀림 → 승화의 과정을 거친다[4]

소설 『남도사람』연작과 영화 〈서편제〉는 한의 양상이 잘 드러나는 작품이다. 『남도사람』연작에서는 「서편제」 「소리의 빛」 「선학동 나그네」에서 차례대로 한의 맺힘 → 쌓임→삭임을 다루고 있고, 「새와 나무」 「다시 태어나는 말」에서 용서를 통해 풀림→승화로 마무리된다. 소설과 영화에서는 딸의 소리를 위해 눈을 멀게 한 아버지를 용서하고 예술을 통해 승화하는 딸의 모습을 통해 한의 승화 과정을 볼 수 있다. 딸은 자신을 평생 고통스럽게 한 아버지를 원망하지 않고 용서함으로써 마음의 평화를 얻고 자신을 치유하는 것이다. 이를 통해 독자들의 마음도 치유된다.

달라이 라마는 『용서』에서 "용서는 삶 속에서 실천할 수 있는 가

4 배경열 「「서편제」연작에 나타난 '한'의 극복 과정 고찰」『한국사상과 문화』 58, 2011, p.128.

장 큰 수행"[5]이라고 했다. 그는 용서해야만 진정 행복해질 수 있다고 했다. 남을 미워하고 원망하는 마음을 가진다면 마음의 평화를 얻을 수 없다.

「서편제」「소리의 빛」「선학동 나그네」의 한과 소리

이청준 소설의 『남도사람』 연작은 「서편제」(남도사람1, 1976), 「소리의 빛」(남도사람2, 1976), 「선학동 나그네」(남도사람3, 1979), 「새와 나무」(남도사람4, 1980), 「다시 태어나는 말」(남도사람5, 1981) 등 5편으로 이루어져 있다. 비슷한 소재와 주제를 중심으로 한 연작이라는 독특한 글쓰기이다. 「새와 나무」, 「다시 태어나는 말」은 등장인물과 상황설정이 주변부로 밀려나 있고 다른 문제가 중심부에 서게 된다. 하지만 「서편제」, 「소리의 빛」, 「선학동 나그네」는 인물들과 이야기가 거의 같고 이어져 있어서 이 3편을 『서편제』 연작이라고 할 수 있다. 「서편제」는 사내가 누이를 떠난 후, 소릿재 주막에 있는 동생을 찾아가 헤어진 후의 동생과 의붓아버지에 대한 일들을 알아보는 것이다. 「소리의 빛」은 탐진강 장흥 주막에서 두 남매가 만나서 하룻밤을 보냈으나 동생의 한을 다치지 않게 하려고 서로 말하지 않고 사내가 떠난다는 내용이다. 「선학동 나그네」는 「서편제」, 「소리의 빛」의 후일담으로, 선학동에 소리꾼 여인이 아비의 유골을 암매장한 일과 소리꾼 여인이 말라버린 선학동 포구에 소리를 통해 다시 선학을 날게 했다는 이야기다. 따라서 세 편은 내용상 하나의 이야기로 이어져 있다.[6] 앞의 세 작품이 사내가 남도 일대를 떠돌아다니며 주막에서

---

5 달마이 라마 · 빅터 챈 저, 류시화 역 『용서』오래된 미래, 2004, p.11.
6 배경열, 앞의 논문, p.137 참조.

아버지와 누이의 이야기를 듣는 인물로 설정되어 있듯이 「새와 나무」도 사내가 과원 수림의 집에 머물며 주인한테 빗새에 해당하는 형과 시인에 관한 이야기를 듣는다. 「다시 태어나는 말」에서 주인공인 지욱이 우연히 타락하지 않는 순결한 말을 찾아 김석호를 찾아온다. 김석호가 사내의 말을 들려줌으로써 앞의 내용과 구조적으로 동일성을 유지한다.[7]

1) 「서편제」(『남도사람1』) - 한의 맺힘

「서편제」는 일정한 직업 없이 떠돌아다니는 소리꾼 아비와 그의 딸, 그리고 집을 나간 오라비인 사내의 이야기가 중심이 된다. 「소리의 빛」은 「서편제」의 속편으로 두 주인공인 의붓남매가 상봉하는 장면이 그려진다. 소리꾼 딸이 소리로 한을 풀어내는 모습이 서럽게 그려진다. 「선학동 나그네」는 앞의 두 작품의 후일담 소설에 해당한다. 「선학동 나그네」는 주막집 주인 사내가 소리꾼 부녀의 30년 전의 모습을 이야기한다. 소리꾼 부녀가 마을을 떠난 뒤에 20여 년만의 중년 여인이 된 딸이 아비의 유골을 묻기 위해 나타난 것이다. 장님 딸이 다녀간 후에 선학동에 다시 학이 날게 되었다는 이야기다. 이처럼 이 세 편의 이야기가 모두 이어져 있다. 그리고 공통으로 나타나는 화자는 소리꾼 부녀의 의붓아들이자 의붓오라비인 사내라는 점이다. 사내는 자신의 어미를 죽였다는 원망 때문에 의붓아비에 대한 원한과 살의를 느끼고 집을 떠났으나 시간이 지난 후, 계속해서 소리꾼 부녀의 자취를 찾아다닌다. 그리고 주막집에서 소리꾼 부녀의 이야기를 듣는

---

7 김승종 「이청준 소설 「남도사람」연작에 나타난 '恨'의 미학과 '용서'의 정신」『現代文學理論研究』 39, 2009, p.179 참조.

다는 설정으로 되어 있다. 사내는 소리꾼 아비가 딸이 좋은 소리를 내게 하려고 잠자는 사이에 청강수를 넣어서 눈을 멀게 했다는 사실도 알게 된다. 이 3연작에서는 눈이 멀게 된 소리꾼 딸의 한, 자신의 어머니를 죽였다는 생각에 사로잡혀 원한과 살의를 가진 사내의 한을 그리고 있다. 나아가 그 한을 소리로 표현하고 있다.

「서편제」의 배경은 보성군 보성읍에서 조금 떨어진 한적한 소릿재 주막이 된다. "왼쪽으로는 멀리 읍내 마을들을 내려다보면서 오른쪽으로는 해묵은 묘지들이 길가까지 바싹바싹 다가 앉은 가파른 공동묘지-그 공동 묘지 사이를 뚫어 나가고 있는 한적한 고갯길목을 인근 사람들은 흔히 소릿재"[8]라고 한다. 뿌연 먼지를 뒤집어쓴 한 작은 초가 주막을 사람들은 소릿재 주막이라 한다. "곡성과 상여 소리가 자주 지나는 묘지 길이니 소릿재라 부를 만했고, 소릿재 초입을 지키고 있으니 소릿재 주막이라 이를 만했다."(p.7)라고 한다.

이 소릿재 주막의 여인은 남도 소리를 구성지게 잘하였다. 이 주막에 낯선 남자 손님이 찾아온다. 그 손님은 여자의 소리뿐만 아니라 소리의 내력까지 알고 싶어 했다. 그 주막 여인의 이야기가 작품의 스토리가 된다. 그 여자는 소리꾼 부녀의 내력을 이야기하기 시작했다. 그녀는 소리꾼 딸에게서 소리를 배웠다고 한다. 그리고 그 이야기를 듣는 사내는 집을 나온 소리꾼 딸의 오라비이다. 그리고 주막은 그 부녀가 살면서 소리를 하던 곳이기도 하다. 그 소리꾼 딸은 앞을 볼 수 없었는데 그 내력은 다음과 같다. 6 · 25로 뒤숭숭해진 마을 인심이 조금씩 가라앉아 가고 있던 "1956~7년 무렵의 어느 해 가을"에 여인이 아직 잔심부름하고 있던 읍내 마을의 내갓집 사랑채에 소리꾼 부녀가

8 이청준 『서편제』 열림원, 1993, p.7.

들어오게 된다. 그 댁 어른이 우연히 마을 나들이를 갔다가 데리고 온 것이다. 쉰이 넘은 늙은 아비와 열다섯이 될까 말까 한 어린 딸아이 부녀이다. 두 부녀가 주인을 반하게 할 만큼 용한 소리꾼이었다. 소리꾼 딸은 아버지가 헛기침이 심해지자 한사코 집을 나가겠다고 우겨서 공동묘지에 버려진 빈집에 들어온 것이다. 소리꾼 아비가 죽고 딸아이를 데리고 오려 했지만, 한사코 거절해서 주막을 차려준 것이었다. 지금의 주막집 여인은 소리꾼 딸에게 소리를 배운 것이다.

딸아이가 앞을 못 보게 된 이유는 다음과 같다.

> 소리꾼의 계집딸이 아직 열 살도 못 되었을 때- 어느 날 밤 그녀는 갑자기 견딜 수 없는 통증으로 그의 아비 곁에서 잠을 깨어 일어나게 되었고, 잠을 깨고 일어나 보니 그녀의 얼굴은 웬일로 숯불이라도 들어부은 듯 두 눈알이 모진 아픔으로 활활 타들어 오는 것 같았고, 그것으로 그녀는 영영 앞을 못 보는 장님 신세가 되어 버리고 만 것이라 했다. 여자의 아비가 잠든 계집 자식 눈속에다 창강수를 몰래 찍어 넣은 것이라 했다.(p.20)

소리꾼 아비가 딸에게 장님이 되게 한 것은 한을 심어주어 진정한 소리꾼이 되게 하기 위한 것이라고 주막집 여인이 말한다. 「서편제」에서는 장님이 된 소리꾼 딸의 한이 맺히는 과정이 가장 잘 드러나고 있다. 이건 분명 아버지가 딸에게 행한 폭력임이 분명하다. 그런데도 그 딸은 아버지를 용서한 것 같이 보였다고 한다. 소리꾼 여인은 "행동거지로만 본다면 말도 없고 원망도 없었으니 용서를 한 것 같아 보였지요. 더구나 소리를 좀 안다 하는 사람들까지도 그걸 외려 당연하고 장한 일처럼 여기고들 있었으니께요."(p.28)라고 한다. 그러자 사내는 아비가 딸의 눈을 멀게 한 것은 딸이 아들처럼 자기 곁을 떠날 수도 있으니까 붙잡아두려고 그런 것이라 한다.

> 사람의 한이라는 것이 그렇게 심어 주려 해서 심어 줄 수 있는 것은 아닌 걸세. 사람의 한이라는 건 그런 식으로 누구한테 받아 지닐 수 있는 것이 아니라, 인생살이 한평생을 살아가면서 긴긴 세월 동안 먼지처럼 쌓여 생기는 것이라네. 어떤 사람들한테 외려 사는 것이 바로 한을 쌓는 일이고, 한을 쌓는 것이 바로 사는 것이 되는 듯이 말이네.(p.29)

소리꾼 아비가 딸에게 한을 심어주어 훌륭한 명창이 되게 하려고 눈을 멀게 하였다고 여인도 소리꾼 딸도 믿고 있다. 하지만 오라비는 한은 심어주려고 해도 심어줄 수 있는 것이 아니고 긴긴 세월을 살아가면서 쌓여서 생기는 것이라고 한다. 한을 심어주기 위해 딸의 눈을 멀게 한 아비를 용서하는 일이 가능한 일일까? 자신의 딸의 눈을 멀게 한 아비를 이해하는 일은 가능한 일일까? 하지만 옆에서 지켜본 주막집 여인은 딸의 행동거지를 보았을 때 원망도 없었기 때문에 용서한 것으로 보였다고 한다. 「서편제」(『남도사람1』)에서는 소리꾼 딸의 실명을 통해 한의 맺힘 과정을 그리고 있다.

2) 「소리의 빛」(『남도사람2』) - 한의 쌓임

「소리의 빛」은 「서편제」의 속편에 해당한다. 「소리의 빛」의 배경은 "주막집은 장흥읍의 아직 10여 리쯤 남겨놓고 탐진강 물굽이의 한

자락을 끼고 돌아앉아 있었다."(p.31)처럼 장흥에 있는 주막집이 된다. 이 주막집에는 주인 천 씨와 장님색시가 있었다. 주막집 주인 천 씨는 쉰을 넘긴 나이이고 나이 한 서른쯤 보이는 장님색시는 주모 격인 여인이다. 기묘년(己卯年) 늦가을 어느 날 외지 손님이 찾아온다. 이 외지 손님이 장님 색시의 오라비이다. 두 사람은 밤새 소리를 하고 남매라는 사실을 알지만, 서로를 밝히지 않고 그다음 날 오라비는 떠난다. 그리고 장님 여인도 주막집을 떠난다는 설정이다. 여기까지가 영화 〈서편제〉의 내용이 된다. 장님 여인의 오라비인 사내는 "내 우연찮게 읍내서부터 자네 소문을 듣고 왔네. 술맛보단 소리를 쫓아 남도 천지 안 돌아본 데가 없는 위인이니, 내 자네 소리만 있어주면 이대로 앉아 밤이라도 새우겠네."(p.35)라고 하면서 장님 여인에게 자신의 신분을 숨긴 채 소리를 청하고 자신은 북장단을 맞춘다.

> 난 자네 오라비처럼은 소리를 모르지만, 그래도 자네 소리에 서린 깊은 한(恨)을 만나고 보면 자네가 겪어온 반생의 사연을 눈으로 보는 듯했다네. 눈이 멀게 된 사연도 자네의 한을 보면 알 수 있고, 자네가 살아온 험난스런 반생의 내력도 자네의 한을 보면 저절로 다 알아볼 수가 있더란 말이네."(p.52)

"자네 소리에 서린 깊은 한(恨)을 만나고 보면 자네가 겪어온 반생의 사연을 눈으로 보는 듯했다네."라는 표현에서 알 수 있듯이 장님 여인의 소리에는 한이 서려 있다. 「서편제」(『남도사람1』)에서 맺힌 한은 「소리의 빛」(『남도사람2』) 에 오랫동안 쌓여 절정을 이루게 된다. 장님여인이 겪은 한 많은 사연이 소리에 그대로 녹아 있는 것이다. 그 한은 눈이 멀게 된 기막힌 사연과 험난한 생애의 내력으로 쌓인 것이다. 그리고 오라비는 소리꾼 여인이 자신의 동생인 줄 알았으나 한을 다치지 않게 하려고 소리로 한을 풀고 신분을 밝히지 않고 떠난다. 그리고 소리꾼 여인도 주인 천 씨 곁을 떠날 때가 됐다고 하면서 이야기가 끝이 난다. 소리꾼 여인은 계속해서 편안한 삶을 포기하고 한을 쌓는 삶을 지속한다. 오라비인 사내도 마찬가지로 계속해서 유랑하는 일을 멈추지 않고 한을 쌓는 일을 지속한다. 「소리의 빛」에서는 한의 쌓임 과정을 잘 드러내고 있다.

3) 「선학동 나그네」(『남도사람3』) - 한의 삭임

「선학동 나그네」는 「서편제」 「소리의 빛」의 후일담에 해당한다. 「서편제」 「소리의 빛」에서 한의 맺힘과 쌓임 과정에 대해 집중적으로 다루었다. 「선학동 나그네」는 한의 삭힘 과정에 해당한다. 「선학동 나그네」의 배경은 남도 땅 회진 선학동이다. 오라비의 여정은 "남도 땅 장흥에서도 버스는 다시 비좁은 해안 도로를 한 시간 남짓 내리 달린 끝에, 늦가을 해가 설핏해진 저녁 무렵이 다 되어서야 종점지인 회진으로 들어섰다."(p.55), "……이곳을 지난 것이 30년쯤 저쪽 일이던가. 그때 기억에 따르면 선학동까지는 이 회진포에서도 아직 십릿길은 족히 되고 남은 거리였다."(p.57)처럼 보성에서 장흥, 장흥에서 회진 선학동으로 이어진다. 이 마을 이름이 선학동이 된 연유는 마을 앞 포구에 물이 차오르면 관음봉의 산 그림자가 학의 모습을 하고 있었기 때문이다. 그러나 이제는 포구가 말라버려 더는 관음봉이 선학으로 물 위로 날아오를 수 없게 되었다. 하지만 한 여자가 이 동네를 찾고 나서부터 이 고을에 다시 학이 날기 시작했다는 것이다. 그 여자의 소리로 인해 다시 한번 선학이 날기 시작했다는 것이다. 그 여자가 소리꾼 딸이다.

> 사립에 기대어 눈을 감고 가만히 여자의 소리를 듣고 있자니 사내의 머릿속에서 오랫동안 잊혀져 온 옛날의 그 비상학이 서서히 날개를 펴고 날아오르기 시작한 것이었다.(p.78)

소설 마지막에 사내도 마음속으로 비상학을 보게 된다는 설정으로 작품은 끝이 난다. 「선학동 나그네」의 아비와 누이 이야기의 연결고리는 어느 해 가을에 명창으로 소리가 좋은 소리꾼 "반 백이 다 되어 간 늙은 아비하고 이제 열 살이 넘었을까 말까한 계집아이 부녀"[9]가 서너 달 소리를 하고 떠났다. 그 후 다시 보성에 묻힌 아비의 유골을 20여 년 만에 다시 선학동으로 수습해왔다. 그 여자가 소리를 하면서 사람들의 가슴 속에 다시 선학이 날게 된 것이다. 여기서는 사내가 주막집 사내에게 소리꾼 부녀의 이야기를 듣는 내용이다. 「선학동 나그네」는 「서편제」 「소리의 빛」의 후일담이어서 소리꾼 딸과 사내의 한은 맺힘과 쌓임의 과정을 거쳐서 삭임의 과정에 이른다. 『남도 사람 1, 2, 3』에서 한의 맺힘, 쌓임, 삭임까지를 다루면서 소리와 한을 집중적으로 다루고 있다. 이러한 과정들이 모두 소리와 연관되어 있다. 「서편제」에서 소리꾼 아비는 딸에게 한을 맺히게 하려고 눈을 멀게 했고 「소리의 빛」에서 사내와 소리꾼 딸은 한을 쌓게 하려고 서로 오누이임을 밝히지 않고 떠난다. 「선학동 나그네」에서는 시간이 한참 흐른 후 사내와 소리꾼 딸이 맺히고 쌓인 한을 삭이는 과정이 그려진

---

9 이청준, 위의 책, p.67.

다. 3연작에서는 모두 다 소리와 관련해서 한이 맺히고 쌓이고 삭이는 과정을 그리고 있다. 그리고 소리를 통해 그 한을 승화하는 과정으로 이어지는 것이다.

「새와 나무」「다시 태어나는 말」의 용서와 치유

「서편제」「소리의 빛」「선학동 나그네」까지는 연속되는 이야기가 이어진다면 「새와 나무」「다시 태어나는 말」은 조금 다른 스토리가 이어진다. 앞의 3연작에서는 사내가 동생과 아비를 버리고 집을 떠난 후 오랜 시간이 지나고 다시 동생을 찾아다니는 스토리가 이어진다. 사내는 주막에서 장님이 된 동생 이야기를 듣는다는 설정이다. 「새와 나무」는 빗새와 시장이의 이야기로 이어지고 「다시 태어나는 말」은 김석호와 다도의 이야기를 하며 5부작 전체 내용을 요약하고 있다. 주로 용서를 주제로 하고 있다. 「새와 나무」「다시 태어나는 말」는 용서와 치유를 중심으로 한의 풀림과 승화를 집중적으로 다루고 있다.

4) 「새와 나무」(『남도사람4』) -한의 풀림

「새와 나무」의 배경은 해남 땅의 한 과원 수림이다. 사내는 보성과 장흥, 강진 땅을 거의 도보로 걸어와 "강진 고을의 지계(地界)를 넘어 해남 땅으로 접어들고 있었다. (중략)과원 수림은 면소 마을을 북쪽으로 병풍처럼 둘러싸고 있는 산줄기들의 한낮은 기슭에 안겨 들어 있었다."(p.87) 사내는 늦가을 저녁 하룻밤 쉬어 가고 싶어 마을로 들어가서 과수원 비슷한 수림을 보고 거기서 묵게 된다. 거기서 주인 사내는 그의 형에 비유되는 빗새와 그의 형의 이야기를 한다. 빗새는 봄부터 가을까지 비가 오는 날에만 울어대는 새였다. 주인 사내의 어머니는 "빗새가 애처롭게 찬 비를 못 피해 저리 울고 다닌단다."(p.104)라고 하면서 그의 형을 생각한다. 빗새는 비가 와도 깃들 둥지가 없는 날짐승이라서 젖은 몸을 쉬려고 빗속을 울며 헤매다닌다. 그의 형은 "30년만엔가 얼마만엔가 다시 그의 마을을 빈털터리로 찾아들어"(p.106) 이 과원의 수림을 이루고는 다시 방랑의 길로 떠나고 소식이 없었다. 그리고 과원 수림의 땅을 사려고 했으나 결국 사지 못한 시장이의 이야기다. 마지막에 사내는 노을로 대신 노래를 부른 시장이의 소리를 듣는다는 것으로 끝이 난다. 「새와 나무」는 사내가 주인 사내에게 빗새에 비유되던 형과 시장이의 이야기를 듣게 된다는 설정이다. 지금까지의 내용과 조금 다르지만 사내가 남도 천지를 방랑하고 소리를 듣는다는 설정은 유사하다. 「새와 나무」는 소리와 시장이를 연관시키면서 전체 이야기와 연관시키고 있다.

5) 「다시 태어나는 말」(『남도사람5』) -한의 승화

「다시 태어나는 말」은 용서를 중심으로 전체 내용을 정리하고, 용서를 통해 한의 승화로 이어진다. 배경은 차 문화의 고장인 해남 일지암이다. 해남 대홍사에 있는 일지암은 한국의 차 문화를 되살렸던 초의스님이 살던 곳이다. 작중 화자인 지욱은 남도땅 해남 고을의 김석호가 엮은 시문집『초의선집(草衣選集)』을 보고 그를 찾은 것이다. 초의대사는 직접 한국 차를 손수 재배하여 그것을 즐겨 마시고 그 차에 대한 사랑으로 한국 차도의 중흥을 위하여 〈동다송〉과 〈다신전〉을 써낸 것이다.(p.147) 여기서는 지욱이 김석호로부터 초의스님과 사내의 이야기를 듣는 내용이다.

초의스님과 김석호의 참 다도와 용서

지욱은 김석호를 만나 초의스님의 다도에 관해 묻는다. 그러자 김석호는 "초의 스님이 차를 마실 때의 그 마음은 무엇이었습니까?"(중략) 다름이 아니라 그건 용서였습니다."(p.165)라고 한다. 김석호는 "남을 용서하고 자신을 용서하고 그리고 세상사 모든 것을 용서하고 감사하는 그 일이…… 말은 누구나 할 수 있지만 그건 더욱더 어려운 일이지요."(p.166)라고 한다. 남을 용서하는 일은 수행을 하는 일보다 어려운 일이다.

> 용서에는 자연 후회가 따르고 속죄가 따르고 그리고 마땅히 감사가 따르지요. (중략)스님은 여기서 당신이 살아온 긴 인생사의 덧없음을 생각하고 당신과 당신의 이웃들에 행한 수많은 인간사들에 후회와 속죄와 감사의 마음에 젖으셨을 거외다. (중략)내가 누구를 원망하고 원한을 지닐 일은 해 오지 않았던가. 그런 일들을 후회하고 용서하고 속죄하며 비로소 그런 마음을 얻게 된 일을 감사하고 계셨을 거외다……."(pp.167~168)

> 김석호씨에게 있어서의 참다도란 이를테면 자신의 삶 가운데서의 용서의 길이었다. 그가 그 차 마시는 일을 생각하는 것은 스스로의 삶에서 그 용서의 마음을 구하는 일이었다. 하여 그는 그 용서의 길을 찾아 여가가 날 때마다 일지암을 찾아다니고 있는 것이었다.(p.167)

초의스님과 김석호에게 있어서 참 다도는 격식보다는 용서하는 마음이 중요한 것이다. 그래서 위선적인 말에 염증을 느낀 지욱은 김석호를 찾게 되고 김석호는 초의스님을 찾는다. 김석호도 초의스님도 진정한 다도는 삶에서 용서를 구하는 것이라고 한다. 「다시 태어나는 말」에서는 초의스님과 김석호가 참 다도란 용서하는 마음이라고 하면서 그들의 이야기와 소리꾼 부녀의 이야기를 용서로 연관시키고 있다.

사내와 누이의 소리와 용서

지욱은 김석호로부터 초의스님의 다도 이야기를 듣고 나서 소리 미치광이 사내 이야기를 듣는다. 김석호는 지난해 가을, 일지암에서 내려가는 길에 유선여관에 머물렀는데 거기서 소리하는 여자를 찾는 사내를 만났다. 그 사내의 이야기가 지금까지의 소리꾼 부녀와 사내의 이야기이다. 지금까지의 이야기를 정리하고 소리꾼 아비를 용서한 사내와 딸의 이야기로 마무리를 하고 있다. 사내는 소리꾼 아비가 자신의 어머니를 죽였다고 생각하고 복수할 날을 기다렸다. 하지만 소리꾼 아비의 소리는 그 의지를 무력하게 만들고 결국 그는 집을 나가게 되었다.

> 소년은 그 의붓아비를 어미를 죽인 원수처럼 미워하면서 언제고 때가 오면 자기 손으로 그 의붓아비를 죽일 결심으로 그를 참고 따라다니고 있었다는 것이었다. (중략) 그 놈의 노랫가락소리 때문에 끝내는 그 의붓아비를 용서하고 자신도 평생 북잡이가 되어 의붓아비처럼 한 세상을 살아 가게 될 것 같았다. (중략) 노랫가락 곁에서 자취를 숨기고 떠나가 버렸다. 그 이상한 소리의 마

력에서 자신의 의붓아비에 대한 미움과 복수심을 지키기 위하여. (p.170)

사내의 헤매임은 말할 것도 없이 자신의 삶에 대한 깊은 화해와 용서의 마음 때문이었다. 아비를 죽이고 싶어한 부질없는 자신의 원망을 후회하고, 그 아비와 누이를 버리고 달아난 자신의 비정을 속죄하고……. 그러나 이제 와선 이미 서로를 용서하고 용서받을 길이나 사람이 없음을 덧없어 하면서, 그 회한을 살아 가고 있는 사내였다.(p.172)

사내는 소리꾼 아비에게 원한을 가지고 집을 나왔지만 30년 세월에 흐른 후에 누이와 누이의 소리를 찾아 남도 고을을 헤매기 시작했다. 그런지도 다시 십여 년이 흘러갔다. 오랜 시간이 흐른 후에 사내는 아비를 용서한다. 사내는 어머니를 죽였다는 생각에 원수처럼 미워한 아버지를 용서하고 화해하는 마음에서 누이를 찾는다. 그리고 사내는 자신의 원망을 후회하고 용서하고 용서받고자 한 것이다.

소리꾼 딸도 한을 소리로 승화하여 아버지를 용서한다.

그 여자의 소리가 어떤 것이었겠습니까……. 사람들은 흔히 남도 소리를 한의 가락이라 말들 하지요. 하지만 그걸 좀더 옳게 말하자면 한풀이 가락이라고 말해야 할 거외다. 남도 소리는 우리의 마음 속에 그 몹쓸 한을 쌓는 것이 아니라, 거꾸로 그 한으로 굳어진 아픈 매듭들을 소리로 달래고 풀어내는 것이란 말이외다. 그래 그 한의 매듭이 깊은 사람들에겐 자기 소리로 그것을 풀어내

> 는 일 자체가 삶의 길이 되는 수도 있는 거지요.(p.174)
>
> 그 한의 매듭을 풀어가는 소리가 그 여자의 필생의 삶이 되고 있음을 보았을 때, 그 오라비가 자신을 밝히고 나설 수가 있었겠소. 그리고 새삼 용서를 말하고 후회를 말한들 그게 두 사람에게 무슨 소용이 있었을 일이겠소…….(p.175)

> 그가 설령 그때 그 누이 앞에 모습을 드러내고 화해와 용서를 구하고, 그걸 누이가 받아들여 주었다 하더라도, 그 누이나 자신 앞에는 여전히 그 회한과 용서로 살아내야 할 자기 몫의 삶이 남을 수밖에 없다는 사실을 말입니다.(p.175)

사내와 누이가 만났으나 서로의 신분을 밝히지 않고 소리로 한을 풀어내고 떠난 것은 한의 매듭을 풀어가는 소리가 누이와 사내의 삶이었기 때문이다. '남도 소리를 한의 가락' 또는 한풀이 가락이라 한다. 남도 소리는 마음속에 한을 쌓는 것이 아니라 한을 소리로 달래고 풀어내는 것이라 한다. 송화는 한을 원한으로 갚는 것이 아니고 소리로 달래고 풀어내면서 아버지를 용서하였다. 남도소리인 서편제는 한을 소리로 달래고 풀어내면서 타인을 용서하고 자신을 치유하는 소리였다. 결국 여기서 사내와 소리꾼 여인이 아비를 용서하면서 자신을 치유한 이야기로 마무리가 된다. 소리꾼 딸과 사내는 예술을 향한 소리꾼 아비의 집념을 이해하고 그를 용서함으로써 한을 승화시키고 자신을 치유한 것이다.

소설과 영화 〈서편제〉에 나타난 소리와 한의 승화

이청준의 『남도사람』 연작은 1993년 임권택 감독에 의해 영화화되었다. 이청준의 원작 소설을 김명곤이 각색하고 임권택이 연출한 영화이다. 작가와 감독의 행복한 만남이 이루어진 것이다. 우리나라 최초로 100만 관객 달성을 이룬 예술성과 상업성에 모두 성공한 영화이다. 영화 〈서편제〉는 「서편제」 「소리의 빛」을 영상화하였다. 『남도사람』 연작이 전체적인 주제는 같지만 조금씩 다른 내용으로 이어지고 영화 〈서편제〉는 「서편제」 「소리의 빛」이 하나의 줄거리로 이어진다. 그리고 이름도 없던 등장인물에 이름도 붙이게 된다.

영화 〈서편제〉의 줄거리는 다음과 같다. 1960년대 초, 어느 산골 주막에 30대 남자가 도착한다. 그는 주막 여인의 판소리 한 대목을 들으며 회상에 잠긴다. 소리꾼 유봉은 서울의 어느 판소리 대가의 문하생이었는데 스승의 애첩과 사랑에 빠지게 되고 스승에게 쫓겨나 시골로 떠돌며 날품팔이 소리꾼이 된다. 전쟁으로 고아가 된 송화를 양녀로 삼아 같이 떠돌고 있었다. 유봉은 과부인 동호의 어머니와 사랑에 빠지고 그들은 함께 마을을 떠난다. 그러던 중 동호의 어머니는 출산하다 죽게 된다. 광복 후 물밀듯이 들어온 양악으로 인해 판소리의 인기가 시들자, 소리를 들어주는 사람들도 줄어들고 냉대와 멸시 속에 희망 없이 살아가던 중 동호는 유봉 때문에 어머니가 죽었다는 생각과 생활고에 치여 누이의 만류에도 불구하고 의붓아버지 곁을 떠나고 만다. 동호가 떠난 뒤 동생을 잃은 슬픔 때문에 송화는 소리하기를 거부하고, 유봉은 '소리의 완성'에 집착하여 딸에게 주는 한약에 부자를 섞어 송화의 눈을 멀게 만든다. 눈먼 장님이 된 송화는 유봉이 예상한 대로 한에 사무쳐 다시 소리를 하게 되고 그는 결국 두메산골 폐가에서 쓸쓸히 죽어가면서, 송화에 한을 심어주기 위해서 눈을 멀게 했다고 고백하고 죽는다. 세월이 흐르고, 한약방의 조수로 정착한 동호는 누이를 못 잊어 천지 사방을 찾아다니다가, 결국 객줏집에서 더부살이하는 누이를 만난다. 동호는 자신의 북장단에 맞춰 신명 나게 불러젖히는 누이의 소리를 듣는다. 그러고 나서 그는 자신과 누이의 상봉이 행여 누이의 한을 약화해 소리에 지장을 줄까 봐 아무 말 없이 그녀와 작별하고 서울로 올라가고 만다.

소설과 영화의 차이점

먼저, 소설과 영화는 등장인물의 이름과 인물 설정에 차이가 있다. 어릴 적에 헤어진 누이를 찾아 방황하는 인물인 '사내'는 동호로, 아버지에 의해 눈이 멀었지만, 한을 판소리로 승화시킨 '소리꾼 여자'는 송화로, 소리를 위해 한평생 떠돌고 예술을 위해 딸의 눈까지 멀게 한 '소리꾼 아비'는 유봉으로 바뀐다. 영화에서 등장인물의 이름을 부여함으로써 더욱더 현실적인 느낌을 살리고 있다. 그다음으로 인물 설정과 혈연관계에 차이가 있다. 송화라는 인물은 영화에서는 누나로 설정되어 있지만, 소설에서 누나가 아닌 동생으로 등장한다. 소설에서 소리꾼 딸은 친딸로 되어 있지만, 영화에서는 전쟁고아를 데리고 와서 키운다. 소설에서 사내와 소리꾼 딸은 아버지가 다르지만, 어머니가 같아서 혈연관계가 성립되지만, 영화에서는 핏줄이 전혀 섞여 있지 않다. 또한 소설에서 그녀는 처녀로 암시되고 있지만, 영화 속에서는 딸까지 둔 여인이다. 영화에서 혈연관계의 삭제와 아비 없는 자식과의 유랑이라는 설정으로 송화의 한이 더 깊어지는 효과가 있다. 또 다른 점은 송화가 눈이 멀게 되는 과정이다. 영화에서는 소리판에서 실패한 유봉이 송화를 자기 곁에 붙잡아두고 오직 소리에만 전념시켜 자기 소리를 전수하도록 할 목적으로 그녀의 눈을 멀게 만든다. '부자'를 과하게 쓰면 눈이 먼다는 것을 알고 보약이란 핑계로 송화에 부자를 달여 먹인다. 하지만 소설에서는 '청강수', 지금으로 말하면 염산을 잠을 자는 딸아이의 눈에 찍어 바른다고 나와 있다. 이처럼 딸아이가 장님이 된다는 설정은 같지만 방법은 다르게 표현되고 있다. 그렇지만 결국 눈을 멀게 하려 함으로써 소리가 열리고, 한으로 소리가 깊어진다는 소리와 한을 다룬 원작상의 주제는 다르지 않다.

'사내(동호)'가 집을 떠나게 된 이유도 차이가 있다. 소설에서 사내는 어느 가을날 오후 오랜 시간 소리를 하다 곤히 잠이 든 소리꾼 아비를 보게 된다. 어린 사내는 그날따라 까닭 없이 복받쳐 오르는 설움과 아비에 대한 살의로 큰 돌멩이를 집어 들고 아비를 죽이려 한다. 그러나 차마 행동으로 옮기지 못하고 주춤거리다 천천히 몸을 움직인 사내와 아비의 눈이 마주친다. 분명 아비는 사내의 마음을 알고 있는 듯했다. 그러나 아무렇지 않은 듯 잠을 청하는 아비를 보자 사내는 더는 자기 자신을 인내할 수 없었다. 또한 사내의 소리는 한 가지 마력을 가지고 있었다. 아비가 자신에게 살의를 잔뜩 심어 놓고는 정작 실행에 옮기려 하면 사내는 육신의 힘을 몽땅 빼앗긴 것처럼 무력하게 되는 것이었다. 소설에서 사내는 아비에 대한 걷잡을 수 없는 살기와 두려움, 거역할 수 없는 숙명 같은 아비와 이를 더는 인내 할 수 없는 자기 자신으로 인해 평생 소리를 쫓고 있다. 이 부분은 사내가 아비를 떠날 수밖에 없었던 이유와 더불어 평생 그를 찾아 헤매지 않으면 안 되는 이유를 말해준다. 하지만 영화에서는 동호가 경제적인 이유와 아버지에 대한 불화로 인해 떠난다는 설정으로 되어 있다. 영화는 좀

더 현실적인 문제로 다가서고 있다.[10]

마지막으로 시공간의 차이이다. 소설과 영화에서 시공간은 남도(전라남도)이다. '남도땅'은 오래전부터 예술과 문화의 고장으로 알려져 왔다. "이 작품이 소리라는 전통 예술을 통한 한의 극복과 승화를 보여주고자 했다는 점에서 남도 땅을 공간적 배경으로 삼은 것은 매우 적절하다고 생각된다."[11] 다만, 소설에서는 오누이가 만나서 밤새워 소리를 하는 곳이 산골 주막집으로 되어 있지만, 영화에서는 마지막 장면이 염전의 주막으로 설정되어 있다. 현실적으로 산골 주막을 찾기 힘들었을 가능성이 크다. 또한 유랑의 길을 떠나는 인물들은 산골이라는 닫힌 공간보다 염전과 같은 열린 공간이 더 어울린다고 판단했을지도 모른다.[12]

콘텐츠는 매체에 따라서 다르게 존재한다. 미디어 비평가인 마셜 매클루언은 "미디어는 메시지다."[13]라고 했다. 메시지는 매체를 통해 전달되는 내용이지만 매클루언은 미디어 자체가 메시지라고 했다. 이는 미디어를 통해 전달되는 메시지보다 미디어의 특성이 우리 사회에 더 큰 의미가 있다는 것이다. 새로운 미디어의 등장이 메시지에 큰 변화를 가져오고 있다는 점에서 그의 주장은 설득력이 있다. 따라서 소설과 영화는 미디어가 다르다는 점에서 독자에게 다르게 다가갈 수 있다. 영화 〈서편제〉는 소설 『남도사람』연작과는 달리 이미지와 소리의 형태로 존재한다. 이미지는 프레임 안에 구도에 따라 다르게 존재

10 이소영 「영화를 활용한 소설 교육의 효과 - 이청준의「서편제」와 임권택의 〈서편제〉를 중심으로」 연세대학교 석사논문, 2005. pp.37~38 참조.

11 박기범 「소설과 영화를 통한 서사교육 - 〈서편제〉를 중심으로」『국어교과교육연구』10, 2005, p.61.

12 박기범, 위의 논문, p.62.

13 마셜 매클루언 저, 박정규 역 『미디어의이해』 커뮤니케이션북스 2007, p.7.

하고, 소리는 음악, 음향 효과, 대사 등으로 영화의 분위기를 결정한다. 영화 〈서편제〉는 실제적인 판소리 음악과 결부되면서 새로운 차원의 매체로 진화된다. 이는 화면의 깊이를 증폭시키기도 하고 또 다른 의미를 만들어내기도 한다. 영화 〈서편제〉는 실제 판소리를 들려줄 수 있다는 점에서 소설 『남도사람』과의 차이점을 극명히 보여준다. 영화 〈서편제〉는 일부 소설 『남도사람』의 것을 빌려, 그것을 감독이 소리 중심의 영화로 재편하였다.[14]

소리와 한, 그리고 용서

소설과 영화에는 몇 가지의 차이점이 있지만 한 가지 공통점을 지향하고 있다. 『남도사람』연작과 영화 〈서편제〉에서 공통으로 등장하는 주제가 소리와 한이다. 여기에서는 소리가 개인사적인 문제가 아니고 사회적인 문제와 예술 전반의 문제까지 영향을 끼치고 있다. 『남도사람』연작을 묶어주는 하나의 연결고리가 소리이다. 「서편제」라는 소설과 영화의 제목도 소리이고 소설 전반에 흐르는 아비, 오라비, 누이의 이야기도 소리와 연관되어 있다. 또한 누이를 찾아 남도 일대를 떠돌아다니는 오라비도 누이의 소리와 관련되어 있다. 「서편제」「소리의 빛」「선학동 나그네」까지는 주로 눈먼 누이의 한 많은 인생을 다루고 소리를 통해 그 한을 풀어가고 있는 내용이다. 하지만 「새와 나무」「다시 태어나는 말」로 가면서 소리를 통해 한을 승화하고 자신의 눈을 멀게 한 아비를 용서하는 내용으로 이어지고 있다.

'서편제(西便制)'는 판소리의 하나로, 지리산을 중심으로 서쪽을

---

14 윤영돈 「소설 『남도사람』과 영화 〈서편제〉의 재매개화 연구」『한국문화기술』 8, 2009, p.121.

서편제라 하고 동쪽을 동편제라고 한다. 서편제는 철종 때의 명창인 박유전에 의해 창시된 판소리 유파의 하나이다. 광주 · 나주 · 보성 · 강진 · 해남 등지를 중심으로 이어져 왔는데 이 지역이 전라도 서쪽에 있다 하여 서편제라 불리게 되었다. '동편제(東便制)'는 무겁고 매김새가 분명하다면 서편제는 애절하고 정한(情恨)이 많다는 대사가 나오기도 했는데 동편제는 무겁고도 강한 가락을 뜻하지만, 서편제는 가볍고도 부드러운 가락이라는 뜻이 있다. 서편제는 부드러우면서도 애절한 느낌의 계면조 가락으로 박자와 소리 높낮이와 장단이 멋스럽고 기교가 세련된 것이 특징이다.[15]

『남도사람』연작에 등장하는 대부분의 인물은 한을 품고 살아가는 인물들이다. 사내는 어려서 친아버지와 친어머니를 잃고 의붓아비와 살지만, 의붓아비가 어머니를 죽였다는 증오감과 원한, 살기를 이기지 못하고 의붓아비와 의붓누이를 떠난다. 자신이 사랑하고 돌보아야 할 누이를 버리고 떠났다는 것이 평생 후회와 한으로 남는다. 그는 의붓아비를 버리고 떠났지만 그 역시 의붓아비의 북치는 솜씨를 그대로 이어받고 있다. 그가 소리를 떠난 것도 커다란 한으로 남게 되는 것이다.[16] '소리'와 더불어 살았어야 했던 사내가 그러지 못하고 '소리'를 떠나 살았기 때문에 그는 늘 '소리'를 찾아 헤맬 수밖에 없었다. 의붓아비를 죽이기 못한 이유도 여기에 있다. 의붓아비는 타자이자 곧 자기 자신이기 때문이다. 의붓아비를 죽이는 것은 곧 자기 자신을 죽여

15 서편제의 특징은 활달하고 우렁찬 동편제와는 대조적으로 가창의 성색(聲色)이 부드러우며 구성지고 애절한 느낌을 준다. 동편제가 채소를 씹는 느낌이라면 서편제는 진득진득한 고기를 씹는 느낌이다. 노랫소리의 끝도 동편제와는 반대로 길게 이어져서 이른바 꼬리가 달렸으며 부침새의 기교가 많고 계면조를 장식하여 정교하게 부른다. 서편제의 창법과 잘 어울리는 창으로는 〈심청가(沈淸歌)〉를 꼽을 수 있다.(위키백과)

16 김승종, 앞의 논문, p.168.

야 하는 것이기 때문이다.[17]

김인식은 "'한'을 심기 위하여 딸의 눈을 멀게 하는 행위는 한민족의 고유한 정서가 '한'이라는 강박관념이 나은 폭력이었다. 이것을 예술지상주의가 나은 폭력이기도 하다. (중략) 식민지 상황과 같은, 적대하는 사회관계에서 '한'은 피지배자가 현실에 타협하고 동화하는 정서이다."[18]고 했다. 딸아이에게 한을 심어주기 위해 눈을 멀게 하는 행위는 폭력인 것은 분명하다. 하지만 그 딸이 그 폭력을 폭력으로 대항한다면 살인이 일어났을 것이다. 딸은 자신이 받은 폭력을 그대로 갚아주지 않았다. 그 대신 소리를 통해 그 한을 달래고 풀어서 소리의 장인이 된 것이다. 자신에게 가해진 폭력에 맞대응하지 않고 곰삭이는 특별한 용서의 방식, 즉 한을 통해 진정한 장인이 되었다. 그녀는 삶 속에서 실천할 수 있는 가장 큰 수행인 용서를 통해서 소리의 장인이 되고 그녀 자신까지도 치유한 것이다. 누구라도 그녀의 소리를 들으면 가슴에 쌓은 한을 풀고 치유를 받는 것이다. 그녀는 아버지를 용서함으로써 제대로 된 소리꾼이 되었다.

『남도사람』연작과 〈서편제〉는 제목에 이미 지역적 특성과 판소리라는 예술성이 들어가 있다. 전라남도 보성, 장흥, 해남 등 남도를 떠돌아다니는 사내, 지리산 서쪽을 중심으로 발달한 애절하고 정한이 많은 서편제의 가락이 이미 제목에 들어가 있다. 전라남도에 서편제가 발달한 이유는 힘든 노동을 하여도 소작인으로 남의 일을 해주면서 근근이 살아갈 수밖에 없었던 남도 사람들의 한이 판소리에 들어가 있기 때문이다. 한이 많은 남도사람들의 특성과 애절하고 정한이

---

17 김승종, 위의 논문, p.173.
18 김인식 「〈서편제〉의 한과 한민족의 정서」『우리문학연구』 22, 2007, pp.213~214.

많은 서편제의 가락이 장님 소리꾼 딸의 삶과 닮았다. 장님 소리꾼 딸이 부르는 〈심청가〉는 눈먼 자신의 인생과 닮아있다. 소리꾼 딸은 자신의 한을 판소리로 풀어내고 달래면서 자신을 치유한 것이다. 동시에 그녀는 판소리를 통해 자신의 한을 예술로 승화하면서 아버지를 용서한 것이다. 소리꾼 딸은 자신의 삶 속에서 실천할 수 있는 가장 큰 수행인 용서를 통해 아버지를 이해하고 용서한다. 소리꾼 딸은 아버지를 용서함으로써 내면의 평화를 찾고 예술가로서 거듭난 것이다.

4. 작품의 의의 및 평가

한이란 우리 민족의 고유한 정서이다. 김소월의 「진달래꽃」에서 화자는 나보기가 역겨워 떠나는 임에게 진달래꽃을 한 아름 따서 뿌려준다고 한다. 나에게 싫증 난 사랑하는 임이 가는데 원망하기보다 진달래꽃을 뿌려주면서 축복해주는 우리 고유의 정서이다. 대표적인 한의 정서가 나타난 시가 「진달래꽃」이라면 소설에서는 『남도사람』 연작을 꼽을 수 있다. 소리꾼 딸은 예술을 위해 딸의 눈을 멀게 한 아비의 폭력을 예술로 승화시키면서 용서하고 소리로 자신을 치유한다. 우리 민족 고유의 정서인 한은 다른 나라 말로 번역할 수 없는 우리의 정서이다.

소설 『남도사람』연작과 영화 〈서편제〉는 인물 설정과 배경, 그리고 사내가 떠난 이유에서 약간의 차이가 있다. 하지만 공통으로 소리와 한, 그리고 용서를 주제로 하고 있다. 「서편제」「소리의 빛」「선학동 나그네」에서는 연작소설로 3편이 속편과 후일담으로 줄거리가 계속 이어지고 있다. 여기서는 주로 소리꾼 부녀, 그리고 부녀를 떠난 사내 이야기가 이어진다. 그리고 소리꾼 딸의 한과 사내의 한, 그리고 그 한을 소리로 풀어내는 이야기가 이어진다. 「새와 나무」「다시 태어나는 말」에서는 주제가 주로 용서와 치유로 이어진다. 「다시 태어나는 말」은 지금까지의 내용을 요약하고 정리하면서 사내와 소리꾼 딸이 아비를 용서하고 한을 소리로 승화시키면서 자신을 치유하는 것으로 마무리된다. 영화 〈서편제〉에도 약간의 차이가 있지만, 소리를 통한 한의 승화라는 주제는 같다. 소설과 영화에서는 제목에서처럼 남도사람의 한을 소리로 승화하는 서편제(판소리)를 통해 자신에게 가해진 폭력을 폭력으로 갚는 것이 아니고 예술로 승화한다. 이를 통해 아버지를 용서하고 자신을 치유하는 것이다.

한이란 특별한 용서의 방식이다. 자신에게 가해진 폭력을 폭력으로 갚는 것이 아니고 안으로 곰삭이는 특별한 용서의 방식이다. 소설 『남도사람』연작과 영화 〈서편제〉는 남도사람의 한이 표출된 판소리 서편제를 소재로 해서 소리꾼 부녀의 예술혼을 그리고 있다. 지역과 예술이 결합한 서편제라는 지역성과 예술성을 바탕으로 새로운 이야깃거리가 탄생한 것이다. 여기서 소리꾼 딸의 한, 그리고 한의 예술적인 승화, 용서와 치유를 주제로 하고 있다. 이는 곧 민족적인 것이 가장 세계적이라는 담론이 통해 많은 독자를 확보할 수 있었다.

이청준의 『남도사람』연작 중 한 편인 이 작품은 어느 소리꾼 부녀의 기구한 삶을 한(恨)이라는 한국적 정서를 통해 드러내고 있다. 소리에 한(恨)을 심어주기 위하여 딸의 눈을 멀게 한 소리꾼 아비와 그 아비를 용서하고 자신의 한을 승화시킨 의붓누이, 아버지를 용서하지 못하여 도망친 후에도 의붓아비와 동생의 뒤를 추적하는 사내의 이야기는 추리 소설적인 기법과 액자 소설의 구성 방식을 통하여 독자들에게 전달되고 있다. 주막집 여인이 사내에게 소리꾼 부녀와 관련된 사연을 들려주게 됨에 따라 독자들은 사내가 바로 의붓아버지와 의붓누이를 피해 도망친 인물임을 추리할 수 있게 된다. 또한 의붓누이의 한이 아버지를 용서할 수 있을 정도로 화해와 사랑을 지향하는 소리의 예술로 승화되었음을 알게 되는 것이다.[19]

당시 〈서편제〉는 "세계화 담론 속에서 서울 관객 백만을 넘으며 국민적 열풍을 불러일으킨 바로 그 영화"라는 평가를 받았다. 이청준의 원작『서편제』의 일부를 영화화한 이 작품은 임권택 감독이 한국 전통 예술에 관심을 가진 첫 영화이기도 하다. 말이 필요 없는 '국민영화'가 된 이 영화가 당대 사회에 미친 영향은 가히 증후군이라 부를만했다. 특히 '진도 아리랑'을 부르는 황톳길 위의 롱테이크는 전통 예술을 한국적 미학으로 승화시키며 '한'의 영상미를 구현했다는 평가를 받았다. 그러나 모두가 이 평가에 동의한 것은 아니었다. 〈서편제〉가 '한국적인 것이 세계적이다.'를 내걸었던 당시 김영삼 정부의 세계화 담론과 민족주의가 절묘하게 만난 가운데 탄생한 증후군일 뿐이라는 평가도 동시에 존재했다. 그러나 판소리를 전문적으로 익힌 김명곤과 오정해의 연기와 지루하지 않게 관객들에게 판소리의 정서와 유봉이 송화를 눈멀게 하는 장면을 설득력 있게 전달한 플롯 구성력과 연출력, 그리고 무엇보다 이 영화의 영향력은 무시할 수 없는 것이었다.[20]

---

19 http://koc.chunjae.co.kr/Dic/dicDetail.do?idx=20991(검색일: 2020.11.11.)

20 http://www.kmdb.or.kr/vod/vod_basic.asp?nation=K&p_dataid=04629#url(검색일: 2020.10.10.)

5. 생각 나누기 및 토론

동편제와 서편제

'동편제(東便制)'는 무겁고 매김새가 분명하다면 서편제는 애절하고 정한(情恨)이 많다는 대사가 나오기도 했는데, 동편제는 무겁고도 강한 가락을 뜻하지만, 서편제는 가볍고도 부드러운 가락이라는 뜻이 있다. '서편제'는 판소리의 하나로, 지리산을 중심으로 서쪽을 서편제라 하고 동쪽을 동편제라고 한다. 서편제는 주로 광주, 나주, 보성, 강진, 해남 등지에서 불리었으며, 부드러우면서도 애절한 느낌의 계면조 가락으로 박자와 소리 높낮이와 장단이 멋스럽고 기교가 세련된 것이 특징이다.

◆ 독서토론·시사토론·인성 토론

① 송화가 아버지를 용서할 수 있었던 이유는 무엇인가?

② 오늘날 진정한 장인정신이란 무엇인가?

③ 타인을 어떻게 용서할 것인가?

제2장
『키친』
- 상처 깁기와 힐링

1. 작가소개

요시모토 바나나(吉本ばなな, 1964~)는 일본의 소설가이다. 본명은 요시모토 마호코(吉本真秀子)이다. 일본의 진보주의적 사상가이자 작가인 요시모토 다카아키(吉本隆明)의 차녀이며, 만화가인 하루노 요이코의 동생이다. 니혼 대학의 예술학부 문예학과를 졸업하고, 대학 졸업 작품으로 쓴 『달빛 그림자』로 학부장상을 받는다. 작가 데뷔작인 『키친』으로 카이엔 문학상, 이즈미 쿄카상을 받으며 화려하게 데뷔한 이후, '바나나 현상'을 일으키며 젊은 여성을 중심으로 하여 큰 인기를 얻었다. 대표작으로는 『키친』외에 『N.P』, 『도마뱀』, 『암리

타』 등이 있다. 『키친』, 『티티새』, 『아르헨티나 할머니』, 「바다의 뚜껑」 등은 영화화되기도 하였다.[2]

소설『키친』표지[1]

2. 작품의 시대적 배경

1980년대 이후 일본 문학계를 주도하는 젊은 작가들이 한국시장에 대거 유입되었다. 한국에서도 무라카미 하루키(村上春樹)를 비롯한 요시모토 바나나의 인기는 폭발적이었다. 실제로 이들은 현대문학의 지각변동기에 등장하여 문학계의 변화를 주도하고 있다고 할 수 있다. 1980년대 후반에 잇달아 나온 무라카미 하루키의 『상실의 시대(『ノルウェイの森』1987)』와 요시모토 바나나의 『키친(『キッチン』1988)』은 수백만 부의 판매 부수를 기록하며 독서 시장을 단숨에 장악했다.

오에 겐자부로(大江健三郎)는 일본의 현대 작가군을 세 가지로 나누었다. 첫 번째는 세계문학자로부터 고립된 문학자들로서 다니자키 준이치로(谷崎潤一郎), 가와바타 야스나리(川端康成), 미시마 유키오(三島由紀夫)이다. 오에는 이들이 아이러니하게 세계에서 가장 인정받는 작가라고 말한다. 두 번째는 프랑스, 독일, 영국, 러시아 등 세계문학으로부터 배운 문학자들로서 오오카 쇼헤이(大岡昇平), 아베 고보(安部工房), 오에 겐자부로 등이 이에 해당한다. 이들은 세계로부터

---

1 출처 민음사, http://minumsa.minumsa.com/book/199/(검색일: 2021.1.10.)
2 위키백과

배워서 일본문학을 창조하고 가능하다면 세계문학을 향해 되돌려 주고자 하는 작가들이라고 했다. 세 번째는 무라카미 하루키와 요시모토 바나나로 대표되는 신세대작가들로서 전 세계가 하위문화로 단단히 얽혀져 있는 시대에 성공한 전형적인 작가이다. 이 두 사람의 판매 부수는 첫 번째와 두 번째를 합친 것보다 200배나 될 정도이다. 오에는 대중문화의 감각으로 단련된 새로운 세대가 기존의 일본문학과는 전혀 다른 새로운 문화를 창출할 것이라고 예견했다.[3]

오에는 하루키와 바나나와 같은 젊은 세대가 대중문화라는 공동의 코드를 통해 젊은 독자층을 독점하며 80년대 이후의 일본 문학계를 주도하는 현실을 상당히 비관적으로 전망했다. 즉 순문학의 위기로 간주했다. 그러나 과연 그렇게 비관적으로만 바라볼 일일까. 이젠 순문학만으로는 독자들을 끌어들일 수 없는 위기 상황이 온 것이다. 문학의 죽음이라고 말해지는 현재, 문학이 살아갈 길이 무엇인지 심각하게 고민해야 할 시기이다.

3. 핵심적인 내용 및 주제

『키친』은 1988년 출간되어 일본 신세대 독자들의 폭발적인 인기를 끌었다. 『키친』에 수록된 두 편의 단편은 『키친』과 그 후편격인 『키친2』라고 이름 붙여진 『만월(満月)』로 구성되어 있다. 이 세상 어느 곳보다도 부엌을 사랑하는 여자 사쿠라이 미카게(桜井みかげ)는

3 윤상인 「일본문학의 현재」『일본문학의 흐름2』 한국방송통신대학교출판부, 2000, pp.208~209 참조.

어렸을 적 부모와 사별하고 지금 다시 할머니의 죽음을 맞이하여 마침내는 천애 고아의 몸이 되고 만다. 고독과 슬픔에 빠져 있을 때, 낯선 청년이 방문하고 슬픔이 치유될 때까지 자신들의 집에서 동거할 것을 권유한다. 청년 타나베 유이치(田辺雄一)의 모친 에리코는 눈부신 아름다움을 발하며 미카게를 매료시키는데 실은 그 어머니는 자신이 가장 사랑하는 부인이 죽은 후 여장을 하여 유이치를 길러온 아버지 다나베 유지(田辺雄司)이다. 가족과 같은 세 사람의 기묘한 공동생활이 시작된다. 타나베 집을 떠나 요리연구가의 보조역으로 홀로서기를 시도하는 미카게 앞으로 갑자기 에리코의 부음 소식이 전달된다. 비탄에 빠진 유이치 앞으로 달려간 미카게는 프로가 만드는 호화메뉴로 그의 슬픔을 달랜다. 초췌한 유이치를 본 미카게의 마음은 약해진다. 여행 간 곳에서 최상의 돈카츠 덮밥을 본 미카게는 유이치에게 그것을 주기 위하여 심야에 택시를 탄다. 미카게의 호의로 치유되어 유이치는 식욕과 미각을 되찾는다. 친화감정에 싸여 두 사람은 자신들이 위기를 극복한 것을 실감한다.

『키친』에서 휴학 중인 여대생 사쿠라이 미카케는 유일한 가족이었던 할머니마저 죽은 뒤 천애고아가 된다. 그때 할머니의 꽃집에서 아르바이트하던 청년 다나베 유이치가 자신의 집에 살기를 권유하고 같이 생활하게 된다. 원래 아버지였던 다나베 유지는 성전환수술을 해서 다나베 에리코(田辺えり子)라는 이름으로 바꾸어 여자가 되고 그의 어머니가 된다. 그녀는 의식적으로 여성언어를 사용하고 있다. 일반적으로 『키친』은 독자에 많은 공감을 얻고 있으나 한편으로는 소설내용이 황당무계하고 비현실석이고 순정만화와 같다는 비판을 많이 받고 있다. 즉 소설내용이 일상생활과는 괴리가 있는 비현실적인 내

용이라는 것이다. 오사와 요시히로(大澤吉博)는 "요시모토 바나나는 현재의 서브컬처, 특히 만화의 언어표현을 소설 언어표현에 도입하고 있다. 과장된 언어표현, 거의 캐리커처의 영역에 달하고 있는 언어사용, 이러한 것은 현대의 서브컬처에 공통되는 특징이다."[4]라고 말한다.

서브컬처(sub-culture)는 어떤 사회의 전체적인 문화 또는 주요 문화에 반대되는 개념으로써 한 사회의 지배적 문화가 아닌 주변적 계층의 하위문화이다. 즉 어떤 사회에서 일반적으로 볼 수 있는 행동양식이나 가치관을 전체 문화라고 생각한 경우, 그 전체 문화 내부에 있으면서 어떤 점에서 독자적 성질을 나타내는 부분적 문화이다. 하위문화는 전체적 문화로부터 상대적으로 구별되는 독자성을 지닌 문화이므로 그 문화에 참여하는 사람들에 대해 지배적인 전체문화 속에서 충분히 충족될 수 없는 욕구를 충족시키는 역할을 완수하는 일이 많고, 또 이 사람들에게 심리적 근거를 주는 경우도 적지 않다. 동시에 다양한 하위문화의 존재는 전반적으로 문화의 획일화를 막고, 문화에 동태성(動態性)과 활력 작용을 제공한다. 『키친』이 젊은 세대들이 공감하는 서브컬처라는 코드를 통해 성공하고 캐리커처(caricature)의 기법을 도입하고 있다는 것은 오사와 뿐만 아니라 연구가의 공통된 지적이다. 캐리커처는 희화, 풍자화, 만화화 기법이라고 번역되며, 원래 이탈리아어로 과장된 것, 왜곡된 것이라는 뜻이다. 인간은 원래 불합리한 것, 이해할 수 없는 것은 참지 못하고 비판하려는 정신이 있으므로 그것을 일종의 웃음과 익살로 표현하는 경우에

---

4 大澤吉博「現代日本文学英訳におけるテクスト操作—吉本ばなな『キッチン』を例として」『外国語紀要』第6号, 2002, p.2.

캐리커처가 된다.[5]

부엌과 가족

『키친』은 독자들에게 아주 가깝게 다가설 수 있는 서술특징을 가지고 있다. 주어가 자주 생략되고 종결어미도 다양하게 변한다. 주인공에게 밀착된 서술방식으로 주인공의 내면을 잘 알 수 있다. 독자들은 소설이라는 허구의 이야기라기보다 화자의 이야기를 직접 옆에서 듣고 있다는 느낌을 받는다. 따라서 독자는 화자에게 매우 가까운 거리에 있으면서 아주 친밀함을 느끼는 것이다.

한편 이러한 서술 장치로 인해 주인공의 고독감을 증대시키면서 동시에 슬픔과 고독감을 이기고 앞으로 나아가게 하는 가장 큰 요소는 음식을 만드는 장소인 부엌이다. 이 소설 특징의 하나가 한 고독한 소녀가 이상할 정도로 부엌에 집착하는 것이다. 작품의 서두 부분 "내가 이 세상에서 가장 좋아하는 장소는 부엌이다."처럼 주인공인 사쿠라이 미카게가 가장 좋아하는 곳은 부엌이고 죽을 때는 부엌에서 죽고 싶다고 생각한다.

> 내가 이 세상에서 가장 좋아하는 장소는 부엌이다.
>
> 그것이 어디에 있든, 어떤 모양이든, 부엌이기만 하면, 음식을 만들 수 있는 장소이기만 하면 나는 고통스럽지 않다. 기능을 잘 살려 오랜 세월 손때가 묻도록 사용한 부엌이라면 더욱 좋다. 뽀송뽀송하게 마른 깨끗한 행주가 몇 장 걸려 있고 하얀 타일이 반짝반짝 빛난다.

5 안영희 「『키친』론 – 여성언어와 젠더」『일본어문학』32, 2006, p.270.

구역질이 날 만큼 너저분한 부엌도 끔찍이 좋아한다.[6]

주인공 사쿠라이 미카게가 부엌에 집착하는 이유는 무엇일까. 부엌의 기능은 인간이 살아갈 수 있는 삶의 원동력인 음식을 만드는 곳이다. 그리고 부엌에서 만든 음식을 먹기 위해 가족이 모여 하루 동안 있었던 일을 이야기하고 서로를 이해하고 가족이 화목하다는 것을 확인하는 장소이기도 하다. 그렇지만 미카게에는 그런 가족이 없다. 미카게는 일찍 부모님이 돌아가시고 조부모와 같이 살았지만, 중학교 때 조부마저 돌아가시고 조모와 단둘이 살게 된다. 그런데 대학생이 되었을 때는 유일한 혈육인 조모마저 돌아가시게 된다. 이 넓은 우주에 혈육이라곤 아무도 없는 천애 고아가 된다. 마카게는 넓은 우주에 아무에게도 의지할 곳이 없다. 단지 혼자 남은 여대생이 부엌만 있다면 어떤 괴로움도 외로움도 잊을 수 있다고 생각한다. 먹는 것을 좋아하고 음식 만드는 것을 좋아하는 미카게는 결국 대학을 그만두고 요리연구가의 보조원이 된다.

아직 완전하게 성숙하지 못한 그녀에게 홀로 남겨진다는 것은 견디기 힘든 아픔이다. 부엌은 가사노동에 있어 절대량을 차지하는 음식을 만드는 노동의 공간이기도 하다. 예로부터 남성의 출입이 금기시된 여성 전용의 공간이기도 하다. 여성이 음식을 만들면서 자유로울 수 있는 그리고 창조적인 공간이기도 하다. 동시에 세상의 더러움을 씻어내고 다시 태어날 수 있는 재생의 힘을 부엌은 가지고 있다.

---

6 吉本ばなな『キッチン』福武書店, 1991, p.6.
私がこの世でいちばん好きな場所はATMだと思う。

어디에서나 쉽게 접할 수 있는 부엌이지만 이 공간은 가족이 사랑하고 이해하고 상처를 치유 받고 재생의 힘을 얻을 수 있는 곳이라는 것을 확인시켜준다.[7]

치유의 공간

삶에 드리우는 어둠에 굴하지 않으려는, 그러기 위해 자신의 생명력의 빛을 밝히려는 미카게의 의지는 강하다. 그래서 마침내 그토록 두려워하던 조모의 죽음이 닥쳤을 때도 울 수조차 없었었다. 조모를 상실한 슬픔과 외로움이 너무 커서 조모의 죽음을 인정하는 순간 어둠에 함몰될 것이 두려운 미카게는 무의식중에 자기 생각과 감정을 억누른 채로 생명력의 빛을 밝히고자 본연의 존재와 생명을 긍정하는 사랑을 상징하는 부엌을 찾고 결국 냉장고 곁에서 잠을 잔다. 이렇듯 조모의 죽음을 현실로써 인정하지 못하고 슬픔을 억누른 채로 생명력의 빛을 지키고자 하는 현재는 그녀에게 한계상황이었다. 스스로 고백하길 "나는 한계에 이르지 않으면 움직일 수 없다."라고 하는 미카게가 이때 유이치로부터 받은 그의 집 다나베 가로의 초청을 기적처럼 주어진 하얗게 빛나고 확실해 보이는 한 줄기 구원의 길로 느끼며 이에 응할 수 있었다는 것은 그녀가 홀로 감당키 힘든 한계상황에 있었음을 의미한다. 그리고 이렇듯 한계상황에서 미카게가 머물게 된 다나베 가는 실제로 그녀에게 구원의 공간이 되어준다.

그곳은 부엌이 상징하는 사랑으로 충만한 집이었고, 따라서 그녀의 생명력의 빛을 회복시키며 그녀가 비로소 조모의 죽음에 대한 애도를 가능하게 하는 공간이 되는 것이다. 다나베 가를 찾은 첫날 미

---

7 안영희, 앞의 논문, p.275.

카게는 그곳의 부엌을 “응, 응, 하고 고개를 끄덕이며” 둘러보고 한눈에 사랑하게 된다. “나무 바닥에 깔린 고상해 보이는 매트”, “유이치가 신고 있는 고급스러운 슬리퍼”, “실버스톤의 프라이팬과 독일제 감자깎기”와 같은 필요 최소한의 것들이지만 가능하면 질 좋고 고급스러운 것으로 하나하나 특별히 세심하게 골라 마련한 부엌 용품들과 자주 사용되어 잘 길들여 있으며 청결하고 기능적으로 정돈된 식기들. 그리고 “예를 들어 덮밥그릇이라든가 그라탱접시라든가, 거대한 접시라든가, 뚜껑 달린 맥주피처 같은” 특별한 날 더 많은 사람에게 제공할 특별한 요리를 위한 용기들과 잘 정리된 냉장고까지. 다나베 가의 부엌은 이 집의 가족들이 생활에 있어 식사를 만들어 제공하는 행위를 얼마나 소중하게 생각하며 즐기고 있는지를 한눈에 알아보게 한다. 미카게는 이를 보고 이 가족이 서로가 있는 그대로의 존재를 아끼고 긍정하며 그 존재의 본연적 삶을 성원하는 사랑에 토대하고 있음을, 그뿐만 아니라 그 사랑을 가족에게 한정하지 않고 가족 외부의 사람들과도 기꺼이 나누고자 하는 사람들임을 확인하는 것이다.

실제로 다나베 가의 가족 유이치와 에리코가 서로 관계하는 방식은 그들이 그렇듯 ‘부엌의 사랑’으로 조건 없이 서로의 존재를 존중하고 아끼며 살고 있음을 확인시켜준다. 그 단적인 예로서, 에리코는 아들인 유이치의 인성에 대해 미카게에게 말하길, “달라붙어 키우지 않아서, 정서도 엉망이고 인간관계도 묘하게 쿨하고 여러 가지 부족한 부분이 있지만…… 상냥한 아이로 키우고 싶어서 그 부분만큼은 필사적으로 키웠어. 그 아이는 상냥한 아이야.”라고 한다. 이는 결코 에리코가 유이치의 양육을 소홀히 했다는 이야기가 아니다. 에리코는 유이치 본연의 성정을 이해하고 이를 교정하려 들거나 하지 않고 그대로를 긍정하고 인정하며 양육하였으며, 동시에 자신의 그러한 양육방식처럼 유이치 또한 타인에 대해 타인의 있는 그대로의 존재와 생명의 가치를 소중히 여기고 그 본연적 삶을 응원하는 사랑이 가능한 아이, 그런 의미에서 진정으로 상냥한 아이가 되도록 필사적으로 키웠다는 이야기이다. 유이치 또한, 성전환수술을 하여 게이 바의 마담이 되어 일하는, 남성에서 여성으로 아빠에서 엄마가 된 에리코의 선택과 삶을 사회 일반적 평가와는 무관하게 전적으로 긍정하고 존중한다. 그리고 그들은 '가족'이라거나 '사랑'이라는 이유로 서로에게 서로의 존재 이상의 것이 되길 요구하거나 자기 뜻대로 상대를 명령이나 지시, 교도하며 간섭하고 구속하려 하지 않는다. 그렇게 그들은 '부엌의 사랑'으로써 서로의 있는 그대로의 존재를 긍정하고 그 본연적 삶을 성원하며, 서로의 성원에 힘입어 저마다의 삶을 충실히 살아가는 관계로서 '가족'을 이루고 있다.

나아가 다나베 가의 사람들이 가족 간의 사랑을 혈연이 아닌 외부의 사람과도 기꺼이 나누고자 함을 더욱 분명하게 확인시켜주는 것이 다나베 가의 거실에 놓인 거대한 소파이다. 미카게가 다나베 가에 도착했을 때 가장 먼저 눈에 띈 그 소파는 다나베 가에 머무는 동안 미카게의 침대가 되어 편안한 수면과 휴식을 제공한다. 미카게가 사용할 침대로 이 소파를 내주는 것으로 보아 맨션 10층에 있는 다나베에는 유이치와 에리코의 방 외에는 여분의 방이 없는 듯하다. "베이지색 천으로 만든, CM에 나올 듯한, 가족 모두가 앉아 TV를 볼 것 같은, 옆에 일본에서는 키울 수 없을 만큼 큰 개가 있을 듯한, 정말로 훌륭한 소파였다."라고 묘사되는 이 소파는 그러한 2인 가족에게는 너무 크다. 또한 집 거실에 놓기에는 너무 크고 또 지나치게 고급스러운 소파이다. 게다가 테이블도 놓지 않고 카펫도 깔지 않은 채로 놓여있다고 하는 것은 이 거대하고 훌륭한 소파가 처음부터 다나베 가의 가족용 소파의 용도로 사들인 것이 아님을 말하는 것으로 보인다.

실제로 유이치는 미카게에게 "그러니까 그 소파는 당분간 너의 것이야. 너의 침대야."라며 "다행이야, 사용할 길이 생겨서."라고 말하고 있다. 즉 미카게가 오기 전까지 이 소파는 이렇다 할 용도 없이 있었으며 사용해줄 누군가를 위해 미리 준비되어 있었다는 이야기다. 에리코가 "가구점에서 잠시 앉아보고 너무 갖고 싶어져서 샀다."라는 이 소파는 실은 단순한 충동이 아닌 가족 외부의 사람을 다나베 가의 가족 안으로 맞이하기에 너무도 필요하고 또 적합하다는 에리코의 판단에 따라 마련되었다. 아마도 상당한 돈을 들여 사들였을 이 소파는, 누군가 다나베 가의 사랑을 필요로 하는 사람, 그 사랑의 힘으로 자신의 소중함을 기억하고 본연의 삶을 살아갈 용기와 에너지를 얻어야 할 사람을 위하는 이 집 가족들의 넉넉하고 따뜻하며 진정한 마음을 보여준다.

부엌 그리고 소파와 더불어 다나베 가 가족들의 생명과 본연의 존재를 향한 사랑의 크기를 보여주는 또 하나의 매체가 온 집안을 장식하고 있는 식물들이다. 다나베 가의 "베란다가 보이는 커다란 창문 앞에는 마치 정글처럼 많은 식물군이 화분과 재배용기에 심겨 진열되어" 있었고 "온 집안은 꽃 투성이"이며 "도처에 있는 다양한 화병에 제철 꽃들이 장식되어"있다. 특히 꽃은 '자연'의 아름다움을 상징하는 대표적인 매체라는 사실에서 알 수 있듯이 이 식물들은 본연의 존재 그대로의 모습으로 아름다운 생명이다. 따라서 다나베 가에서 키워지고 또 장식된 많고 다양한 식물들은, 생명의 본연적 모습의 아름다움을 알고 또 사랑하며 그 아름다움을 통해 인간의 본연적 삶을 응원하길 원하는 이 가족들의 상냥한 마음을 말해주는 것이다.[8]

다나베 가를 둘러봄으로써 가족 상실의 현실을 직시하고 수용할 수 있는 용기와 혈연을 모두 잃은 채로 살아갈 자신의 삶을 긍정할 수 있는 희망을 얻고 있다. 하지만 그렇다고 미카게가 당장 다나베 가를 나가 독립할 수 있는 것은 아니다. 조모의 죽음에 대한 애도는 이렇게 막 가능해졌을 뿐이다. 이후 미카게는 다나베 가에 오래 머무르며 그'부엌의 사랑'에 힘입어 서서히 생명력의 빛을 회복해가고 충분한 시간을 거쳐 애도의 과정을 밟아간다. 조모와 생활했던 집을 오가며 수차례에 걸쳐 짐 정리를 하면서 이윽고 조모와 함께했던 시간은 이미 죽었음을 인정하고 작별을 고하는 때를 맞고, 또 마침내는 참아왔던 울음을 터뜨려 조모의 죽음에 대한 슬픔을 흘려보내는 등, 조모가 부재한 현실을 되풀이 발견하고 수용하며 상실의 슬픔을 극복해가는 것이다.[9]

전도된 성과 언어

재미있는 작중인물의 한 사람은 성전환수술을 해서 여성이 된 유이치의 아버지였던 타나베 유지이다. 유이치의 아버지인 타나베 유지는 아내와 사별한 후 성전환수술을 하고 에리코라는 여자가 되어 게이 바에서 일한다.

다음은 미카게와 에리코와의 첫 대면이다.

---

8 최정아 「요시모토 바나나 「키친」론」『외국문학연구』 59, 2015, pp.423~425.
9 최정아, 위의 논문, pp.426.

그녀는 숨을 헉헉거리면서 약간 쉰 목소리로

"처음 뵙겠습니다."하고 웃었다. "유이치의 엄마, 에리코라고 합니다."

이 사람이 엄마, 너무 놀라서 눈을 뗄 수가 없었다. 어깨까지 내려온 하늘하늘한 머릿결, 약간 찢어진 눈에 깊은 빛을 발하는 눈동자, 아름다운 입술, 뾰족한 콧날-. 그리고 전체에서 나오는 생명력의 흔들림 같은 선명한 빛-인간 같지가 않았다. 이런 사람은 본적이 없다.[10]

"저 사람은 원래 남자야"(p.20)인 것처럼 아름다운 유이치의 어머니는 원래 아버지였다. 아버지에서 어머니로 유지에서 에리코로 이름이 바뀌었다. 유이치의 아버지는 사랑하는 유이치의 어머니가 죽고 나서 다른 사람을 사랑할 자신도 없고 남자인 것이 너무 싫어서 여자가 되기로 했다. 성형수술을 해서 아름다운 여자가 되고 아버지에서 어머니로 변한 것이다. 여기에서 성의 전환이 이루어진다. 전통적인 관점에서 보면, 생물학적인 성의 전환은 상상할 수조차 없는 일이었고 성을 바꾸는 행위는 불가능했다. 또한 사회적으로 열등한 위치에 있는 여성의 성을 원하는 남성은 없었을 것이다. 그러나 현대는 여성이 자신의 삶을 선택할 수 있고 여성이기 때문에 더 다양한 삶을 선택할 수도 있다. 남성이 여성이 되고 싶다는 욕망을 가지고 성전환을 하

10 彼女ははあはあ息をつきながら少しかすれた声で'「はじめまして。」と笑った。「雄一の母です。えり子と申します。」これが母？という驚き以上に私は目が離せなかった。肩までのさらさらの髪'切れ長の瞳の深い輝き'形のよい唇'すっと高い鼻すじ__そして'その全体からかもし出される生命力のゆれみたいな鮮やかな光—人間じゃないみたいだった。こんな人見たことない。(p.17)

는 것은 아주 희박하지만 있을 수 있는 일이다. 『키친』은 현실적이지는 않지만, 현실에서 전혀 불가능하지도 않는 이야기를 하고 있어서 독자들은 흥미를 느낀다.

다음은 아버지에서 어머니가 된 에리코의 묘사이다.

> 그였던 그녀가 생글생글 웃고 있었다. 텔레비전에서 보는 뉴욕 게이의 나약해 보이는 웃는 얼굴과 닮아 있다. 그러나 그렇게 말하기에는 그녀는 너무 강했다. 너무 깊은 매력을 발하고 그녀를 여기까지 오게 했다.[11]

그였던 그녀의 변화는 아버지에서 어머니로의 변화이다. 여기에서 전도된 성의 형태를 볼 수 있다. 일류의 성 형태(sexual behavior)는 큰 변혁이 일어나고 있다. "성 과학의 기술발달은 현재 살고 있는 모든 남자와 여자에게 중대한 영향을 미친다."[12] 현재 진행되는 성 혁명은 그 특징이 뚜렷하고 사회과학에 문외한에게도 그 변혁의 과정이 쉽게 파악된다. 성전환수술이 그것이다. 1930년대에 최초로 남성을 여성으로 전환하는 수술이 성공했다. 미국의 존 홉킨스 성전환센터가 문을 연 지 3년 동안에 성전환수술을 받으려고 한 사람이 1,500명이나 되었고 1970년대 초반의 4년 동안 미국에서 성전환수술을 받은 사람이 2천 명이나 된다고 한다.[13] 성에 관련된 과학기술은 인간 본질에 관한 문제점을 제기하여 남자와 여자의 개념에 본질적인 변화

---

11 彼であるところの彼女は´にこにこしていた。よくTVで見るNYのゲイたちの´あの気弱な笑顔に似てはいた。しかし´そう言ってしまうには彼女は強すぎた。(p.30)

12 로즈마리 류터 저, 최광복 엮음『여성해방과 성의 혁명』일월서각, 1983, p.47.

13 로즈마리 류터 저, 최광복 엮음, 위의 책, p.52 참조.

를 나타내고 있다. 이는 2백만 년 전에 인류가 출현한 이래로 처음으로 맞게 되는 위기이다. 번식과 유전에 관한 자연적인 흐름을 막고 결혼해서 가정을 이루는 평범한 남녀의 관계를 근본적으로 위협하고 있다. 성 과학기술의 발달은 인공적으로 성을 바꾸는 것이었다. 『키친』에서 보이는 남자에서 여자로, 아버지에서 어머니로의 변화는 이러한 사회의 한 단면을 보여주고 있다. 성전환은 불가능하지 않고 가능한 시대를 열었다.

4. 작품의 의의 및 평가

언어연구에 있어서 젠더(gender)의 정의는 생물학적인 성차가 아니고 사회적 · 문화적 역할의 성차로서 남성성과 여성성의 특징 또는 행동에 대한 문화적 표현이나 기대라고 하는 의미이다. 즉 육체적 차이라고 하는 생물학적 성별을 나타내는 섹스(sex)라는 용어가 사용되나 이것과는 달리 젠더는 사회적으로 구축된 성별을 다루는 용어이다. 젠더는 이러한 신체를 포함한 모든 의미생산에 관계하는 강력한 해석공동체의 기능을 하고 있다. 모든 사건이나 일의 상황은 본질적으로 어떤 의미가 있는 것은 아니다. 그러한 것은 분절되어 의미가 부여된다. 의미가 부여되는 순간에 사물은 젠더화되어 해석된다. 모든 것이 중립적이라고 보이는 것조차도 거기에 있는 '일반'이라든가 '보편'은 '남자'를 의미하지 '여자'를 의미하지는 않는다. 문학의 영역에서도 젠더는 자유롭지 않다. 문학이라고 하는 영역은 남자를 이야기하고 여자를 이야기하고 연애를 이야기하고 가족을 이야기하면서 다양한 현실을 젠더화하는 강력한 장치로서 성립해 왔다.[14] 젠더라는 개념이 문화 분석의 개념으로 사용된 것은 1970년대 이후이다. 일본에서는 1980년대 이후이다. 페미니즘 비평의 자각은 문학에서 여성의 체험이 남성의 체험과는 다른 단순한 발견에 의해서였다. 여성의 시점에서 문학 텍스트의 다시 읽기였다. 그 후 다시 여성작가 텍스트에 대한 재독으로 전개된다.[15]

일본 근대문학은 남성들에 의해 주도되었다. 여성들의 이야기는 거의 없고 오직 남성들의 이야기였다. 여성들은 남성들에 의해 묘사되었다. 남성 작가들은 그들의 관점에서 여성들을 미화시키거나 격하시켰다. 여성 작가도 있었으나 아주 극소수에 불과했다. 그들의 소설 속에 여성은 남성의 시점에서 그려졌다. 근대소설의 캐논이라고 하는 나쓰메 소세키의 『마음』도 고모리 요이지(小森陽一)는 "남자와 남자의 이야기"라고 했다. 그는 "여자가 언어전달회로 자체에서 배제되어 있는 것은 상대적 타자가 될 수밖에 없다. 즉 한 여자가 언어의 의미를 결정하는 절대적 타자가 되는 것을 회피하기 때문"[16]이라 했다.여성을 둘러싼 삼각관계에 관한 이야기임에도 불구하고 독자들은 그 여성의 마음을 알 수 없다. 그리고 사랑을 선택하는 것은 여성이 아니고 남성이다. 이처럼 문학에서는 여성이 주도적인 입장에서 남성을 선택하는 것이 아니고 언제나 선택당하는 상황에 놓였다. 그리고 잘못된 선택이라도 받아들이는 처지였다. 이처럼 문학은 남성이 젠더화한 문학이 캐논이 되었다. 요시모토 바나나는 새로운 젠더의 개념을 탄생시켰다. 기존의 문학에서 불가능했던 생물학적인 성차까지도 바꿀 수

---

14 飯田祐子『彼らの物語』名古屋大学出版会, 1998, pp. 1 ~ 2 참조.
15 飯田祐子, 위의 책, p. 9 참조.
16 飯田祐子, 앞의 책, pp.306~307, 재인용.

있다는 것을 보여준다. 그리고 남성과 여성이라는 성차는 사회적으로 습득된 것이고 자연스러운 현상이 아니라는 것을 남성언어와 여성언어를 통해 보았다.

5. 생각 나누기 및 토론

『키친』을 감상한 후 가장 감명 깊었던 부분을 떠올려 보고 그 부분이 인성함양과 어떻게 연관이 되는지 이야기해 보자.

◆ 독서토론·시사토론·인성 토론

① 미카게에게 부엌과 음식은 어떤 의미가 있는가?

② 사회적 소수자의 차별과 편견을 극복하는 방안은 무엇인가?

③ 상처는 치유할 수 있는가? 치유할 수 있다면 그 방법은 무엇인가? 어떻게 하면 그 상처를 치유할 수 있는가?

제3장
『나미야 잡화점의 기적』
- 자존감 회복과 치유[1]

1. 작가소개

히가시노 게이고(東野圭吾, 1958년~)는 일본 오사카부 오사카시 이쿠노구에서 태어난 일본의 소설가이다. 오사카 출신으로 오사카부립대학 전기공학과 졸업 후 일본 전장 주식회사에서 엔지니어로 근무하며 추리 소설을 저술하였다. 1985년『방과 후』로 제31회 에도가와 란포상을 받으며 작가로 데뷔하였다. 이후 퇴직 후 도쿄로 올라와, 작가로 전념하고 있다. 그의 소설은 추리, 서스펜스, 패러디,

1 『나미야 잡화점의 기적』은 필자의 논문(「『나미야 잡화점의 기적』의 서사구조 - 치유와 판타지의 경계 허물기」『일본어문학』 90, 2020.)을 수정 · 보완하였다.

소설 『나미야 잡화점의 기적』[2]

엔터테인먼트 등 다채로운 분야에서 다양하게 있다. 또 원자력 발전이나 뇌 이식과 같이 과학적 소재를 다룬 소설도 여러 편 있다.

1999년 『비밀』로 제52회 일본 추리 작가 협회상 장편 부문을, 2006년 『용의자 X의 헌신』으로 제6회 본격 미스터리 대상 소설 부문과 제134회 나오키상을 받았다. 『용의자 X의 헌신』이 한국에 출간된 이후 한국 독자들에게 큰 인기를 얻어 점점 더 많은 작품이 한국에 출간되고 있다. 『나미야 잡화점의 기적』은 2012년에 출간된 이후 베스트셀러를 넘어서 스테디셀러로 자리를 잡고 있다. 추리 소설가인 히가시노 게이고가 치유와 판타지라는 새로운 영역에 도전한 작품이다. 히가시노 게이고는 현재 미야베 미유키, 온다 리쿠와 더불어 한국에서 가장 인기 있는 일본의 추리 소설 작가이다.

2. 작품의 시대적 배경

『나미야 잡화점의 기적』은 히가시노 게이고의 장편소설로 2011년 4월호에서 2011년 12월호까지 가쿠가와서점(角川書店)의 월간지 『小說 野性時代』에 연재되어 2012년에 가쿠가와서점에서 단행본으로 출판되었다. 제7회 중앙공론 문예상 수상 작품이다. 2014년에

2 현대문학, 출처 인터파크 도서

는 가쿠가와 문고판이 간행되었고 2017년에 영화화되었다. 이 소설은 2012년에 출간된 이후 한 번도 베스트셀러에서 벗어나 본 적이 없고 "전 세계 누적 판매 부수 1,200만 부 돌파하였고 최근 10년간 국내 소설 부문 판매 1위"[3]라는 명예를 차지하고 있다. 2015년에는 48쇄를 찍었다. 일본 미스터리 시장의 거장인 미야베 미유키의 소설도 고작해야 5쇄를 찍었을 뿐인데 48쇄라니 상상을 초월한다.

2011년 3월 11일, 도호쿠 지방에 일어난 동일본대지진과 지진으로 인한 쓰나미가 후쿠시마 원자력 발전소 사고로 이어져 방사능이 유출되는 전후 최악의 재해가 발생하였다. 일본 경찰청(2018년 12월 10일 기준)은 일본의 12개 도도부현에서 15,897명이 사망, 2,534명이 실종되었다고 발표했다. 228,863명이 원래 살던 집을 떠나 난민이 되었다. 동일본대지진은 일본 근대 지진 관측 사상 최대 규모의 지진이자 역사상 최악의 재산 피해를 준 자연재해다. 아직 실종자를 수색 중이며 살아남은 사람들의 고통은 현재진행형이다.

2012년에 나온 『나미야 잡화점의 기적』은 동일본대지진 이후의 생존자, 그리고 치열한 경쟁사회에서 상처 입은 수많은 사람의 상처를 치유하고 위로하였다. 이 소설의 등장인물인 보잘것없는 3명의 백수 청년들은 아무런 지식도 뛰어난 능력도 없지만, 자신의 진심이 담긴 따뜻한 말이 그 누군가를 구해주고 자신들이 그들에게 기적과 같은 존재가 될 수 있다는 것을 깨닫는다. 자신들이 보낸 고민 상담 편지에서 그들은 자존감을 회복하고 치유할 수 있었다. 이 소설에서는

---

3 https://m.blog.naver.com/coupang_kr/221225297156(검색일: 2020.7.6.)2012년 12월 19일 국내 번역 출간된 이래 6년 연속 베스트셀러 순위 상위권을 차지하며 서점가에서 '21세기 가장 경이로운 베스트셀러'(교보문고)라고 불리는 소설. '2008~2017년, 지난 10년간 한국에서 가장 많이 팔린 소설', 히가시노 게이고의 대표작 『나미야 잡화점의 기적』이 국내 누적 판매 100만 부를 돌파했다.

이 청년들을 통해 인생의 패배자도 삶의 주도자가 될 수 있다고 말한다. 이 3명의 젊은이를 통해 상처받은 많은 사람은 삶의 위로를 받고 치유할 수 있었다.

3. 핵심적인 내용 및 주제

책을 가까이하지 않는 한국의 젊은이들도 이 책에 열광하며 위로를 받고 있다. 이 텍스트의 어떠한 서사구조로 인해 많은 독자가 공감하고 치유를 받고 자존감을 회복하는 것일까?

(1) 시공간의 환상성과 기적의 재구성

히가시노 게이고는 에세이에서 "과거의 인간과 편지를 주고받을 수 있게 된다면 나는 어떤 것을 쓸까?"라는 의문점이 집필 계기가 되었다고 밝히고 있다. 그는 "시공을 이동하는 것은 사람이 아니라 편지"[4]라고 밝히고 있다. 『나미야 잡화점의 기적』에서는 나미야 잡화점이라는 환상적인 공간에서 과거와 현재의 사람들이 편지를 주고받고 있다. 3명의 청년은 빈집을 몰래 털고 경찰을 피해 달아나던 중 오래된 건물인 나미야 잡화점으로 숨게 된다. 청년들이 숨을 돌리려던 순간 편지 한 통이 문틈으로 떨어진다. 편지 어디에도 수신인의 이름은 없다. 청년들은 불안함과 호기심에 편지를 뜯어 읽는다. 편지는 고민상담이다. 청년들은 정성스럽게 답장을 써서 우편함에 넣는다. 답장을 보내자 다른 상담 편지들이 도착한다. 이런 과정에서 청년들은 나

4 東野圭吾「特集　東野圭吾　ナミヤ雑貨点の奇跡」『本の旅人』18，角川書店, 2020, p.27.

미야 잡화점의 비밀을 알게 된다. 나미야 잡화점은 현재와 과거를 연결해주는 통로이다.

시간적인 환상성

소설 속 나미야 잡화점은 과거와 미래를 연결하는 환상적인 공간으로 설정되어 있다.

다음은 나미야 유지가 손자인 슌고에게 자신이 죽은 후(1980년 9월 13일 사망) 33년 뒤에 나미야 잡화점의 상담 창구를 부활시킬 것을 유언으로 남기고 있다.

> 나미야 잡화점을 기억하시는 분들에게
>
> 9월 13일 오전 0시부터 새벽까지 나미야 잡화점의 상담 창구가 부활합니다. 예전에 나미야 잡화점에 상담 편지를 보내고 답장을 받으셨던 분들에게 부탁드립니다. 그 답장은 당신의 인생에 어떤 영향을 주었습니까? 도움이 되었습니까? 아니면 아무런 도움도 되지 못했습니까? 기탄없는 의견을 보내주시면 고맙겠습니다. 그때처럼 가게 셔터의 우편함에 편지를 넣어주십시오. 잘 부탁드립니다.[5]

나미야 유지가 죽은 지 33년 후(2012.9.13.)에 다시 한번 나미야 잡화점의 상담창구가 부활한다. 이때 3명의 청년이 물건을 훔치고 나

5 『九月十三日の午前零時零分から夜明けまでの間′ナミヤ雑貨点の相談口が復活します。そこで′かつて雑貨点に相談をし′回答を得た方々にお願いします。その回答は′貴方の人生にとってどうでしたか。役に立ったでしょうか。それとも役に立たなかったでしょうか。忌憚のない御意見をいただければ幸です。あの時のように′店のシャッタ―の郵便口に手紙を入れてください。どうかお願いいたします。』(p.200)

미야 잡화점에 숨어든다. 시간 설정을 보면, 2012년 9월 13일 자정부터 새벽까지 나미야 잡화점 상담창구가 부활한다. 같은 날 새벽 청년들이 나미야 잡화점에 숨는다. 그리고 그날 새벽 6시까지 고민 상담 편지에 답장을 쓴다. 이 3명의 청년은 나미야 잡화점이 부활했을 때 나미야 잡화점에 들어왔다가 편지에 답장하고 나간다. 3명의 청년이 나미야 잡화점에 숨어들면서 보내는 하룻밤을 이야기로 펼쳐낸 것이다. 그러나 이 하룻밤이 작가의 창의적인 발상과 환상적인 내용으로 독자들을 시간여행으로 이끌고 있다. 이 책에서 말하는 기적이란 거창한 기적을 말하는 것이 아니다. 사람은 유명 인사나 특별한 존재가 아니라도 누군가의 가능성을 끌어내 줄 수도 있고 변화를 유도할 수 있다. 따뜻한 말과 소박한 정성의 나눔을 통해서 기적을 이룰 수 있다는 메시지를 담고 있다. 소설 속 청년들은 아무런 뛰어난 지식도 능력도 없지만, 진심이 담긴 말을 전해줌으로써 고민하는 누군가에게 수많은 감사 인사를 듣게 된다. 3명의 백수 청년들도 남에게 기적과 같은 존재가 될 수 있고 값싼 물건을 파는 평범한 잡화점도 사랑이 오가는 기적의 장소가 될 수 있다. 작가는 타인의 고민을 들어주는데 필요한 것은 능력도 자질도 아닌 그저 진심이 담긴 말이라는 것을 전해주고 있다. 이러한 메시지와 더불어 나미야 잡화점이라는 공간을 기적이 일어나는 환상적인 공간으로 만든다.

다음은 세 명의 청년이 나미야 잡화점이 바깥과 시간의 흐름이 다르다는 것을 깨닫는 부분이다.

"이 집의 안과 밖이 시간적으로 따로 노는 거 같아. 시간이 흐르는 방식이 서로 달라. 집 안에서는 긴 시간인데 바깥에 나와 보면 그게 그냥 한순간이야."

"뭐? 그게 대체 무슨 말이야." (중략)

"이 집에 아무도 접근한 적이 없는데 고헤이의 편지는 사라졌고 달 토끼한테서는 그 편지에 대한 답장이 왔어. 원래 그런 일은 있을 수 없잖아. 자, 그럼 이렇게 생각해보면 어떨까. 누군가 고헤이의 편지를 가져갔고 그것을 읽은 뒤에 답장을 던져주고 갔다. 그런데 그 누군가의 모습이 우리 눈에는 보이지 않는다……." (중략)

"내 생각은 일이 이렇게 진행된 것 같아. 가게 앞 셔터의 우편함과 가게 뒷문의 우유 상자는 과거와 이어져 있어. 과거의 누군가가 그 시대의 나미야 잡화점에 편지를 넣으면, 현재의 지금 이곳으로 편지가 들어와. 거꾸로 이쪽에서 우유 상자에 편지를 넣어주면 과거의 우유 상자 속으로 들어가는 거야. 어떻게 그런 일이 일어나는지는 모르겠지만, 어쨌거나 그런 식으로 생각하면 앞뒤가 딱 맞아."[6]

이 소설에서는 1970~80년대와 2012년이라는 두 개의 시간이 설정되어 있다. 2012년을 살고 있는 젊은 청년들이 1970~80년대의 사람들과 편지로 소통하고 있다. 나미야 잡화점의 우유상자를 통해 전달된 편지가 과거와 미래를 연결하게 해주고 있다. 우유 상자는 타임머신과 같은 기능을 하고 있다. 타임머신은 미래나 과거로 시간여행을 할 수 있는 가상의 장치이다. 이 우유 상자는 40여 년의 시간 속에서 소통할 수 없는 인물을 편지로 연결하고 있다. 보통 영화나 소설에서 시간 이동은 인간이 직접 타임머신을 타고 간다. 하

6 東野圭吾『ナミヤ雑貨点の奇跡』角川文庫, 2014, pp.42~43.

지만 여기서는 편지가 우유 상자라는 타임머신을 통해 현재와 과거의 인물을 연결하게 해준다. 나미야 유지가 고민 상담을 해주던 과거의 시간은 1970년대와 1980년대이다. 첫째, 1970년대 초반 〈나미야 잡화점〉을 운영하는 나미야 유지는 고민 상담에 답장한다. 둘째, 1980년 9월 13일에 나미야 씨가 사망한다. 셋째, 나미야 유지가 사망하고 33년 후에 상담창구가 부활한다. 넷째, 이때 청년들이 나미야 잡화점에 들어온다. 3인조 청년들이 편지로 고민 상담을 해주는 현재의 시간은 2012년 9월 13일 밤 12시에서 새벽 6시까지이다. 1970-80년대와 2012년 사이의 시간 이동은 상담 편지를 통해 이루어진다. 과거와 현재의 시간을 넘나드는 편지가 환상성을 더해주고 있다.

공간적인 환상성

과거와 미래가 연결되는 나미야 잡화점이 환상적인 공간으로 설정된다. 나미야 잡화점은 과거와 미래의 편지를 주고받는 공간이다. 편지는 우유 상자를 통해 과거와 미래가 연결된다. 나미야 잡화점에 있는 3명의 청년은 나미야 잡화점에서 우유 상자를 통해 들어온 편지로 과거의 인물들과 소통하고 있다. 김동혁은 "환상이 발현되는 공간은 오직 나미야 잡화점뿐이다."[7]라고 한다. 그다음으로 등장인물과 환광원(마루코엔)과의 관계 설정이다. 이 소설에 등장하는 모든 등장인물은 고아원인 환광원과 연관되어 있다. 환광원은 나미야 할아버지와 설립자 미나즈키 아키코와의 사랑으로 기적이 일어나는 공간이다. 작

---

7 김동혁 「소설 속 시공간에 관한 환상성의 역할 고찰 - 『나미야 잡화점의 기적』을 중심으로」『한민족어문학』 74, 2016, p.400.

품에서 주요 등장인물들은 모두 환광원이라는 고아원과 관련성을 가진다.

a. 중학교 2학년이던 와쿠 고스케는 부모와의 불화로 혼자가 되어 환광원이라는 고아원에 들어가게 된다.
b. 가와베 미도리는 유부남의 아이를 낳은 후 교통사고로 당하게 된다. 미도리는 사망하고 그녀의 아이는 구조되어 '환광원'이라는 고아원에 들어가게 된다.
c. 다섯 살 때 교통사고로 부모를 잃은 무토 하루미는 이모할머니 집에 맡겨졌다가 초등학교에 입학할 무렵 환광원으로 보내진다.
d. 위문 공연 차 환광원을 방문한 무명가수 마쓰오카 가쓰로는 화재 발생으로 고립된 한 소년을 살리고 사망한다.
e. 하루미와 와쿠 고스케는 환광원의 화재 소식을 듣고 그곳을 방문한다.
f. 환광원 출신의 세 명의 도둑이 하루미의 별장에 숨어든다.
g. 환광원은 제2차세계대전 이후 〈미나즈키 아키코〉라는 대지주의 딸에 의해 만들어진다. 그녀의 가슴 아픈 사랑의 이야기의 주인공은 나미야 유지이다.[8]

환광원의 설립자 미나즈키 아키코는 환광원을 돌보며 평생을 독신으로 살다가 1969년 운명한다. 여학교 때, 열 살쯤 많은 한 기계공과 사랑에 빠진다. 부모의 반대로 도망치려고 하지만 성사되지 못한

8 김동혁, 위의 논문, pp.401~402.

다. 그리고 둘은 두 번 다시 만나지 못한다. 다만 헤어진 지 삼 년쯤 지난 어느 날, 그 기계공이 아키코의 동생에게 한 통의 편지를 전한 것이 전부이다. 그 기계공이 나미야 잡화점의 주인인 나미야 유지이다. 그리고 주요 등장인물은 모두 환광원과의 연결고리를 가지고 있다. 두 사람은 이루어질 수 없는 사랑을 하였지만, 자신들의 사랑을 사회에 환원하였다. 미나즈키 아키코는 고아원을 설립하여 고아들을 돌봤으며, 나미야 유지는 고민 상담 편지 창구를 열어 길 잃고 방황하는 이들을 응원하고 위로하였다. 현재와 과거를 이어주는 나미야 잡화점이라는 환성적인 공간, 모든 등장인물이 환광원과 연결된 환상성과 치밀한 내적 구성이 독자들을 끌어들이고 있다.

(2) 편지를 통한 기적과 치유

『나미야 잡화점의 기적』에서 나미야(ナミヤ)는 거꾸로 읽으면 나야미(ナヤミ, 고민)가 된다. 제목에서 이미 나미야 잡화점이 고민 상담 창구라는 것을 우회적으로 암시하고 있다. 그리고 그 고민은 상담 편지로 이루어진다. 『나미야 잡화점의 기적』은 총 5장으로 이루어져 있다. 1장은 달 토끼, 2장은 생선가게 뮤지션, 3장은 그린 리버, 4장은 폴 레논, 5장은 길 잃은 강아지의 고민 상담 편지가 주요 내용이 되고 있다. 그리고 이들의 고민에 대한 답장을 나미야 유지와 3명의 청년이 해주고 있다. 이 소설에서는 절망을 치유하는 희망의 도구로서 편지를 사용한다. 그리고 편지를 사용하는 방법으로 환상추리기법을 응용한다. 2012년을 사는 3명의 청년은 1970년대 말과 1980년대 초를 사는 사람에게 편지 답장을 한다. 나미야 잡화점의 주인인 나미야 유지는 동시대를 사는 사람들에게 고민 편지에 대해 답장을 한다. 여기

서는 편지를 통한 치유의 기능에 대해서도 살펴보고자 한다.

2012년이라는 현재의 시간을 사는 3명의 청년은 과거의 시간을 사는 달토끼(기타지와 시즈코, 생선가게 뮤지션(마쓰오카 가쓰로), 길 잃은 강아지(무토 하루미)에게 고민 상담을 해준다.

1) 달 토끼(기타자와 시즈코), 1978년 11월 상담 편지

> 나미야씨, 제 고민을 들어주셔서 정말 고맙습니다. 이렇게 편지로 고민을 이야기하는 것만으로도 저는 한결 마음이 편해졌어요. 이 문제에 대한 답은 저 스스로 찾아야 한다고 생각하지만, 혹시 뭔가 좋은 아이디어가 떠오르시면 또 답장해주세요.[9]

올림픽 국가대표인 기타자와 시즈코(달토끼)의 고민 상담이다. 애인이 암에 걸렸다는 사실을 알고 병간호를 위해 올림픽 출전을 포기해야 하는지에 대한 고민이다. 1980년에 개최된 모스크바 하계올림픽은 일본이 출전을 거부해서 나갈 수 없는 상황을 알고 있는 3명의 청년은 애인 옆에서 간호하라는 편지를 보낸다. 하지만 그녀의 애인은 끝까지 올림픽 출전 포기를 원하지 않았기에 훈련을 열심히 한다. 남자 친구는 떠났지만, 운동을 열심히 하였기에 여한이 없다. 청년들에게 감사의 편지를 보낸다. 비록 달토끼는 3명의 청년의 지시대로 하지 않았지만, 편지로 고민을 털어놓는 것만으로 큰 위로를 얻었다고 한다. 사람들은 자신의 속마음을 모르는 누군가에게 속 시원하게 털어놓으면 마음이 편해진다. 글쓰기는 자기표현 욕구와 동시에 치유

9 ナミヤさん´私の悩みに付き合ってくださり´本当にありがとうございます。こうして手紙で打ち明けているだけでも´幾分心が楽になります。答えは自分で出さねばならないと思いますが´何か思いついたことがあれば´お返事ください。(p.32)

의 기능도 가지고 있다. 편지의 글쓰기 기능은 자신은 물론 상대방의 속도 후련하게 한다. 편지라는 글쓰기를 통해 자신은 물론 상대방도 위로를 받고 치유를 하는 것이다.

2) 생선가게 뮤지션(마쓰오카 가쓰로), 1980년 7월 상담 편지

생선가게 뮤지션님께

당신이 음악 외길을 걸어간 것은 절대로 쓸모없는 일이 되지는 않습니다. 당신의 노래에 구원을 받는 사람이 있어요. 그리고 당신이 만들어낸 음악은 틀림없이 오래오래 남습니다.

나미야 잡화점 드림[10]

생선가게 뮤지션인 마쓰오카 가쓰로의 고민 상담이다. 생선가게를 물려받을 것인지 음악을 계속해야 할 것인지에 대한 고민이다. 3명의 청년은 처음에는 생선가게 뮤지션에게 음악에 재능이 없다고 말린다. 하지만 그가 분 하모니카 소리를 듣고 인기가수 미즈하라 세리가 부른 곡이라는 것을 알게 된다. 청년들은 음악을 하는 것은 결코 헛된 것이 아니라는 편지 답장을 쓴다. 이에 마쓰오카 가쓰로는 위로를 받고 음악을 계속하다 환광원의 화재로 미즈하라 세리의 남동생을 구하고 죽는다. 그는 죽으면서 청년들이 자신의 노래가 결코 헛되지 않다는 청년들의 편지를 기억하며 위로를 받는다.

10 『魚屋ミュ—ジシャンさんへ
あなたが音楽の道を進むことは´決してムダにはなりません。あなたの曲によって´救われる人がいると思います。そしてあなたが生み出した音楽は必ず残ります。ナミヤ雑貨点』(p.130.)

3) 길 잃은 강아지(무토 하루미), 1980년 여름 상담 편지

길 잃은 강아지 님께

자, 당신이 꿈을 이루기 위해서는 어떻게 하면 될까요.

우선 공부를 해야 합니다. 그리고 저금을 해야 합니다. 그리고 5년 동안 경제 관련 공부를 철저히 하십시오. 구체적으로 말하자면, 증권 거래와 부동산 매매에 대한 공부입니다. 그 동안에 회사에는 사표를 내고 클럽 일은 슬슬 계속하는 것도 괜찮아요.[11]

19살의 여성인 무토 하루미의 고민 상담이다. 회사를 그만두고 호스티스에 전념해서 돈을 모으고 싶은데 어떻게 하면 좋을지에 대한 고민이다. 처음에는 3명의 청년은 무토 하루미에 대해 부정적이었지만 상세한 사정을 안 후 진심 어린 조언으로 무토 하루미는 많은 돈을 벌게 된다. 무토 하루미는 진심으로 감사하다는 편지를 보낸다. 무토 하루미는 실질적으로 고민 상담의 가장 큰 수혜자이다. 상담 편지로 인해 실질적으로 많은 돈을 벌었기 때문이다. 무토 하루미는 상담 편지로 인생에서 기적이 일어나는 것이다.

나미야 잡화점의 주인인 나미야 유지는 그린 리버(가와베 미도리)와 폴레논(와쿠 고스케)에게 고민 상담을 해준다. 그의 진심 어린 고민 상담은 상대방을 위로한다.

---

11 『迷える子犬さんへ
さて′あなたが夢をかなえるには何をすればいいか。それは勉強です。そして貯金です。これから五年ほど′経済関連の勉強を徹底的にやってください。具体的には′証券取引と不動産売買です。その勉強のためならば′昼間の会社を辞めるのも仕方がないと思います。その間は′水商売を続けるのもいいでしょう。(p.344)

4) 그린 리버(가와베 미도리), 1978년 29세

"남자에게 처자식이 있는데 그런 남자의 아이를 임신했다는 거야. 어떻게 하면 좋겠냐?"(중략)

"이번 기회를 놓치면 앞으로 영영 아이를 낳을 수 없다는 거야. 전에 한 번 결혼을 했는데 도무지 애가 들어서지 않아서 진찰을 받아봤더니 임신이 어려운 체질이라고 하더란다. 의사가 아이는 포기하는 게 좋겠다는 얘기까지 한 모양이야. 그것 때문에 첫 결혼도 실패했나 봐." (중략)

"내가 몇 년째 상담 글을 읽으면서 깨달은 게 있어. 대부분의 경우, 상담자는 이미 답을 알아. 다만 상담을 통해 그 답이 옳다는 것을 확인하고 싶은 거야. 그래서 상담자 중에는 답장을 받은 뒤에 다시 편지를 보내는 사람이 많아. 답장 내용이 자신의 생각과 다르기 때문이지."(pp.147-150)

유부남의 아이를 임신한 가와베 미도리의 고민 상담이다. 아이를 낳을 것인지에 대한 고민이다. 나미야 유지는 고민한 결과, 아이를 행복하게 할 자신이 있으면 낳으라고 한다. 오랜 인생을 산 경험자로서의 지혜가 담긴 조언이다. 결국 그린 리버는 아이를 낳고, 그 후 아이를 병원으로 데리고 가다가 자신은 죽고 아이를 살린다. 그린 리버의 딸로부터 나미야 잡화점으로 편지가 도착한다. 태어나게 해줘서 고마웠다는 편지이다.

5) 폴레논(와쿠 고스케), 1972년 중학교 2학년 상담편지

우리 아버지 어머니는 엄청난 빚을 갚지 못해 나를 데리고 야

반도주를 하려고 합니다.

빚이 너무 많은데 그걸 갚지 못해 회사가 망해버린 것 같아요.

이달 말일에 아무도 모르게 이 동네를 떠날 예정입니다.

나는 전학을 시켜줄 거래요.

하지만 나는 야반도주를 못하게 하고 싶어요. 빚쟁이는 어디까지든 쫓아온다고 들었어요. 앞으로 끝도 없이 도망치면서 살아야 할 것 같아서 두렵기만 합니다.

나는 어떻게 해야 좋을까요.　폴 레논 드림[12]

중학생인 와쿠 고스케의 고민 상담이다. 아버지가 파산해서, 야반도주하는 데 따라가야 할지 말아야 할지에 대한 고민이다. 나미야 유지는 가족은 언제나 함께 해야 한다고 따라가기를 권유했지만, 폴 레논은 가족으로부터 도망한다. 결국 아들을 잃은 부모는 목숨을 끊는다. 나중에 이를 알게 된 폴 레논은 나미야 유지의 말대로 하지 않은 것을 후회하고 부모의 명복을 빈다.

다음은 3명의 청년 중의 한 명인 아쓰야가 보낸 빈 백지 편지에 대한 나미야 유지의 답장이다.

이름 없는 분에게

어렵게 백지 편지를 보내신 이유를 내 나름대로 깊이 생각해 보았습니다. (중략) 나에게 상담을 하시는 분들은 길 잃은 아이로

12 『うちの両親は׳ぼくを連れて׳夜逃げをしようとしています。ものすごくたくさんの借金があって׳それが返せず׳会社もつぶれるようです。今月末に׳こっそりとこの町を出ていくつもりです。ぼくには転校しろといいます。ぼくは何かとして׳やめさせたいです。借金取りは׳どこまでも追いかけてくると聞きました。いつまでも逃げ回らなくてはならない生活になりそうでこわいです。ぼくはどうすればいいでしょうか。ポ＿ル・レノンより』(p.226)

비유한다면 대부분의 경우, 지도를 갖고 있는데 그걸 보려고 하지 않거나 혹은 자신이 서 있는 위치를 알지 못하는 상태였습니다.

하지만 아마 당신은 그 둘 중 어느 쪽도 아닌 것 같군요. 당신의 지도는 아직 백지일 것입니다. 그래서 목적지를 정하려고 해도 길이 어디 있는지조차 알 수 없는 상황일 것입니다. 지도가 백지라면 곤란해 하는 것은 당연합니다. 누구도 어쩔 줄 모르고 당황하겠지요. 하지만 보는 방식을 달리해봅시다. 백지이기 때문에 어떤 지도라도 그릴 수 있습니다. 모든 것이 당신하기 나름인 것이지요. 모든 것이 자유롭고 가능성은 무한하게 열려 있습니다. 이것은 멋진 일입니다. 부디 스스로를 믿고 인생을 여한 없이 활활 피워보시기를 진심으로 기원합니다. 나미야 잡화점 드림(pp. 412-413)

여기서는 나미야 유지가 상담 편지에 대해 얼마나 많이 고민하고 진정한 답장을 보내는지 잘 알 수 있는 부분이다. 빈 백지 편지임에도 불구하고 백지 편지를 보낸 사람의 상태를 잘 파악하고 있다. 나미야 유지는 백지 편지의 주인이 인생의 목적지가 없어서 방황하는 상태일 것으로 판단한다. 하지만 생각을 달리해보면 무한한 가능성을 가지고 있으니 인생을 여한 없이 살라는 편지를 보낸다. 이 편지를 읽은 아쓰야는 감동하고 눈물을 흘린다. 이 편지로 아쓰야는 위로받고 치유를 한다.

이처럼 1) 2) 3)은 세 청년의 고민 상담에 대한 답장 편지이고 4) 5)는 나미야 유지의 고민 상담에 대한 답장 편지이다. 그리고 마지막으로 현재를 사는 청년 아쓰야의 백지 편지에 과거를 사는 나미야 유지의 답장이다. 과거와 현재 고민 상담자의 소통이 이루어진다. 고민 상담자에 대한 나미야 유지와 청년의 답장은 그들에게 위로가 되고 기적이 일어나게 된다.

세 청년은 현재 모두 백수이며 꿈을 잃고 절망적인 상태에 있다. 아쓰야는 현재 백수이다. 근처 부품 공장에서 일하다 대기업에서 신형 부품을 주문했으나 대기업의 신입사원이 설계도를 잘못 만들어 그대로 했다가 불량품을 만들어 그 책임을 떠맡게 되어 해고당한다. 쇼타는 가전제품 판매직에서 일하다 단순한 인원 감축으로 해고되어 편의점에서 아르바이트하고 있다. 고헤이는 자동차 수리공이었으나 회사가 문을 닫아버렸다. 이들 청년은 부모에게 학대를 당하거나 버려져 환광원이라는 고아원에서 만나게 된다.

하지만 이들이 쓴 편지가 상담자의 고민을 해결해주게 되고 기적을 만들어주게 된다. 아무런 지식도 없고 보잘것없는 청년들이지만 그들의 진심 어린 충고가 다른 사람에게는 기적이 될 수 있다는 것을 보여주고 있다. 인생의 밑바닥에 있는 인생의 패배자들이 상담해주는 것만으로도 꽤 흡입력이 있는 것이다. 이러한 치유와 기적은 나미야 잡화점이라는 환상적인 공간에서 일어난다. 과거와 현재가 교차하는 나미야 잡화점이라는 공간에서 편지를 주고받는 사람들은 스스로를 치유하고 자신감을 얻는다.

희망과 절망은 양면적이다. 사람들이 절망하여 자살하는 주된 이유는 이웃들과 친구들의 무관심 때문이라고 한다. 절망한 사람에게 따뜻하게 건네는 편지나 희망의 말은 치유의 명약이 된다. 무관심하게 내뱉은 말은 독화살이 되어 상대방의 생명까지 빼앗을 수 있다. 많은 고민 상담자들은 나미야 잡화점의 답장에서 용기를 얻고 스스로

답을 찾는다. 나미야 잡화점의 할아버지도 상담자들은 각자 이미 답을 가지고 있다는 사실을 알고 있다. 그런데도 편지를 보내는 이유는 자신의 답에 확신을 얻기 위한 것이라고 해석한다. 고민 상담자는 편지로 자기표현 욕구와 치유 효과를 얻는 것이다. 결국 타인의 언어가 가진 마력은 대단하다. 절망하는 타인에게 진심 어린 충고는 때로는 기적이 되기도 하는 것이다.

(3) 판타지와 치유의 경계 허물기

지금까지 판타지문학[13]은 주류문학으로부터 제외되었으며 침묵당하고 억눌려왔다. 그러나 1960년대부터 젊은 세대들은 순수문학을 거부하고 판타지문학을 찾기 시작했다. 한국에서는 1980~ 1990년대의 암울한 정치 상황과 기성세대의 리얼리즘으로 박탈당했던 환상세계에 대한 젊은 세대의 동경이 직접적인 원인이 되었다. 그럼 지금 왜 판파지문학이 주목을 받고 있는가? 판타지문학은 "언어가 갖고 있는 힘의 불확실성과 재현의 유효성에 의문을 가지고 시작된 포스트모더니즘과 긴밀한 연관관계"[14]를 가지고 있다. 언어와 그 언어가 지시하는 리얼리티의 관계가 불확실한 세계에서 작가들은 리얼리티의 또 다른 측면인 환상의 영역을 탐색하는 것은 자연스러운 일이었다.

포스트모더니즘은 리얼리티와 픽션 사이의 관계에 근본적인 의문을 던진다. 포스트모던 시대에 비평가들은 리얼리티와 픽션의 경계가

13 필자는 현실의 리얼리티를 벗어나는 문학을 포괄적으로 환상문학 또는 판타지 문학으로 부른다.

14 레이먼드 페더만 『초소설』 p.6. http://daesan.or.kr/webzine_read.html?uid=1571&ho=39(검색일: 2020.7.10.)

점점 일정한 원칙 없이 임의적이며 희미해진다고 주장했다. 포스트모던시대 작가들은 현대의 가변적인 리얼리티는 더는 19세기 작가들이나 독자들이 중재하거나 경험했던 고정된 존재가 아니라고 주장했다. 그들에 의하면, 포스트모던 리얼리티는 수수께끼 같고 불확실해서 소설보다 더 허구적이며, 환상보다 더 환상적인 것이 되었다.[15] 현재 우리의 삶은 소설보다 더 소설 같은 일들이 일상에서 일어나고 있다. 텔레비전 뉴스에 소설보다 더 엽기적인 일들이 많아서 소설 쓰기가 불가능한지도 모른다. 이러한 시대에 유효한 소설은 기존의 리얼리즘과 순수소설에 도전하고 창의적 상상력으로 우리의 이성보다 비이성을 탐색하는 판타지소설이 될 것이다. 비현실적인 측면을 다룬다는 측면에서 판타지소설은 불확실성과 기존체제와 관념을 전복시키려는 독자의 은밀한 욕망도 잘 반영해주고 있다. 3명의 청년이 고민 상담을 해주는 것도 이러한 면에서 독자의 욕망을 충족시켜주고 있다.

다음은 랩킨과 게리 K 울프, 톨킨의 환상문학에 대한 정의이다.

a. 환상적인 것(the fantastic)은 문학의 속성을 가리키는 것이고, 만일 그러한 속성이 작품에 중심적 구도로 자리 잡고 있다면 그러한 일련의 작품들을 장르인 환상문학(fantasy)라고 불러야 할 것이다. (랩킨)
b. 환상은 우리가 일반적으로 인정하는 합의된 리얼리티로부터 벗어날 때 성립된다. (게리 K 울프)
c. 합의된 리얼리티를 벗어난다는 것은 새로운 2차 세계가 창

15 레이먼드 페더만, 위의 인터넷주소.

> 조되었다는 것을 의미한다. 그런데 그 2차 세계는 나름의 내적 리얼리티, 즉 내적 논리를 가지고 있어야 한다.(톨킨)[16]

여기서 환상문학은 "일반적으로 인정하는 합의된 리얼리티를 벗어나는 것"이고 그 세계는 나름의 내적 리얼리티와 내적 논리를 가지고 있어야 한다고 한다. 『나미야 잡화점의 기적』은 일반적인 시공간과 벗어나고 있고 나름의 내적 논리를 가지고 있으므로 환상문학이라고 할 수 있을 것이다. 『환상문학 서설』에서 츠베탕 토도로프는 환상문학이 현실과 상상세계를 구분 짓던 19세기의 형이상학에 대해 반기를 들고 19세기 실증주의 자격지심의 한 독특한 표현이었으며 실증주의에 대한 조롱이라고 한다. 주인공이 경험한 괴이한 사건이 결코 환각이 아니었다는 것을 증명해주는 사물이 제시되었을 때 독서의 환상적 효과는 극대화된다. 있음직하지 않은 그 모든 요소에도 불구하고 벌어진 사건이 현실이 아닐 것이라고 단정 지을 수 없게 만드는 실증적 증거가 이야기의 사실성을 담보해주어서 이야기가 끝난 다음에도 독자에게 판단 불가의 긴장을 유지하는 것이다. 이러한 환상문학의 글쓰기 유희는 물리 세계와 초자연적 세계 사이의 단절을 원칙으로 하는 근대의 합리적 이성과 과학 정신이 점점 더 유물론적 실증주의로 굳어져 가는 것에 대한 회의의 발로라 할 것이다. 그리고 현대인은 세계와 마주한 주체가 겪는 환상적 경험을 자신의 심적 경험으로 인식하고 그것을 외부세계의 존재 여부가 아니라 자신의 내적 현실에 결부시키며, 현실과 비현실의 허물어진 경계를 더 이상 예외적인 현

---

16 황병하 「환상문학과 한국문학」 http://www.latin21.com/board3/bbs_view. php?table=theory_fh&bd_idx=6(검색일: 2020.11.10.)

상으로 받아들이지 않는다. 19세기식 형이상학적 틀이 인간 정신에 가하던 억압이 제거되면서 현대인은 환상적 경험을 자연스러운 일상으로 받아들인다.[17]

『나미야 잡화점의 기적』의 환상성은 현대의 많은 독자의 욕망을 충족시키고 그들을 끌어들이는 한 요소이다. 또한 이 소설은 단지 환상성만을 가지는 것이 아니다. 환상성과 편지로 등장인물과 독자를 치유해준다. 『나미야 잡화점의 기적』은 판타지와 치유의 경계를 허물고 있다. 『나미야 잡화점의 기적』은 〈치유와 판타지〉라는 소설로 독자들을 판타지의 세계로 끌어들이고 현대인의 상처를 치유해주고 있다. 미숙하고 결점투성이인 백수 신세의 젊은 청년이 고민 상담을 한다. 일반적으로 고민 상담은 권위가 있고 어느 정도의 연륜이 있는 사람이 하는 것으로 인식하고 있다. 하지만 고민 상담과는 전혀 관련이 없는 결점투성이 젊은이가 고민 상담을 해주고 그 상대방은 그 고민 상담에 감동하고 기적이 일어난다. 과거와 현재를 잇는 나미야 잡화점이라는 시공간을 통해서 오가는 편지는 추리 소설의 경계를 허물고 〈힐링과 환타지소설〉이라는 새로운 장르로 편입된다.

교보문고에서 가장 많이 팔린 이 소설은 모든 세대를 뭉클한 감동에 빠뜨리는 기적에 대한 완벽한 구성이 있다. 그 구성에는 나미야 잡화점에서 일어나는 시공간의 환상성과 시공간을 이동하는 편지가 있다. 이 편지라는 글쓰기를 통해 등장인물인 아쓰야, 고헤이, 쇼타라는 자존감이 낮은 세 명의 인물은 자존감을 높여가면서 자기 자신도 치유한다. 또한 그들이 보낸 진심 어린 편지는 달토끼, 생선가게 뮤지션, 길 잃은 강아지를 치유하고 기적을 선사한다. 그리고 나미야 유지의

---

17 츠베탕 토도로프 『환상문학 서설』 일월서각, 2013, pp.344~345.

고민상담 편지는 많은 등장인물의 고민을 들어주고 해답을 제시하고 치유를 해준다. 글 쓰는 행위는 치유의 기능이 있다. 미국에서는 오래전부터 우울증을 치료하는 방안으로 글쓰기를 활용하기도 했다. 이처럼 이 소설에서 고민 상담 편지는 등장인물과 독자들의 속을 시원하게 풀어주고 자신들의 상처를 치유해주는 기능을 하고 있다. 이러한 시공간의 환상성과 편지의 치유 기능이 많은 독자가 이 소설을 찾는 이유일 것이다. 그리고 추리소설가였던 히가시노 게이고는 기본적으로 살인사건이나 악의를 묘사할 때도 인간의 선량함에 대한 믿음을 가지고 있다. 이 소설은 환상추리기법을 활용하여 독자에게 치유와 감동을 선사하고 있다. 이 소설이 오랫동안 베스트셀러이고 한국 젊은이들이 열광하는 이유는 시공간의 환상성으로 인한 기적의 완벽한 구성과 편지를 통한 치유 기능이라고 생각한다. 전혀 어울릴 것 같지 않았던 판타지와 치유를 융합한 이 소설은 환상과 치유로 독자들을 끌어들이고 있다.

4. 작품의 의의 및 평가

히가시노 게이고의 『나미야 잡화점의 기적』은 현대문학에서 2012년 출간된 이후 베스트셀러 20위권에서 한 번도 벗어나 본 적 없는 유일한 소설이다. 『나미야 잡화점의 기적』은 발간된 이후 전 세계에 걸쳐 1,200만 부를 돌파하고 한국에서도 가장 많이 팔린 소설이다. 이처럼 전 세계 사람들을 감동에 빠트린 이유는 판타지와 힐링의 경계를 허물었기 때문이다. 이 소설은 시공간의 환상성을 통해 독자들을 시간여행하게 한다. 나미야 잡화점의 우유 상자를 통해 나미야 할아버지가 사는 1970~80년대라는 과거와 3명의 청년이 사는 2012년이라는 현재라는 시간을 편지로 자유롭게 소통한다. 우유 상자는 타임머신의 기능을 하고 있다. 나미야 잡화점은 과거와 미래의 편지를 주고받은 환상적인 공간으로 설정되어 있다. 모든 등장인물은 환광원이라는 고아원과 관련성을 가진다. 이러한 시공간의 환상성은 우리 삶이 소설보다 더 소설 같다는 리얼리즘 소설에 근본적인 의문을 던지는 것이다. 포스트모더니즘이 리얼리티와 픽션 사이에 근본적인 의문을 던지고 있다. 판타지소설은 기존 리얼리즘 소설에 도전하고 창의적 상상력으로 독자의 욕망을 충족시키고 있다. 『나미야 잡화점의 기적』의 환상성은 불확실성으로 가득한 현대의 삶을 사는 독자들에게 기존체제와 관념의 전복이라는 은밀한 욕망을 충족시켜주고 있다.

『나미야 잡화점의 기적』은 시공간의 환상성과 더불어 편지를 통한 치유 기능이라는 두 개의 목적을 달성하고 있다. 『나미야 잡화점의 기적』은 절망을 치유하는 희망의 도구로서 편지를 응용하고 있다. 나미야 잡화점 주인인 나미야 유지의 고민 상담에 대한 진심 어린 답장은 독자에게 감동을 준다. 그린 리버와 폴레논의 고민 상담에 대한 답장과 지혜로운 조언, 그리고 3명의 청년 중 한 명인 아쓰야의 백지 편지에 대한 답장은 등장인물뿐만 아니라 독자들까지도 가슴을 뭉클하게 한다. 또한 아무런 뛰어난 능력도 없는 3명의 백수 청년의 상담 편지 답장은 그들 자신뿐만 아니라 고민상담자들을 위로하고 치유하며 기적을 일으킨다. 고민상담자는 그들이 비록 원하는 답을 들을 수 없을지라도 편지라는 글쓰기 기능을 통해 속이 후련해지고 치유가 되는 것이다. 또한 자신의 고민을 들어주고 같이 고민해준다는 것만으로 위안을 받는다. 이 작품을 읽는 독자들도 편지로 치유를 받는 것이다.

이처럼 『나미야 잡화점의 기적』은 시공간의 환상성과 편지를 통한 치유라는 힐링 판타지소설로 독자를 끌어들이고 있다. 이러한 서사구조가 수많은 독자를 감동시키는 이유가 된다. 실제로 이 책은 인생의 밑바닥에 있는 패배자들이 다른 사람의 고민 상담을 해주는 과정만으로도 흡입력이 있다. 고민 상담은 대부분 똑똑하거나, 경험이 많은 사람이 해주지만 어딘가 좀 모자란 친구들이 상담해주고 그들만의 방식으로 진심을 담아 답장했다. 그리고 상담은 의외로 꽤 성공적이었다. 이런 점들이 독자들을 끌어들이게 된 이유이기도 하다.

5. 생각 나누기 및 토론

『나미야 잡화점의 기적』을 감상한 후 가장 감명 깊었던 부분을 떠올려 보고 그 부분이 인성함양과 어떻게 연관이 되는지 이야기해 보자.

◆ 독서토론·시사토론·인성 토론

① 나미야 잡화점에서 오가는 편지는 사람들에게 어떤 변화를 일으켰는가?

② 이 소설을 읽고 사람들이 감동하고 치유를 받는 이유는 무엇일까?

③ 자존감 회복을 위해서 우리에게 필요한 것은 무엇인가?

II

팬데믹시대의 바이러스와 공동체 윤리

제1장

〈감기〉

- 감염병과 봉쇄, 그리고 국가권력

1. 감독소개

김성수(金性洙, 1961~)는 대한민국의 영화감독 · 제작자 · 각본가이다. 세종대학교 영어영문학과를 졸업하고 동국대학교 대학원 연극영화 석사를 받았다. 1993년 영화 〈비명 도시〉로 데뷔했다. 김성수 감독은 2006년 사스를 겪으며 기획했던 영화를 4년 뒤에 연출했다. 김성수 감독은 〈감기〉를 제작하게 된 동기를 다음과 같이 말했다. 2010년 구제역 발생 당시 "2011년 동물보호협회에서 올린 〈살처분 돼지의 절규〉라는 동영상을 보고 며칠 동안 받은 충격을 어떻게 영화적으로 형상화할지가 가장 큰 관심사였다. 인간이 돼지에게 저지른

영화 〈감기〉 포스터[1]

만행이 우리에게도 일어날 수 있다는 그 장면이 이번 영화에서 가장 긴 쇼트(shot, 영화의 최소단위)다. 기분 나쁜 영상이지만 내 머릿속에 그 돼지 영상이 박혔듯이, 사람들의 머릿속에 오랫동안 남길 바랐다."라고 했다.

개봉 7일 만에 200만 관객을 돌파한 영화 〈감기〉는 인간도 2010년 구제역 발생 당시 살처분된 350만 마리의 가축과 비슷한 상황에 부닥칠 수 있다는 문제의식에서 출발한 영화다. 변종 감기 바이러스의 창궐로 한 도시를 폐쇄하면서 벌어지는 사회 현상을 다각도로 그려낸 이 영화의 중심에는 어린 딸을 지키기 위해 의사라는 직업적 본분도 내던지는 싱글맘과 그녀의 간절함에 동화돼 두 모녀를 돕는 한 구조대원의 이야기가 있다. 김성수 감독은 최근 『노컷뉴스』와 만나 "사람은 누구나 인해(수애)처럼 이기적으로 행동하기 쉽고, 누구나 지구(장혁)처럼 밑바탕에 선량한 마음을 가지고 있으며, 대다수는 어린 미르(박민하)처럼 힘없는 사람이 아닌가?"라고 설명했다. 또한 "실제 재난이 닥치면 개인이 아니라 사회집단의 문제"라며 "재난에 대응하는 그 사회의 성숙도, 능력, 판단력의 수준에 따라 상처를 극복하고 더 단단해질 수도, 반대로 엄청난 대가를 치를 수도 있다."고 덧붙였다.[2]

---

1 제작 아이러브시네마, 출처 위키백과, http://www.kobis.or.kr/kobis/business/mast/mvie/popupImg.do?(검색일: 2021.1.7.)

2 「〈감기〉 김성수 감독 '재난 통해 불편한 사회에 경고'」https://www.nocutnews.co.kr/news/1088507(검색일: 2020.9.14.)

2. 작품의 시대적 배경

2020년 전 지구적으로 확산하고 있는 코로나19를 보면 2013년 출시된 〈감기〉가 떠오른다. 이 영화에 등장하는 신종 조류독감 역시 코로나19와 마찬가지로 변종 바이러스다. 이 바이러스는 동남아 밀입국 노동자를 경기도 성남시 분당으로 실어 나르다 감염된 한 남자에 의해 빠르게 퍼지게 된다. 이후 분당은 평화로운 위성도시에서 아비규환의 장소로 급변한다. 감염이 나라 전체로 확산하는 것을 막기 위해 정부가 국가 재난 사태를 발령하고 도시를 봉쇄하는 결정을 내리자 미처 대비할 여유도 없이 격리된 시민들은 커다란 혼란에 휩싸인다. 살아남기 위해, 가족을 찾기 위해 사투를 벌여야 할 상황이다. 영화의 이런 설정은 현재 세계 곳곳에서 조금씩 변주된 실제 현실로 나타나고 있다. 그러나 이제까지 한 번도 경험해보지 못한 대재앙이라는 사실에는 이견이 없다.

지구화는 상품 · 자본 · 사람 · 정보 등이 지구 단위로 움직이는 시스템이다. 이제 경제는 하나의 세계 시장으로 통합됐고, 각 나라의 문화는 수시로 변하는 글로벌 흐름에 맞춰 표준화됐으며, 정치 또한 국제적 차원에서 다뤄지는 경우가 많아졌다. 문제는 질병 또한 지구화되고 있다는 점이다. 코로나19가 그 단적인 예다. 현재 세계는 이를 제대로 대처하지 못해 많은 문제가 노출되고 있다. 이 과정에서 드러난 핵심 쟁점은 기존의 지구화된 질서를 과연 지속할 수 있을 것인가의 문제다. 이 위기의 파장은 정치 · 경제 · 사회 · 문화 전 영역에 걸쳐 파급되고 있다. 코로나19가 지구적 위기로 다가온 2020년 이전의 세상과 이후의 모습이 다를 것이라고 모두가 예상하지만, 과연 어떻

게 다를지는 누구도 확실하게 예견하지 못하고 있다.[3]

한국 영화계도 시대적 문화 코드를 적극적으로 반영하여 재난 서사의 영화들을 적극적으로 생산하기 시작하였다. 국내에서 재난영화가 본격적으로 등장한 것은 〈해운대〉(2009)이후이다. 재난영화의 시초는 2000년대 중반 SF적 경향과 재난의 상상력이 동반된 〈괴물〉(2006)이라고 할 수 있다. 디지털 기술을 활용한 재난의 실감 나는 재현이 영화의 승부를 결정지음에 따라 파괴적인 장면들은 화려한 영화적 스타일과 감각적 연출을 통해 볼거리로 자리매김하였다. 이후 등장한 〈연가시〉(2011), 〈타워〉(2012), 〈감기〉(2013), 〈더 테러 라이브〉(2013), 〈설국열차〉(2013) 등은 이러한 흐름 속에 자리하고 있다. 〈이웃집 좀비〉(2009), 〈인류멸망보고서〉(2011), 〈짐승의 끝〉(2011) 등과 같이 좀비나 종말을 다루고 있는 영화들 역시 2000년대 이후 지배 서사로 부상한 파국과 절멸의 상상력이 그 바탕을 이룬다는 점에서 궤를 함께 한다.

'재난의 시대'라고도 명명할 수 있는 오늘날 파국과 절멸의 서사가 문화적 흥행 코드로 자리매김한 것은 한편으로는 자연스러운 일처럼 보인다. 우리는 종종 우리 시대의 예술이 펼쳐내는 디스토피아적 상상력, 이를테면 자연재해나 자원의 고갈, 문명의 파괴, 인류의 멸망, 태곳적으로의 회귀가 실제의 삶에서 펼쳐지고 있는 것을 목격하고 경험한다. 현실에서도 지진과 해일은 예고 없이 찾아오며, 기후는 급변하고 원자력발전소가 폭발했다. 그러는 와중에도 전쟁은 계속되었으며, 질병과 테러는 국경을 넘나들며 세계를 공포로 몰아넣고 있다. 장기화한 금융위기는 모두의 삶을 피폐하게 만들었으며 빈곤과 실업은

---

3 조흡 「〈감기〉 - 영화와 질병의 지구화」『대한토목학회지』 68(5), 2020, pp.84~85.

세대나 성별, 국가, 민족, 종교 등에 한정되지 않는다. 이러한 상황에서 디스토피아적 상상력은 일상적일 수밖에 없다. 게다가 재난은 예술의 가장 오래된 주제 중 하나로, 1755년에 발생한 리스본의 지진은 볼테르와 루소, 괴테, 칸트의 관심을 끌어 계몽주의 담론을 촉발하고 당대 최고 지성의 자리에 올려놓았으며, 클라이스트와 슈나이더는 불멸의 문학작품을 후세에 남겼다.[4]

3. 핵심적인 내용 및 주제

국내 밀입국을 시도하던 필리핀 노동자들을 통해 전파된 바이러스는 그들과 처음 접촉한 한국인 브로커를 매개체로 삽시간에 분당을 공포와 비명이 난무하는 아수라장으로 탈바꿈시킨다. 호흡기를 통한 초당 감염 속도는 3.4명, 치사율은 100%인 이 바이러스에 감염되면 사람들은 격한 기침과 함께 피가 섞인 토사물을 쏟아내는 같은 증상을 보인다. 정부는 2차 확산을 막고자 국가 재난 사태를 발령하고, 더 이상의 확산을 방지하기 위해 '분당 폐쇄'라는 극단의 조치를 내린다. 미처 피할 시간을 갖지 못한 채 격리된 사람들은 일대 혼란에 휩싸이고, 도시에 갇힌 사람들은 생존을 위한 사투를 벌인다. 국가비상사태를 해결할 유일한 방법은 백신 개발을 위한 최초 발병자를 찾는 것이다. 결국 발병자를 찾는다. 의사인 인해의 딸 미르의 항체로 인해서 백신을 만들 수 있음을 확인 후, 모든 사태는 끝

4 한송희 「한국 재난영화의 정치적 무의식 - 2010년대를 중심으로」『언론과 사회』 27(2), 2019, pp.5~6 참조.

난다. 그 후, 인해와 지구, 미르가 함께 여행을 떠나는 장면으로 끝난다.

재난으로서의 감염과 봉쇄

질병의 역사에서 "기근과 전쟁, 역병의 형태로 일어나는 재난은 오로지 외부에서만 올 수 있다."라고 여겨진다. 또한 재난의 원인은 "상호 작용하면서 하나가 다른 하나를 불러일으키는 결과"를 빚는다. 한국 영화에서 감염 역시 외부에서 온 어떤 것에서 시작된다. 〈감기〉는 신종 조류인플루엔자의 하나로 추정되는 바이러스가 홍콩에서 온 불법 이주민들에 의해 퍼지면서 도시 전체가 전염되기 시작한다. 불법 이주민들은 컨테이너에 짐처럼 실려서 '평택항'으로 오는데, 이들은 모두 배 안에서 사망한 채 도착한다. 이 바이러스는 질병의 양태로 보아 '조류인플루엔자'이지만, 확산 속도가 빠르고 치사율도 높은 '변종'이다. 분당에 확산한 감기의 치료법은 오직 유일한 생존자인 '몽싸이'의 항체를 확보하는 방법뿐이다.[5]

〈감기〉는 감염이 퍼진 '분당'을 폐쇄하고 분당 시민 전체를 격리하는데, 감염된 딸을 살리기 위해 의사 '인애'와 소방대원 '지구'가 항체를 가지고 있는 '몽싸이'를 찾는 사건이 서사의 주를 이룬다. '분당'은 인구 46만 명이 거주하는 수도권에서 가까운 신도시로 중산층이 밀접해 있으며, "서울 중심의 중앙집권적 지배체제를 강화하기 위해 국토 전체를 디자인하는 위계화나 국가권력과 관계되어 있는 추상적 공간의 전형적인 사례"[6]라고 할 수 있다. 영화는 가상의 도시가 아니라,

---

5 최은영 「한국 영화에 나타난 감염의 은유 방식 연구 - 〈감기〉(2013), 〈부산행〉(2016)을 중심으로」『건지인문학』 26, 2019, p.405.

6 최은영, 위의 논문, p.406.

'분당'이라는 장소를 명시하고 이 도시가 폐쇄된다는 사실을 영화의 곳곳에 노출하고 있다.

징벌로서의 감염과 격리조치

질병의 역사에서 전염성이 강한 질병일수록 그 질병에는 윤리적인 개념이 덧씌워졌다. 예를 들자면, 서구에 1866년 콜레라가 창궐했던 당시 콜레라는 "죄 많은 사람들에게 내려진 천벌"이라고 여겨졌다. 이처럼 전염성 질병은 "도덕적 방종이나 비열한 행위를 폭로해 주고 이를 징벌"하는 기능을 하는 것으로 여겨져 왔다. 소영현은 유행성 감염병에는 "대규모의 윤리적 단죄의 이미지가 덧붙어 있다."라고 설명하면서 "원인을 쉽게 파악할 수 없으며 감염의 속도가 제어할 수 없을 만큼 빠르고 무엇보다 생명에 치명적인 감염병일수록 공동체, 사회 혹은 국가와 인류 전체에 내려진 천벌로 오해될 가능성은 높아진다."[7] 라고 설명한다.

〈감기〉와 〈부산행〉에서 감염은 사회적 차원에서 국가적 재난으로 개인적 차원에서는 징벌로 은유된다. 〈감기〉는 감염의 확산을 막기 위해 감염자와 비감염자를 격리하고 통제한다. 〈감기〉에서 정부는 분당의 모든 시민을 잠재적 감염자로 보고 격리하는데, 감염된 사람을 산 채로 매장해 배제하는 극단적인 방법을 택한다. 김성수 감독은 영화의 제작 배경에 대해 동물을 대상으로 한 전염성 질병 '구제역'에 대한 정부의 대응 방식인 '살처분'이 인간에게 똑같이 일어나면 어떤 일이 발생할 것인가에 대해 생각한 것이라고 밝히고 있다. 구제역이 발생하자 살아있는 동물이 감염되었다는 이유로 국가가 나서서 산 채

7 최은영, 위의 논문, p.407.

로 매장하는 것처럼, 〈감기〉에서 감염된 사람은 '생명'이 아니라 감염의 매개체로만 여겨지기 때문에 국가의 보호를 받지 못한다. 처음 국가는 분당 시민을 단순히 감염자와 비감염자로만 격리했지만, 시간이 지나면서 감염자를 몰래 산 채로 버린다. 이들은 살아있지만 죽은 것으로 간주한다. 그리고 영화는 감염자를 격리하고 배제하는 과정에서 발생하는 '폭력'의 문제를 제기한다. 르네 지라르가 "전염병은 투명한 은유라서, 문자 그대로 전염병처럼 확산하는 특정한 폭력을 은유한다"라고 설명하는 것처럼 폭력은 마치 질병처럼 국가 전체로 확산된다.[8]

초당 3.4명의 감염 속도에 치사율 100%라는 치명적인 변종 인플루엔자로부터 국민을 보호하겠다며 국가와 지방정부는 내재되어 있던 폭력성을 분출하기에 이른다. 예컨대 대형할인점에 고립되어 감염되어가는 시민들은 집단 수용소에 강제 이송되고, 결국은 종합운동장에 매립되거나, 가족과 함께 장을 보고 길을 걷던 사람들은 돌연 '군중'이 되고, '보호'라는 이름으로 군인들에 의해 자행되는 무차별 폭력의 희생자가 된다. 이처럼 극도의 추상성이 발휘되면서, 그들은 지극히 무력한 상황에 부닥칠 수밖에 없게 된다. 이 추상공간에서는 설령 주인공이라 하더라도, '2066', '2067'로 호명될 뿐이다. 그런 의미에서 영화적 재현으로서 이 공간은 아우슈비츠의 유대인들이나 공권력에 희생된 광주 시민들이 점유했던 역사적 공간 등을 환기하는 각성의 순간이기도 하다.[9]

---

8 최은영, 위의 논문, pp.409~410.

9 최은 「추상공간의 폭력과 공포」『영상예술연구』 23, 2013, p.105.

국가의 대응, 그리고 한국형 재난

〈감기〉는 분당에서 발생한 바이러스성 질환에 대응하는 시장과 총리, 그리고 대통령으로 이어지는 컨트롤타워의 무능함을 보여준다. 시민들의 안전보다 자신의 정치 생명만 챙기는 시장과 국민을 방패막이 삼아 분당을 봉쇄하는 것으로 사태를 무마하겠다는 총리의 무책임함이 드러난다. 대통령 역시 주변 참모들과 강제적으로 군사력을 동원하려는 미국 사이에서 대체로 무기력한 모습이다. 이 영화가 개봉되었을 당시 이런 설정은 모든 재난영화에서 무한 반복되는 낡은 표현이었다. 과장해서 말하면 재난영화 속에서 보인 한국 정부 이미지의 원형은 한국전쟁 당시 한강철교를 폭파하고 도망갔던 이승만 정부가 새겨놓은 트라우마에서 벗어나 본 적이 없는 것 같다. 특히 〈감기〉에서 이미 감염자가 많아진 특정 지역을 봉쇄하거나 차단함으로써 바이러스의 전파를 막겠다는 영화 속 총리의 결정은 코로나19의 현실에서는 정반대 방향으로 이루어졌다. 국민은 온라인상에서 수없이 '봉쇄'를 거론했지만 정작 한국 정부는 그 어느 지역도 소외시키지 않은 채 보이지 않는 바이러스의 전파 가능성을 차단해나갔다.[10]

우리 사회에서 발생한 사건·사고들은 큰 틀에서 보면 규제 완화, 노동 유연화, 민영화라는 글로벌 신자유주의의 논리로 볼 수 있다. 하지만 재난의 상황을 고려했을 때는 산업화 시대 자본과 국가의 비정상적 커넥션을 재연하는 국지적 특이성을 갖고 있다. 실제로 1970년 와우아파트 붕괴, 1993년 서해 페리호 침몰 사건, 1994년 성수대교 붕괴, 1995년 삼풍백화점 붕괴, 1997년 대한항공 여객기 괌 추락

10 김지미 「코로나19 시대, 낯선 현실과 익숙한 영화 : 〈컨테이젼〉, 〈감기〉, 〈사냥의 시간〉, 〈찬실이는 복도 많지〉」『황해문화』 107, 2020, p.292.

사고, 1999년 씨랜드 참사 등은 자본의 지구화와 한국이라는 지정학적 특수성이 결합하며 배태한 재난들로, '재난 자본주의'라는 한국의 국가적 정체성을 고스란히 보여주는 상징적인 사건들이다. 게다가 2000년대 이후에 발생한 재난들 역시 그 성격과 특성에서 이전 재난 참사들과 크게 다르지 않다는 사실은 강조될 필요가 있다. 이는 우리 사회가 미래형 재난과 위험에만 노출된 것이 아니라 '과거형 재난과 위험'에서도 자유롭지 못함을 뜻하기 때문이다. 그러므로 한국 사회는 그야말로 '특별한 위험사회'라던 울리히 베크의 지적은 타당하다.

한국형 재난의 특수성을 고찰하기 위해서는 먼저 근대국가의 형성과 압축 성장, 급속한 도시화와 산업화, 민주주의의 질곡 등과 같은 한국의 근대화 과정에 대한 근본적인 성찰이 이루어져야 한다. 한국은 압축 · 고속 성장을 위해 국가가 목표를 정하면 정부와 기업, 국민이 일사불란하게 목표 달성을 위해 헌신하며 국력을 결집하는 이른바 '국가 주도의 근대화'를 거쳤다. 이 과정에서 '성과지상주의' 혹은 '결과중심주의'는 사회 내 최우선적 가치로 부상하게 되었는데, 결과중심주의 풍토의 만연과 그에 따르는 과정의 배제는 한국형 재난의 주된 원인으로 꼽히기도 한다. 왜냐하면 '압축 성장'이라는 전략 아래에서는 단기간에 사업의 규모나 매출의 성과를 향상시키는 외적 성공이 중요하기 때문이다. 그리고 이와 같은 가시적 성과에 대한 맹목적인 믿음은 안전보다는 속도를, 과정보다는 결과를, 내실보다는 외형을 중시하는 '왜곡된 합리성'으로 이어지며, 위험 요소들은 방치될 수밖에 없다.[11]

---

11 한송희, 앞의 논문, pp.106~107.

4. 작품의 의의 및 평가

한국 감염 영화에서 감염은 국가적인 격리와 배제의 원인이 되며, 생존 윤리의 문제를 제기한다. 〈감기〉와 〈부산행〉 이후 감염을 매개로 한 영화가 꾸준히 제작되고 있다. 조선 좀비 영화라는 이름으로 개봉한 〈창궐〉, 드라마로 제작된 〈킹덤〉, 코믹 좀비 영화라고 명명한 〈기묘한 가족〉 등은 한국 영화에서 좀비 영화를 하나의 장르로 분류하기에 충분할 정도다. 한국 영화에서 '감염'은 이제 비감염자와 감염자의 경계, 감염시킬 것인가 죽음을 택할 것인가, 좀비에 대한 폭력은 정당화될 수 있는가의 문제를 제기하면서 다양한 시대와 장르를 넘나든다.[12]

〈감기〉는 관객 평점은 그리 나쁜 편은 아니지만, 비판이 상당히 많은 편이다. 특히 개연성과 현실 고증에 대한 비판이 대부분이다. 영화 핵심 설정인 전염병을 묘사하는 방식부터 비현실적이라는 의견이 많다. 설정상 감염 48시간 만에 치사율이 100%인 전염병인데, 이렇게 강력한 전염병은 숙주가 너무 빨리 사라져서 널리 퍼지기 힘들다. 에볼라가 아프리카에서 좀처럼 벗어나지 못하는 까닭을 떠올리면 된다. 에볼라는 감염이 사망으로 직결되기 쉬워서 바이러스가 퍼지기 어렵기 때문이다. 이에 반해 코로나19는 생각보다 치사율이 낮아서 여러 사람에게 바이러스가 빠르게 전파된다.

12 최은영, 앞의 논문, p.418.

5. 생각 나누기 및 토론

〈감기〉를 감상한 후, 가장 감명을 받았던 장면을 떠올려보고 그 부분이 인성 함양과 어떻게 연관이 되는지 이야기해보자.

◆ 독서토론·시사토론·인성 토론

① 팬데믹 상황에서 국가와 개인은 감염병에 어떻게 대응했는가?

② 감염병을 통해 일어난 배제와 혐오의 원인은 무엇인가?

③ 팬데믹 상황에서 연대와 협력은 왜 중요한가?

제2장

〈부산행〉

- 인간의 이기심과 책임

1. 감독소개

연상호(延尙昊, 1978년 ~)는 대한민국의 영화 · 애니메이션 감독이다. 1978년 서울 출생으로 상명대 서양학과를 졸업했다. 연상호 감독 작품의 원안은 대부분 같은 학교 동문인 최규석의 것이다. 1997년 첫 작품을 연출한 이후로 공식적인 감독작이 6편이나 되는 어엿한 베테랑 감독이다. 무려 19살 때부터 혼자서 단편 하나를 완성했을 정도로 제법 일찍 작품 활동을 시작한 편이다.

2. 작품의 시대적 배경

영화 〈부산행〉 포스터[1]

〈부산행〉은 2016년에 개봉한 대한민국 좀비 영화이다. 2014년 4월 16일에 세월호 침몰 사고가 일어나 수많은 사람이 목숨을 잃었다. 2015년에 바이러스성 호흡기 감염증인 메르스(MERS, 중동호흡기증후군) 사태로 대한민국에 첫 환자가 발생하고 유행하였다. 메르스는 코로나바이러스에 의한 바이러스성 호흡기 감염병이다. 낙타나 박쥐 따위의 동물이 바이러스의 주요 매개체로 추정되고 있다.

세균은 영어로 '박테리아(Bacteria)'이다. 세균과 바이러스는 질병을 일으킨다는 공통점이 있다. 하지만 바이러스가 세균보다 작다. 세균은 하나의 독립된 세포로 이루어진 생물체이다. 바이러스의 구조는 더욱 단순해서 세포라고는 할 수 없다. 세균은 공기 중이나 사람 몸속 등 먹이가 있는 곳이라면 어디든지 증식할 수 있다. 반면에 바이러스는 반드시 살아있는 생물체의 세포를 숙주로 삼아야만 번식할 수 있다. 세균이나 바이러스에 감염되었을 때 대처법도 다르다. 바이러스는 백신이나 항바이러스제로 예방하거나 치료할 수 있다. 백신은 병원체인 항원(抗原)에 대한 면역을 두기 위해 투여된다. 병을 예방하는 목적으로 백신을 주사하는 것으로 예방접종을 한다. 예를 들면 홍역, 볼거리, 풍진, MMR, 수두, 황열, 비강용 인플루엔자 등이 있다. 항바이러스제는 바이러스 감염 치료에 특화된 의약품이다. 반면에 세균

---

1 제작 영화사 레드피터, 배급 넥스트 엔터테인먼트 월드, 출처 위키백과(영화관입장권 통합전산망

은 항생제로 치료한다. 항생제는 세균의 세포벽을 약하게 만들어 감염된 세포를 죽인다. 최초의 항생제는 페니실린인데 이를 통해 매독의 치료가 가능하게 되었다.

감염병의 예방 및 관리에 관한 법률(2010.12.30)을 보면 다음과 같다. '전염병'이라는 명칭이 사라지는 대신 전염성질환과 비전염성 질환을 모두 포함하는 '감염병'으로 변경된다. 감염병(感染病) 또는 전염병(傳染病)은 세균, 스피로헤타, 리케차, 바이러스, 진균, 기생충과 같은 여러 병원체에 의해 감염되어 발병하는 질환이다. 병원체에 의한 감염은 음식의 섭취, 호흡에 의한 병원체의 흡입, 다른 사람과의 접촉 등 다양한 경로를 통해 발생한다. 특히 여러 사람에게 전파되는 감염병을 전염병이라 한다. 보건복지가족부는 '전염병'을 '감염병'으로 변경하는 것과 관련하여 "사람들 사이에 전파되지 않는 질환이 있음에도 사람들 사이에 전파되는 질환만을 의미하는 전염병이라는 용어를 사용하는 것은 질병 관리에 있어 문제가 있다."라며 "따라서 종전의 전염병이라는 용어를 전염성질환과 비전염성 질환을 모두 포함하는 감염병이라는 용어로 변경한다."라고 설명했다.[2]

인류를 위협했던 전염병은 수없이 많다. 결핵(B.C.7,000년경), 천연두(B.C.1600년경), 나병 (B.C. 200년경), 흑사병(542-543, 1345-1352년), 매독(1492년), 홍역(1781년), 콜레라(1991년), 사스(사향고양이, 2003년), 메르스(낙타, 2015년), 코로나19(박쥐, 2019년), 발진티푸스, 장티푸스, 독감 등이 기억에 남는 대표적인 전염병이다.

'결핵'은 고대로부터 인간 세계에 존재해 왔다. 모호하지 않은 가

---

2 https://post.naver.com/viewer/postView.nhn?volumeNo=27583607&memberNo=547531(검색일: 2020.12.15.)

장 오래된 결핵균은 약 17,000년 전의 북아메리카 들소의 뼈에서 발견되었다. 결핵이 소에서 유래하여 인간에게 옮긴 것인지, 또는 공통의 조상으로부터 파생되어 다른 종으로 전염된 것인지는 현재까지 명확하지 않다. 동지중해 신석기 정착지 인골에서 선사시대에 사람이 결핵에 걸린 증거가 있으며, 결핵성 부식이 미라의 등뼈에서 발견되었다.

〈페스트〉(흑사병)는 6세기 중엽 유럽을 강타하여 도시 인구의 40%를 죽음으로 몰고 갔던 역병이다. 페스트는 다시 1300년대 중엽 유럽을 강타하여 불과 4~5년 사이에 전 유럽 인구 3분의 1 이상의 목숨을 앗아갔다. 추운 기후가 페스트를 가속했으며 기침을 통해 사람에게서 사람으로 전파되었다. 선박을 통해 감염된 쥐들이 더 멀리 더 널리 페스트를 실어 날랐을 것이다. 또한 '나병'처럼 특별한 공포를 불러일으켰던 병은 없다. 나환자들은 공포와 혐오의 대상으로서 살해당했거나 추방당했으며 두건을 쓰거나 배지를 달고 다른 사람에게 경고하기 위해 방울을 울리고 다녀야 했다. 현대에 나병은 한센병으로 이름이 바뀌었지만 사악한 이미지에서 완전히 벗어나지는 못했다.

매독은 콜럼버스가 신대륙을 발견한 그 다음해인 1493년에 스페인으로 매독을 가지고 귀국하면서 1945년 유럽 전역으로 퍼졌다고 한다. '매독'은 '은둔자의 병'으로 의학과 역사에서 그 정체를 거의 드러낸 적이 없었지만, 유럽의 역사에서 빼놓을 수 없다. '천재들의 질병'이라 불려질 정도로 이름만 들어도 아는 역사 속의 유명 인사들이 매독이라는 질병으로 영혼마저 유린당해야 했다. 대표적으로 니체, 히틀러, 베토벤, 고흐, 링컨, 플로베르 등이 있다. 당시 유럽 인구의 15%가 이 질병으로 목숨을 잃었다. '스페인 독감'은 1918년 전 세계적으로 사망자 수는 2천만 명에서 1억 명 이상까지 달했다. '에이즈'

는 1981년에 나타나 지금까지 2천만 명 이상을 죽음으로 몰아넣었다. 에이즈는 20세기의 페스트로 불릴 만하다.

질병의 발생 원인은 다음과 같다. 원래 동물에서 질환을 일으키는 병원체에 대해 사람이 평소에 방어체계를 제대로 갖추고 있지 못하기 때문에 사람에게는 치명적으로 작용한다. WHO에서 이미 "21세기는 전염병의 시대"라고 규정했고 유럽 인구의 3분의 1을 몰살시킨 '페스트의 재앙'이 21세기에 재현될 수 있다고 주장한다. 사스(SARS)는 우리에게 많은 교훈을 남겼다. 1300년대 중국에서 발생한 페스트균이 상선을 통해 이탈리아로 옮겨지는데 10년이 훨씬 넘게 걸렸고 유럽 전역으로 확산하는데도 5년 이상 걸렸지만, 21세기에 출현한 신종 전염병인 사스는 며칠 안에 전 세계로 퍼져나갔다. 순식간에 30여 개국으로 퍼져나갔다. 앞으로 전염병이 인류에게 어떤 모습으로 공격할지 극명하게 보여주는 큰 사건이었다. 아테네의 황금시대를 몰락시킨 홍역과 천연두(두창), 로마와 몽골제국을 쇠락으로 인도한 흑사병과 기타의 전염병들, 러시아 정벌에 나선 나폴레옹의 50만 대군을 전멸시켰던 발진티푸스, 그리고 20세기 초 최소한 2천만 명 이상을 죽음으로 몰아넣은 인플루엔자가 있다.[3]

3. 핵심적인 내용 및 주제

〈부산행〉(2016)은 대한민국의 좀비 영화로 개봉되던 해 첫 천만 관객을 돌파했다. 프리퀄 영화로 〈서울역〉이 있다. 2016년 7월 27일

3 송영구 「전염병의 역사는 진행 중」『대한내과과학회지』 68(2), 2005, pp.127~129.

소설로 출판되었다. 소설은 영화보다 설정 등의 묘사가 더 구체적이다. 영화 본편에서 자세히 나오지 않았던, 주요 등장인물들의 과거 이야기도 조금씩 서술된다.

〈부산행〉은 정체 모를 바이러스가 전국으로 확산한 가운데 부산행 KTX 안에서 살아남고자 사투를 벌이는 인간 군상의 모습을 담은 영화다. 정체불명의 바이러스가 전국으로 확산하고 대한민국 긴급재난 경보령이 선포된 가운데, 열차에 몸을 실은 사람들은 단 하나의 안전한 도시 부산까지 살아가기 위한 치열한 사투를 벌이게 된다. 펀드매니저 석우(공유)는 별거 중인 엄마를 보고 싶어 하는 외동딸 수안(김수안)과 함께 이른 아침에 부산으로 가는 KTX에 오른다. 평온해 보이는 열차는 조만간 아수라장으로 변한다. 차장 몰래 들어온 한 여인이 이상 증상을 보이다가 열차 안의 사람들을 물어뜯기 시작해서다. 순식간에 승객 대부분이 바이러스에 감염된다. 생존자는 석우 부녀, 건장한 체격의 상화(마동석)와 임신한 그의 아내 성경(정유미), 야구부 에이스 영국(최우식)과 치어리더 진희(안소희) 등 스무 명 남짓이다. 이들은 중간에 내려서 안전한 지역으로 가려다 실패하자 방역에 성공한 곳으로 알려진 부산으로 가기로 한다. 결국 다 죽고 부산에 도착했을 때는 수안과 성경만이 살아남게 된다.

좀비의 상징성과 자본의 속성

세월호 사건에서 보았듯이 그 재난의 근원은 사람보다 이윤을 더 중시하는 자본의 흐름이었다. 〈부산행〉에서 좀비의 출현에 대한 명확한 원인이 제시되지는 않았지만, 증권 회사가 개입한 생명공학 회사의 실험에 기인한다는 것이 밝혀진다. 증권과 생명공학을 사례로 제시된 자본의 흐름이 재난의 원인이다. 좀비에 의한 대량 살육을 재난으로 볼 때, 이 좀비는 인간의 정신을 소멸시키고 그 육체에 들어앉아 움직이는 육화된 자본이다.

〈부산행〉은 자본의 대량 살육에 대항하는 인간 군상들의 모습을 담았다. 물론 등장인물들의 사회적 지위와 배경은 다양해 자본가층에 속하는 대기업 상무이사도 있다. 하지만 상무이사 역시 대사의 흐름으로 보아 사원에서 출발해 진급한 고용 이사이며, 대기업 같은 거대 자본을 소유한 계층은 등장하지 않는다. 영화는 자본가층을 제외한 다양한 인간 군상들의 대응에 초점을 둘 뿐이다.[4]

자본은 '장사나 사업 따위의 기본이 되는 돈'이라는 일반적 개념 외에 경제학적으로 '상품을 만드는 데 필요한 생산 수단이나 노동력을 통틀어 이르는 말'로 정의된다. 하지만 학문 분야별로 기능과 용도에 따라 매우 다양하게 정의되고 있어 한 마디로 규정하기 어렵다. 대개 재화와 용역의 집합이지만, 구체적으로 보면 재화와 용역의 생산에 사용되는 자산으로 볼 수 있다. 자본의 속성은 잉여 가치를 확대하고 이를 다시 자본으로 전환해 자신을 끊임없이 증식하는 것이다. 이것은 매머드처럼 서식 환경을 모두 파괴할 정도로 끝없이 진행되므로 '유기적 구성의 고도화'(전체 자본에 대한 불변 자본-생산자본 중에서 원료와 기계 등 생산 수단의 구입에 지출되는 자본-의 비율)를 통해 잠재적으로 자기 폐쇄적 과정이 되는 모순적 과정이 자본의 입장에서 볼 때, 인간은 그 증식 과정에 종사하는 도구에 불과하다. 그러므로 인권과 인간성은 자본의 흐름에서 중요한 고려 사항이 될 수

---

4 정병기 「영화 〈부산행〉으로 본 자본의 흐름과 국가 및 대중의 대응」『예술인문사회융합멀티미디어논문지』 7(7), 2017, p.751.

없다. 오직 자본의 증식에 유용한 존재와 유용하지 않은 존재로 구분될 뿐이다. 물론 자본은 생명체가 아니므로 스스로 운동하지 않는다. 상술한 모든 과정은 자본가든 노동자든 인간의 몸을 빌려 작동한다. 바로 이 점으로 인해 자본과 인간의 충돌이 발생한다. 인간의 관점에서 볼 때는 거꾸로 자본이 인간의 발전을 위한 수단이므로, 인간은 자본을 인권과 인간성을 위해 복무하도록 배치하고자 한다. 다만 인간들 사이에 공동의 평등한 발전을 도모하는가 아니면 개인의 차별적 발전을 도모하는가의 차이가 있을 뿐이다. 자기 증식의 속성에 따라 제어 능력 없이 끊임없이 움직인다는 점에서 좀비는 자본과 닮았다.[5]

한국 자본과 좀비, 국가의 대응

〈부산행〉의 좀비는 비록 2000년대 이후 서양 영화보다는 그 이전의 전통적 좀비 영화와 더 유사하다. 지능이나 이성은 찾아볼 수 없고 살육과 탐식이라는 유일한 본능에 따라 움직이며 바이러스 전염을 통해 끊임없이 자기 증식을 거듭한다. 하지만 초창기 1960년대 이전 영화들에서와는 달리 빠른 속도와 엄청난 힘을 갖고 있다. 이것은 개발독재를 통해 국가가 시장을 형성한 이후 급속하게 성장해온 한국 자본과 유사하다. 한국의 신자유주의는 1997년 외환위기를 거치며 한국 시장이 세계 증권 자본에까지 개방됨으로써 완성 단계에 들어갔다고 할 수 있다. 이와 더불어 외환위기 이후 한국의 자본은 국가의 강력한 영향을 상당 부분 벗어날 정도로 성장했지만 외국 자본과의 경쟁에 맞닥뜨리게 되었다. 외환위기 이후 자본 간 경쟁으로 실제 수많

---

5 정병기, 위의 논문, pp.752~753.

은 기업이 도산하고 노동자들이 정리해고를 당하면서 구조조정의 회오리가 불었다. 이후 신자유주의적 자본주의는 지금까지 한국의 시장과 사회에 가히 좀비 증식 같은 흐름을 보여 왔다.

경부고속도로는 개발 독재의 상징이다. 〈부산행〉에서 자본가의 캐릭터로 나오는 유일한 인물인 용석(김의성 분)의 회사가 '천리마 고속'이라는 것과 그의 성공 제일주의 사고는 이러한 일단을 잘 보여준다. 또한 KTX는 IMF 구제 금융을 조기 상환하고 신자유주의적 세계화에 적응해 나간 시기를 상징하는 의미를 갖기도 한다. 신자유주의 세계화의 대표적 무역 협정인 FTA를 한국이 처음 체결한 것이 2004년 4월 한국-칠레 FTA였으며, KTX 운행도 2004년 4월에 시작된 것이 단순히 우연의 일치는 아니다(2004년 5월까지 갚도록 예정되어 있던 IMF 차입금 전액이 3년 앞당겨져 2001년 8월에 최종 상환되었다). 산업화가 경부선을 중심으로 추진되었듯이, 신자유주의 세계화는 KTX를 주요 사회간접자본의 하나로 전개되었다고 볼 수 있다. 좀비는 결국 자본의 속성처럼 한국의 모든 것(인간뿐 아니라 고라니 같은 동물도)을 물어뜯고 살육하며 감염시킨다.

한국 자본은 OECD 10위에 근접할 정도로 급속한 경제 발전을 이룩했다. 선진국들의 경우에는 민주주의가 함께 발전함으로써 국가와 사회 조직들이 경제로 인한 자기 파멸을 방지하는 장치로 기능하고 있다. 하지만 한국의 경우에는 경제 발전보다 민주주의 발전이 늦어짐으로써 좀비 증식과 같은 재벌 자본의 파행적 증식에 제동을 걸지 못하고 있다. 〈부산행〉에서 좀비 사태 해결에 속수무책인 상황이 연속되는 것은 이러한 상황을 표현한 것과 다를 바 없다. 국가는 사고가 걷잡을 수 없을 정도로 확대되자 오히려 이를 호도하고 은폐한다. 국가의 대응은 뉴스를 통해 간접적으로 묘사되지만, 실제 군대와 경찰의 행동을 통해 분명하게 나타나기도 한다. 이들은 좀비의 집단 출몰과 확산을 폭동으로 규정하고 군부대를 투입해 진압하려고 한다. 그러는 한편으로 정부는 사태가 곧 해결될 것이니 각자 제자리를 지키고 안심하라는 방송을 연일 내보낸다.[6]

공동체 의식이 없는 시민들

먼저, 투자관리자 역할로 이기적인 모습이 드러난 석우(공유)와 이타적인 딸 수안이 있다. 석우는 투자관리자로 자신과 기업의 이익을 지극히 추구하고 개미들(일반 주식투자자)의 가치는 신경 쓰지 않는 부류로 분류된다. 극중에서 상화(마동석)도 석우가 투자관리자라는 것을 알자 "개미들 피 빨아 먹는 사람"이라고 말했다. 역시나 영화에서 석우는 자신의 딸을 제외한 모든 것들에 대해 신경 쓰지 않는 모습을 보였다. 할머니를 도와주려는 석우의 딸(수안)에게도 "이럴 때는 도와주는 거 아니야."라고 말했다. 그러자 딸 수안은 "아빠는 아빠만 생각해."라며 친할머니를 떠올린다. 이런 수안의 이타적인 모습 덕분에 여러 번 위기에 처한다. 도망가야 할 상황에서 도망가지 않는 행동을 보이고 아빠에 의해 극적으로 구조되는 모습을 여러 번 보인다. 관객들은 계속해서 남을 신경 쓰는 딸 수안을 순간순간 답답하게 느꼈다. 도와주는 것은 분명 옳은 일이지만 자신부터 살고 봐야 하는 거 아냐? 라는 생각은 본능인 듯했다.

그다음에 극단적인 이기주의를 보여준 용석(김의성)이 나온다. 영화에서 용석은 보는 이들에게 그야말로 암적인 존재였다. 다른 사람

---

6 정병기, 위의 논문, pp.754~755.

을 희생시키면서 뻔뻔하게 살아남는 용석은 눈살을 찌푸리게 했다. 생존자들이 남아있는 칸에서 용석은 상화 등 다른 사람이 못 오게 문을 걸어 잠갔다. 그리고 그것도 모자라 기어코 들어온 사람들을 감염자로 내몰며 다른 칸으로 이동시켰다. 관객들 모두 용석이 더욱 잔인하게 죽었으면 좋겠다고 바랐을 것이다. 이 부분에 용석뿐만 아니라 다른 무리도 합세하는 모습이 보였다. 아마 이 사람들 모두 처음부터 그런 사람들은 아니었을 것이다. 단지 '좀비'라는 극단적 상황에 부닥쳤고 이런 행동은 불안감에서 나오는 생존본능이었을 것이다. 하지만 이것은 공동체 의식이 없는 행동들이었다.

그렇다면 나는 어떤 인물일까? 수안의 이타적인 행동에는 답답함을 느끼고 오히려 석우를 이해하고 있었던 우리였다. 하지만 이런 이기주의의 극단적인 모습의 용석을 바라보자 경멸을 느꼈다. 정도의 차이가 다른지만 '같은' 이기주의에 공감하기도 하고 경멸하기도 하는 아이러니한 상황에 관객은 처한 것이다. 그렇다면 어떻게 하는 것이 옳은 것일까. 당장 죽을지도 모르는 상황이지만 타인을 도와주는 시민의식을 가져야 할 것인가? 아니면 적당한 수준의 개인주의는 허용되는 것일까? 여기에 우리는 답을 해야 할 것이다. 적당한 것은 무엇이고 그렇지 않은 것은 무엇일까? 영화 〈부산행〉은 극단적인 상황에서 발생하는 우리들의 자화상이다. 혹시 내가 이 상황에 부닥쳤다면 어떻게 했을까? 우리는 공동체의 일환으로써 위기를 좀 더 슬기롭게 극복하는 것이 무엇일지 생각해봐야 할 것이다.

4. 작품의 의의 및 평가

〈부산행〉은 칸영화제 호평을 받고 보편적 메시지를 잘 녹여냈다는 긍정적 평가를 받았다. 반면, 음악이 지나치게 진부하여 사실주의적 성취로 보기 어렵다는 평가도 받았으며, 심지어 '재난영화가 아닌 그 자체가 재난인 영화'라는 혹평까지 나왔다. 하지만 〈부산행〉이라는 '사건'이 당대에 논란이 되는 소재를 다룬 영화들과 달리 좀비라는 공상적 소재를 택했다는 점에서 특이하다는 평에는 모두 동의한다. 따라서 〈부산행〉은 좀 더 의식 깊숙이 자리한 맥락화를 읽어낼 것을 요구한다.

〈부산행〉은 한국 영화로서는 처음으로 좀비라는 낯선 소재로 천만 이상의 관객을 동원한 영화다. 핵심 소재인 좀비는 무엇인가의 은유나 상징임이 분명하다. 그런데도 많은 평론가는 이 영화를 재난영화로 규정하고 단지 재난이라는 의미에서 더 나아가지 않았다. 이 관점에서 좀비는 미쳐가는 세상, 즉 디스토피아의 떠도는 은유 내지는 상징에 불과하거나 "공동체의 위기를 가속하며 분열을 초래하는 매개"일 뿐 아무것도 표상하지 않는다. 물론 한 걸음 더 들어간 입장도 없지 않다. 두려움의 대상에 주목해 '대책 없이 여론몰이에만 주력하고 있는 정치 권력'을 좀비보다 더 두려운 진정한 재난이라고 보는 평론이 그것이다. 하지만 이 입장에서도 좀비는 오히려 맥거핀(극적 장치)으로 작용해 사실상 무엇을 은유하거나 상징하지는 않는다.[7]

한국형 재난영화인 〈부산행〉에 대해 해외 매체들은 "최근 한국 사회에 발생한 여러 사건, 사고들을 종합한 풍자한 작품"이라고 설명하

7 정병기, 위의 논문, p.751.

며, 대체로 "긴장감을 늦출 수 없는 작품"이라는 호의적인 반응을 보이며 최고의 오락 영화라고 인정했다. 주연인 공유의 연기에 대해서는 다소 단조롭다는 반응을 보이지만, 조연으로 출연한 마동석의 인상 깊은 연기를 극찬한 점이 꽤 흥미로웠다.

> 기차 속 TV 화면을 통해 보이는 영상은 2015년 한국에서 발생한 메르스 사태와 당시 무능한 대처를 보여준 한국 정부의 모습을 생각나게 한다. CGI 기술에 의존하는 부분이 많지만 나름 유능하고 창조적인 장면이 많다. 〈부산행〉의 약점은 일부 출연진에 있다. 주연인 공유는 인상적이지 못했고, 정유미, 김수안의 역할 또한 크지 않다. 가장 강렬한 모습을 보여준 연기자는 주먹을 휘두르며 기차 안을 가로지르는 마동석으로 그는 이 영화의 스타였다.(스크린 데일리(Screendaily) 제이슨 비처베이스 기자)

> 〈설국열차〉처럼 〈부산행〉은 한국 사회의 축소판을 보는 기분이었다. 특히 김의성이 연기한 혐오스러운 비즈니스 맨의 모습은 2년 전 세월호 사건의 무책임한 모습을 보여준 선박 회사의 모습을 떠올리게 한다. 좀비 고어 영화 애호가의 처지에서는 〈부산행〉의 수위는 다소 아쉬울 수도 있지만, 여러 흥미로운 설정으로 몰입감을 높여주는 편이다. 시각적으로 좀비 떼를 파도처럼 묘사한 장면과 기차의 특징과 실내를 효과적으로 활용한 연상호 감독의 연출력이 인상적이다. 주연인 공유의 연기와 캐릭터가 전형적인 게 아쉬운 편이지만, 유쾌하면서도 섬세한 근육 남을 연기한 마동석의 액션은 매우 즐거웠으며 그가 주인공이길 바랄 정도였

다.(트위치 필름(Twitchfilm)의 피어스 콘한 기자)

2015년 한국을 휩쓴 경제적 격차에 대한 불만, 부정부패, 메르스 사태에 대한 강력한 우화를 보여준다. 스릴 넘치는 영상과 액션, 긴장감을 늦출 수 없게 만드는 이야기의 전개가 매우 인상적이다."(버라이어티(Variety)의 매기 리 평론가)[8]

5. 생각 나누기 및 토론

좀비(zombie)는 19세기 초 낭만주의 시인 로버트 사우디(Robert Southey)가 브라질 역사를 다루면서 처음 언급했던 'zombi'라는 말에서 영미권 어휘로 들어온 말이다. 이 어휘적 유래에 유념하는 것이 좋다. 지리적 유래보다 더 역사적이기 때문이다. 우리나라로의 전래도 지리적이라기보다는 언어 전래에 속한다. 좀비가 서구적인 의미에서 미국화된 시기는 20세기 초로 알려졌지만, 유럽 쪽에서는 로버트 사우디의 작품 외에도 메리 셸리(Mary Shelley)의 『프랑켄슈타인』(1818) 같은 완성도 높은 소설이 나오기도 했다. 1931년에 원작을 바탕으로 영화화되었다. 프랑켄쉬타인도 일종의 좀비로 볼 수 있는 것이다.

〈프랑켄슈타인〉으로 미루어 볼 때 좀비의 문화적 콘셉트는 산업화 · 기계화에 따른 회의적 인간성을 향해 경종을 울리는 코드겠지만, 20세기를 넘어 21세기에 진입한 후에도 좀비는 사라지지 않고 더 많

8 http://magazine2.movie.daum.net/movie/37395(검색일: 2020.12.10.)

은 콘텐츠로, 특히 미국발 좀비 영화로 봇물 터지듯 쏟아져 나왔다. 최근 브래드 피트가 주연한 영화 〈월드워 Z〉도 그중에 하나다.

◆ 독서토론·시사토론·인성 토론

① 책임을 질 줄 아는 바람직한 사람은 누구인가? 책임을 진다는 것을 무엇을 의미하는가?

② 좀비의 상징성과 자본의 속성은 어떤 관계가 있는가?

③ 극한 상황에서 시민의식은 어떻게 나타나는가?

제3장
〈컨테이젼〉
- 환경파괴와 집단지성

1. 감독소개

스티븐 소더버그(Steven Soderbergh, 1963~)는 미국의 영화감독이다. 대표 작품으로는 〈에린 브로코비치〉와 〈트래픽〉이 있으며 오스카상 수상자이다. 소더버그 감독은 2003년 사스 사태, 2009년 신종플루 사태 등을 보고 팬데믹 영화를 기획했다고 밝혔다. 스콧 Z. 번스는 세계보건기구(WHO) 전문가에게 팬데믹 모델을 자문받고, 신종플루에 대한 미국질병통제예방센터(CDC)의 대응을 조사해 치밀하게 시나리오를 썼다고 한다. 그래서 과학계로부터 호평을 받게 되는데, 백신 전문가인 폴 오빗은 "과학 관련 영화의 경우

과학적인 사실을 드라마를 위해 희생시키는 경우가 많은데 〈컨테이젼〉은 그 반대"[2]라고 말했다.

영화〈컨테이젼〉포스터[1]

2. 작품의 시대적 배경

번화한 뉴욕의 도심 한복판에 개미 한 마리 없는 초현실적인 장면이 연출되었다. 코로나19가 빚어낸 어처구니없는 상황이다. 인간을 중심으로 진행되어온 문명에서 인간이 사라진다는 점은 거의 상상하기 힘든 일이다. 〈컨테이젼〉은 코로나19 바이러스가 놀라울 정도로 빠른 속도로 퍼진 최근 상황과 유사한 장면들을 보여준다. 21세기에 전 세계가 바이러스 하나로 초토화된다. 바이러스는 기하급수적으로 확산하면서 사람들을 감염시킨다. 과거에도 전염병이 있었지만, 오늘날처럼 전 지구가 연결된 밀집 사회에서의 전염은 더 빠르고 폭도 넓다. 전염의 물리적 영역 역시 과거와 비교할 수 없을 정도로 빠르게 국경을 넘나든다. 이처럼 바이러스로 인한 심리적 · 경제적 · 국가적 손실은 엄청나게 크다. 또한 우리 일상을 언택트사회로 순식간에 바꾸어버렸으며, 모든 업무가 온라인으로 진행되었다. 4차 산업혁명의 도래를 앞당긴 것이다. 이처럼 우리 일상을 바꾼 코로나바이러스는 환경파괴로 인해 일어난 것이다. 우리 인간이 환경을 파괴하고 동물들의 영역을 침입해서 벌어진 일이다. 역설적으

1 제작 워너브러더스 코리아(주), 출처 네이버영화

2 〈컨테이젼〉 공식홈페이지, http://www.contagionmovie.com/(검색일: 2020.12.10.)

로 코로나바이러스로 인해 경제는 막대한 손해를 입었지만, 자연은 다시 숨 쉬고 있다. 코로나의 역설이다. 인간이 경제활동을 멈춘 순간부터 자연은 다시 생명의 숨을 쉰 것이다.

영화 제목이기도 한 컨테이젼(contagion)은 '전염'이란 뜻을 가진다. 전염은 일상 공간에서 공기나 접촉과 같은 방식을 통해서 바이러스와 같은 감염의 원인이 되는 물질이 불특정 다수를 대상으로 파급되는 것을 뜻한다. 2003년 사스나 에볼라 바이러스, 그리고 메르스까지 보유 숙주(인수공통 바이러스가 대개 증상을 일으키지 않고 장기간 몸속에 기생하는 생물체)로 박쥐가 가장 강력한 혐의를 받고 있다. 숲속 깊숙이 서식하는 박쥐가 열대우림의 난개발이나 가뭄과 환경파괴로 인한 먹이 부족 등으로 마을로 내려와, 돼지 · 낙타와 같이 인간의 가축과 접촉하면서 바이러스가 확산하였다고 전문가들은 추정한다. 〈컨테이젼〉이 사스의 실제상황을 많은 부분 빌려왔다. 이 영화에서 MEV-1 바이러스는 박쥐와 돼지의 염색체가 교차 배열하고 있다는 정보를 던져준다는 것에서 확인된다. 개발로 서식처를 잃은 보유숙주 박쥐가 마을로 내려와 돼지와 접촉하게 되고, 그 돼지를 만진 요리사가 다시 다른 인간을 전염시킨다. 그리고 세계 각지의 다양한 사람들이 모이는 카지노나 공항이 상징하는 '세계화'는 저 멀리 열대 원시 우림에 꼭꼭 숨어있어야 할 바이러스가 바로 순식간에 내 나라, 내 집까지 마치 택배를 받듯이 '배달'되는 슈퍼전파자가 될 수 있다는 것을 보여주고 있다.

한국의 메르스는 특히 의료시스템의 후진성이 슈퍼전파자 역할을 했다. 낙타가 아니라 '일류' 삼성서울병원이 메르스 코로나 바이러스(MERS-CoV)의 진정한 숙주였다는 것을 사람들은 똑똑히 목격했다.

또한 OECD 평균보다 한참이나 부족한 공공병원, 환자들의 대형병원 밀집 현상, 감염확산에 취약한 응급실, 병간호로 인한 가족 감염, 감염으로부터 보호받지 못하는 의료진과 병원 노동자 등 그간 한국 의료 시스템의 문제점이라고 지적되던 것들이 바이러스 확산의 고속도로 역할을 했다는 것이 밝혀졌다. 국가방역체계의 공백과 정부의 무능은 안 그래도 허약한 면역체계를 망가뜨리는 데 일조했다. 결국 '원조' 사우디아라비아에 이어 전세계에서 두 번째로 많은 감염자와 사망자가 나와 메르스가 아니라 '코르스(KORS)'라고 해야 하는 것 아니냐는 우스갯소리마저 나올 지경이었다.[3] 하지만 5년이 지난 2020년 코로나19 대응은 방역 모범국이라 불릴 정도로 잘 대응하고 있다. 메르스의 실패에 대한 교훈과 정부의 투명한 정보공개시스템으로 전 세계적으로 인정받고 있다.

3. 핵심적인 내용 및 주제

영화 〈컨테이전〉(2011)에서 홍콩 출장을 끝내고 공항에서 연체된 비행기 시간을 기다리는 한 여성이 기침하고, 열이 나는 증상을 보인다. 집으로 돌아온 여성은 이상 증세로 갑자기 사망하고 곧이어 그의 아들과 세계 각국에서 유사한 증세를 보이는 사람들이 속출하고 차례로 사망한다. 정부와 질병통제센터에서는 이 바이러스가 대비되어 있지 않은 신종바이러스라는 것을 파악하고 역학조사를 위해 처음 발병한 홍콩에서의 행보를 역추적하게 된다. 이 바이러스는 다국적 기업

3 채민석 「어쩌면 바이러스보다 더 무서운 것」『의료와 사회』 1, 2015, pp.186~187.

의 개발로 숲이 개발되면서 이상 증상의 박쥐가 위생 상태가 더러운 민가의 돼지 축사로 날아들어 배설물이 떨어지게 된다. 배설물을 먹은 돼지가 홍콩의 한 레스토랑으로 유통되고, 돼지로 요리를 하던 주방장이 손을 앞치마에 대충 닦고 밖으로 나가 손님과 악수를 하게 되면서, 박쥐와 돼지의 신종바이러스인 전염병이 전파된다. 결국 백신을 만들어 사람들을 구하는 내용을 담은 팬데믹 영화이다.[4]

환경파괴 -인간이 확산시킨 바이러스

〈컨테이젼〉은 기존영화와는 다른 양상으로 이야기가 전개된다. 맷 데이먼, 케이트 윈슬렛, 즈드 로, 기네스 펠트로, 마리옹 꼬띠아르 등 명성 높은 유명 배우들이 대거 출연하지만, 그들이 맡은 배역은 별 존재감이 없다. 그들은 영웅이 아닌 평범한 존재로 그려진다. 영화는 전 세계적으로 유행하는 신종 전염병의 발생과 확산, 그리고 그 기원을 마치 다큐멘터리처럼 담담하게 추적하고 있다. 따라서 시각적 만족감이나 고조되는 감정선을 찾아보기 힘들다. 이 영화에서는 바이러스의 발생과 전염 양상을 추적하는 데 많은 시간을 할애하고 있다.

〈컨테이젼〉은 공항의 바에서 견과류에 맥주를 마시며 기침을 하는 한 여성의 모습에서 시작된다. 감염자이자 슈퍼전파자가 된 그녀가 건넨 신용카드를 받은 바의 점원을 포함하여 그녀가 최초로 감염된 카지노에서 그녀와 접촉한 사람들이 세계 각지로 퍼지면서 바이러스도 전 세계로 확산한다. 한두 사람으로부터 세계 각지로 퍼져나간 바

4 최란 「판데믹 영화에 나타난 질병분장 분석 및 작품제작 연구」 서경대학교 석사학위논문, 2015, p.42.

이러스를 역추적하면서 역학조사를 하는 과정도 흥미를 끈다. 하지만 결국 바이러스가 인간 세계로 퍼진 과정을 마지막에 보여주면서 전염병 대유행이 결국 인간의 책임이라는 것을 말하고 있다. 개발로 서식지를 잃은 보유 숙주 박쥐가 마을로 내려와 돼지와 접촉하게 되고, 그 돼지를 만진 요리사가 다시 다른 인간을 전염시킨다. 그리고 세계 각지의 다양한 사람들이 모이는 카지노나 공항으로 퍼진다.[5]

인포데믹스(Infodemics) – 가짜 뉴스와 불안 조장, 그리고 알 권리

2020년 12월 15일 기준 국내 코로나19 확진환자 수가 8,100명을 넘겼다. 또 전 세계적으로는, 138개국에 걸쳐 14만 4,200여 명의 확진환자에 누적 사망자 수 5,665명으로 집계되면서 세계적인 감염병 대유행(팬데믹) 상황임을 곱씹게 만든다. 2011년 개봉된 스티븐 소더버그 감독의 영화 〈컨테이젼〉을 최근에 접한 사람들은 "우한사태를 정확히 예측했다."라면서 결론적으로 정보와 인맥이 넘치는 최첨단 문명사회가 바이러스 대유행 앞에서 속수무책으로 쓰러져가는 문제점을 지적했다.

홍콩 출장에서 돌아온 한 여성이 발작 증세를 일으키며, 남편 앞에서 사망한다. 폐쇄된 공간에 함께 있었던 그의 아들도 며칠 안 가서 기침과 호흡부전 등의 증세를 보이다 죽는다. 일상생활의 접촉을 통해 이루어진 전염은 세계 각지에서 같은 증상으로 사망하는 인원을 기하급수적으로 늘려나가게 된다. 결국 세계보건기구(WHO)는 감염병 대유행 상황임을 선언한다. 여기서 주목할 점은 사스(SARS)나 신

5 채민석 「어쩌면 바이러스보다 더 무서운 것 – 영화 컨테이젼으로 읽는 메르스」『의료와 사회』 1, 2015, pp.184~187 참조.

종플루, 메르스(MERS) 사태와 같이 역학적 조사나 발병경로를 찾아가는 내용만이 아닌 영화 속에 등장하는 프리랜서 기자의 행적을 통해, 코로나19 사태 속 가짜 뉴스와 같은 공포심 관리방안에 중요한 시사점을 던지고 있는 대목이다. 프리랜서 기자는 진실이 은폐됐다고 주장하면서 자신이 운영하는 블로그와 SNS를 통해 출처가 불명확한 많은 소문과 가짜 뉴스들을 세계 각지로 빠르게 퍼뜨린다. 여기서 문제는 여론의 공포심을 이용해 큰 혼란이 벌어지게 되면 효과적인 감염병 차단책의 운용도 실상 어려워진다는 점이었다. 이렇게 프리랜서 기자는 여론에 높은 관심을 받게 되자, 개나리 액을 신종 감염병에 특효약이라는 가짜 소문을 만들어 흘리면서 거금까지 손에 쥐게 됐다. 거짓 정보에 개나리 액을 제조 판매하는 기업의 가치는 주식시장에서 출렁거렸고, 정작 아무 임상적 효과도 밝혀지지 않은 개나리 액을 구매하기 위한 사재기 대란은 민중에 또 다른 감염병처럼 번져나갔다.[6]

'인포데믹스(Infodemics)'는 정보(information)와 전염병(epidemics)의 합성어로 '정보 확산으로 인한 각종 부작용'으로 해석할 수 있다. 이는 감염병 자체에 대한 공포가 제한된 정보나 루머와 화학작용을 일으키면서 스마트폰과 사회관계망서비스(SNS) 등을 통해 빠르게 확산되는 것을 뜻한다. 이는 대중들의 동요를 유발하여 합리적인 대처를 가로막는 치명적인 역할을 한다. 영화에서 바이러스에 개나리 액이 효과가 있고 정부는 거짓말을 하고 있다는 가짜뉴스가 일파만파로 퍼져나간다. 이처럼 인포데믹스를 최소화하기 위해 중요

---

6 https://www.medicaltimes.com/Users/News/NewsView.html?ID=1132571(검색일: 2020.12.15.)

한 것이 정보의 올바른 유통이다. 정부는 정확한 정보를 국민에게 주어야 한다. 정부의 비밀주의는 국민에게 공포와 불신을 감염시킨다. 그렇지만 국민은 가짜 뉴스에 현혹되지 않고 올바른 판단을 하여야 한다. 정부의 올바른 정보와 국민의 올바른 대처가 감염병을 불식시키는 데 큰 도움이 될 것이다.

집단지성과 바이러스의 극복

〈컨테이젼〉이 기존의 바이러스 영화와 차별되는 점은 의학적인 사실성이다. 영화니까 기본적으로 허구다. 그러나 바이러스 영화를 〈감기〉처럼 전투기가 날아다니는 액션 블록버스터로 만들면 그 영화는 '때리고 부수는' 영화가 되지 의학 관련 영화가 될 수 없다. 〈컨테이젼〉은 기획 준비 단계에서 의학 전문가를 고문으로 섭외해 전체적인 방향성부터 의사들의 사소한 의료행위 방식까지 함께 의논하며 만들어가서 성공 사례가 됐다. 참여자는 컬럼비아 대학교 전염병, 신경학 및 병리학 교수인 이언 립킨(Ian Lipkin)이다. 영화 속에서 백신 개발자의 이름이기도 하다. 스스로 '바이러스 헌터'라고 부르는 립킨 박사는 이 분야의 이름 있는 전문가로서, 21세기 첫 대유행병이었던 2003년 사스 발병 당시 중국 정부의 초청으로 베이징으로 가서 전염병 관리 과업에 참여한 경험도 있다. 그는 영화 개봉 후 『뉴욕타임스』에 「전염(Contagion)의 진짜 위협」이라는 글을 기고해, 영화의 의학적 진실성에 대한 소견을 피력했는데, 〈컨테이젼〉의 깊이 있는 현장감과 사실적 표현이 촬영이나 연출과 같은 영화적 기교의 우수함보다 창궐 가능성이라는 현실에 대한 면역학적, 전염병학적 고뇌의 산물이었음을 알 수 있다.

이 영화에서는 바이러스의 최초 감염을 역추적하여 그 원인을 찾고, 집단지성을 이용하여 백신을 만드는 데 성공한다. 결국 집단의 협동이 없었으면 백신 개발은 불가능했을 것이다. 이 영화에서는 집단지성의 중요성을 알려주고 있다. 바이러스 영화를 통해 알 수 있는 것은, 소수 영웅적 의료진들이 매우 중요하지만, 결국 창궐을 막는 것은 집단의 힘일 수밖에 없다는 점이다. 바이러스에 대처하는 올바른 자세는 "나를 지키고, 너를 지키고, 공동체를 지키는 일"[7]을 하는 것이다.

4. 작품의 의의 및 평가

〈컨테이젼〉은 재난의 근본적인 원인에 대한 성찰을 제시하고 있다. 또한 영화적으로 〈컨테이젼〉은 새로운 방식의 리얼리즘 영화라고 평가할 만하다. 영웅적 서사를 위한 요소가 아니라 재난 자체에 주목해서 단순히 오락 콘텐츠가 아닌, 우리에게 시사점을 주는 영화가 필요하다는 하나의 방향성을 제시해주고 있다. 〈컨테이젼〉은 현실과 너무 유사하고 영웅적 서사와 희망적인 결론이 없다. 이 영화는 바로 그 이유 때문에 흥행에 실패했다. 과학적인 사실을 위해 드라마(극적 재미)를 희생시켰기 때문이다. 역설적으로 그 흥행 실패 원인이 코로나19의 대유행이 현실이 된 지금에 와선 재평가의 사유가 됐다. 실제로 팬데믹이 우리에게 닥쳤고 전염병 사태를 그린 것 자체가 이목을 집

7 김기홍 「바이러스 영화와 공공성」 『월간 공공정책』 172, 2020, p.107.

중시켰기 때문이다.[8] 이 영화는 단순히 오락의 기능을 넘어서 우리 사회의 문제들을 다루거나 사회의 현상들을 재조명함으로써 사회적 의미를 생산하고 영화와 사회의 연계를 더욱 강화하고 있다.

오늘날 우리의 삶 곳곳에 매설된 위험은 예측할 수 없고 불확실하며 일단 터지고 나면 광범위하고 무차별적으로 확산하여 통제할 수 없고 그 여파가 지속해서 이어진다. 울리히 벡은 1986년에 현대사회를 문명의 화산 위에서 살아가는 '위험사회'로 규정했다. 과학 및 기술은 그간 현대의 환경적 위험과 그밖에 다른 위험들에 대한 해결책으로 간주했지만, 정반대로 그런 위험들에 대한 원인이 되어가고 있다. 산업화에 의한 환경오염 및 지구온난화와 기상이변, 과학기술 발전에 따른 유전자조작식품과 신종질병 등 실패가 아니라 일관된 과잉, 과도한 성공에서 태어난 현대사회의 위험은 지구와 모든 계층이 공유하며 확산하였다. 전염병을 포함한 각종 재난 및 대형사건 · 사고가 끊임없이 발생하는 것은 압축적이고 돌진적인 산업화의 일그러진 결과로 위험사회의 징후를 잘 나타내고 있다.[9]

5. 생각 나누기 및 토론

〈컨테이전〉를 감상한 후, 가장 감명을 받았던 장면을 떠올려보고 그 부분이 인성 함양과 어떻게 연관이 되는지 이야기해보자.

---

8 김언상, 원도연, 「〈컨테이전〉과 코로나19의 위험사회론 연구」『영상문화콘텐츠연구』 21, 2020. p.160, 재인용.

9 김언상, 원도연, 위의 논문, p.161.

◆ 독서토론·시사토론·인성 토론

① 영화에서 바이러스가 전 세계적으로 퍼진 원인은 무엇인가?

② 바이러스의 범유행 상황을 집단지성으로 어떻게 해결해갈 수 있는가?

③ 인간과 자연이 공존하는 방안은 무엇인가?

III

성평등과 페미니즘, 그리고 공존

제1장
『무소의 뿔처럼 혼자서 가라』
- 남성 중심 사회의 여성 이야기

1. 작가소개

공지영(1963년~)은 대한민국의 소설가이다. 서울의 유복한 가정에서 태어나 연세대학교 영문과를 졸업했다. 민주화 운동이 한창이던 1980년대에 노동운동에 가담하고 1987년 부정 개표 반대 시위에 참여했다가 구치소에 갇히기도 했다. 이때 자신이 진정으로 원하는 일이 소설가임을 깨닫게 된다. 1988년 구치소에서의 경험을 토대로 쓴 『동트는 새벽』의 발표를 통해 문단에 데뷔하였다. 1993년에 『무소의 뿔처럼 혼자서 가라』, 1994년에는 『고등어』, 『인간에 대한 예의』가 동시에 베스트셀러 10위권에 오르면서 대한민국 최고의 베스트셀러 작가로 등극했고 '공지영 신드롬'이라는 용어가 생겨나기도 했다. 이후 자전적 성장 소설 『봉순이 언니』가 인기를 끌었고, 7년간의 공백 끝에 사형제 존폐 문제를 다룬 소설 『우리들의 행복한 시간』은 영화로도 제작되어 400만 관객을 돌파하는 등 흥행을 이어갔다. 그녀는 총 3번의 결혼과 이혼, 성이 다른 3명의 자녀를 두고 있는 것으로 유명하다. 많은 인세 수입을 얻었으나 이혼 등의 시련과 개인 가치관으로 부를 이루지는 못했다. 본인의 경험담을 승화하여 실제 가족을 모델로 한 『즐거운 나의 집』에서 사생활을 당당하게 공개하면서 젊은 여성들에게 지지를 받아 '닮고 싶은 여성 4위'에 오르기도 했다. 2011년 이상문학상 대상을 수상했고 현재까지 내놓은 작품들은 모두 합해 900만 부가 팔렸다. 2009년 출판한 『도가니』 역시 영화로 제작되어 누적 관객 수 460만을 돌파했다.[2]

영화 〈무소의 뿔처럼 혼자서 가라〉 포스터[1]

공지영의 작품 경향은 다음과 같다. 첫째, 1980년대 사회운동을 다룬 현장성 강한 『동트는 새벽』이다. 둘째, 과거 청춘 시절을 회상하는 내용을 담은 후일담 문학 『더 이상 아름다운 방황은 없다』(1989), 『고등어』(1994), 『인간에 대한 예의』(1994), 『그리고 그들의 아름다운 시작』(1998) 등이 있다. 마지막으로 페미니즘 시각에서 가부장적 현실에 억압받는 여성을 중심으로 다룬 『무소의 뿔처럼 혼자서 가라』, 『착한 여자』 등이 있다. 후일담 문학은 통상 '80년대의 민주화 운

---

1 제작 오병철프로덕션, 출처 구글 이미지(씨네21)
2 위키백과

동'의 경험을 문학화한 작품들을 지칭한다. 80년대의 민주화를 경험하고 90년대에 활발히 저작 활동을 했던 60년대생 작가인 양귀자, 공지영, 김영하, 최윤, 박일문, 김영현 등은 후일담 문학의 대표 저자로 거론되고 있다. 이들은 '고문의 시대'였던 80년대를 기억하고 극복하는 시대적 소임을 품고 작품 활동을 했다.[3]

공지영의 소설 중 페미니즘을 본격적으로 다룬 작품은 『착한 여자』(2002) 와 『무소의 뿔처럼 혼자서 가라 』(1993) 이다. 특히 『무소의 뿔처럼 혼자서 가라』가 출간되면서 본격화된 페미니즘 문학 혹은 문화현상의 열기는 같은 해 여성 작가들의 활발한 작품집 출간으로 문학계에 화제를 불러일으켰다. 공지영은 적어도 교과서상으로는 남녀가 평등하다는 것을 배우며 성장한 세대에 속한다. 그러나 제도적 현실과 사회의 인식은 그렇지 못하다. 『무소의 뿔처럼 혼자서 가라』에서 지식층 여성들의 교과서적 지식과 실생활 사이의 차이를 드러내었는데, 그것은 다른 여성 작가의 작품과 구분되는 공지영 자신만의 경험에 근거해 있었다.

2. 작품의 시대적 배경

『무소의 뿔처럼 혼자서 가라』(1993)는 1990년대 서울을 배경으로 하면서 1980년대 대학 생활을 회상하고 있다. 1980년대는 5.18 광주사태와 1987년 민주정의당 대표인 노태우가 직선제 개헌 요구를 받아들인 6.29 민주화 선언, 정권 이양의 형식으로 제5공화국이 막을

3 http://news.cauon.net(검색일: 2020.10.10.)

내린 것만으로도 특별한 시대였다. 민주시민 운동이 계급의 불평등과 억압으로부터 인권 회복을 부르짖는 추세에서 또 다른 불평등과 억압의 실체인 여성의 인간성 회복 운동을 주시하게 되었다. 따라서 여성주의운동은 민주시민 운동의 지평을 확대하면서 페미니즘 문학에 실천적인 측면의 힘을 부여했고, 1980년대 중반 이후부터는 문단에서 자기 목소리를 내기 시작했다.[4] 이 시기에 고등교육을 받은 여성들은 현실사회에서 직면하는 사회적 차별을 조장하는 뿌리 깊은 남성중심주의 사회에서 한계를 느낄 수밖에 없었다. 여성들이 가정과 사회에서 자아실현을 할 수 있는 곳이 없었기에 절망할 수밖에 없었다.

1980년대는 386세대의 '우리'로 1990년대는 '나'로 대변된다고 할 수 있다. 386세대란 1990년대 후반에 만들어진 말로, '30대, 80년대 학번, 60년대생인 세대'를 말한다. 1980년대에 20대였던 386세대가 민주화 운동 세대로 꼽힌다. 국가 주도의 산업화 영향으로 경제는 고속 성장했지만, 쿠데타를 통해 집권한 군사 정권이 민주주의와 인권을 짓누르자 이에 저항한 운동권 세대다. 박정희 정권이 장기집권 의지를 노골화하며 1972년 유신 체제를 선포하자 맞서 싸운 20·30대가 유신 세대다. 이어 1980년대 전두환 정권의 제2의 군사독재기에 대학생을 중심으로 저항한 386세대가 형성됐다. 386세대는 1987년 6월 민주항쟁을 통해 대통령 직선제의 결실을 얻어 내고 한국 민주주의를 한 차원 성숙시킨 주축이다.[5] 1990년대 들어 등장한 '신세대인 X세대'는 한국사회의 문화적 격변을 상징한다. 경제적 풍요와 민주주

---

4 연용순 「〈무소의 뿔처럼 혼자서 가라〉에 나타난 지식인 여성의 의식 고찰」 『順天鄕語文論集』 7, 2001. p.250.

5 https://www.hankookilbo.com/News/Read/201712160437647527(검색일: 2020.12.10.)

의 발전을 바탕으로 문화의 시대가 열린 것이다. '나는 나'라는 광고 문구에서 알 수 있듯이 국가, 민족, 집단 중심의 권위주의에 반대하며 개인의 정체성과 개인적 선호를 중시하는 세대다. 강한 소비 성향과 튀는 패션, 그리고 '서태지와 아이들'로 상징되는 대중문화의 주도층이다.[6]

1980년대 이후에는 한국 여성 문학도 많은 변화가 있었다. 한국 문학사에서 여성 문학이라는 용어가 가장 빈번히 등장한 시기는 1930년대와 1980년대 이후라 볼 수 있다. 이 두 시기에 제기된 여성 문학 비평의 편차는 상당하였다. 한국 사회는 1960년대부터 시작된 크고 작은 민주화 운동을 경험했고 이는 1987년 6월 항쟁에서 정점을 이룬다. 1990년대는 외형상으로 민주화와 산업화가 처음 조화를 이룬 시기이다. 1980~1990년대 한국 경제는 고속 성장으로 높은 경제력을 갖추었다. 1980년대에 들어 여성의 경제참여율은 점점 늘어갔다. 전문직 취업률이 증가하였지만, 여전히 많은 여성은 질이 좋지 않은 직종에 종사하고 있었다. 경제참여율의 증가는 결혼한 여성들이 가정주부의 역할과 직업인으로서 역할을 함께 해야 하는 것을 의미한다. 그러기에 1980년대 이후의 여성 문학에서는 여성이 주체적 삶에 대한 꿈이 실제의 직장 생활이나 결혼 · 출산 · 육아의 장에 들어서면서 검증받고 현실의 장애에 부딪히면서 새롭게 정체성 확인에 나서는 내용을 볼 수 있다. 1990년대의 한국 문단에 많은 여성 작가들이 등장하였고 그녀들의 작품 활동도 상당하였다. 공지영, 신경숙, 정이현, 은희경 등 많은 여성 작가들은 각각 개성 있는 글쓰기로 1990년대 한

---

6 https://www.hankookilbo.com/News/Read/201712160437647527(검색일: 2020.12.10.)

국 여성의 삶과 사회 문제를 다루고 풀어나갔다. 그중에서도 공지영은 한국 여성주의 소설의 대표 작가의 한 사람으로 꼽힌다.

3. 핵심적인 내용 및 주제

『무소의 뿔처럼 혼자서 가라』는 3명의 여대생이 결혼하고 중년여성으로서 살았던 약 10여 년간의 삶을 다루고 있다. 혜완, 경혜, 영선은 불문학과 대학 동창으로 단짝 친구들이다. 각자 지혜롭고 강하며 미래에 대한 꿈을 가지고 있는 그들은 하나같이 행복하지 못한 결혼생활을 하게 된다. 그들은 각자 사회에서 성공을 꿈꾸었지만, 자신의 길에서 상처를 받으며 점차 희망을 상실해 간다. 혜완은 작가인데, 사고로 아이를 잃고 남편과 이혼까지 한다. 그녀는 자립하려고 애쓰지만, 내면에서 남자에게 기대려는 의존성을 발견하고 괴로워한다. 경혜는 외적으로는 실력을 갖춘 직업여성이며 가정을 행복하게 꾸리려 하지만 남편의 외도로 사랑 없는 결혼 생활을 이어간다. 영선은 자신의 꿈을 포기하고 남편의 성공을 위해 모든 희생을 감당하지만, 결국 그로 인해 자기실현을 하지 못하고 상실감에 시달린다. 마침내 영선은 스스로 죽음을 선택하고, 그녀의 죽음은 혜완과 경혜에게 새로운 자각과 인생을 재출발하는 계기가 된다.

그녀들은 자신들이 잘 쓰던 단어처럼 혜완은 '절대로', 영선은 '그래도', 경혜는 '어차피'로 뭉뚱그려진 삶을 산다.[7] 서혜완은 두 살짜리 아들을 잃고 남편과 이혼한 후 소설을 쓰며 혼자 산다. 노영선은 자신

7 연용순, 앞의 논문, p.253.

을 희생하며 남편의 뒷바라지를 했지만 남편의 성공은 자신의 희생을 보상해주기는커녕 배신으로 되돌아오는 자신의 삶에 절망하며 스스로 신경안정제 50알을 떨어 넣음으로써 인생을 끝낸다. 경혜는 의사인 남편과 딸 연지와 살면서 아나운서로서 자기 일을 하면서 부족한 것이 없이 구색 갖춰 살지만, 남편의 끝없는 외도로 행복하게 살기를 포기하고 자신도 적당히 다른 남자들과 만나면서 이혼은 하지 않는다. 한때 대학 졸업을 앞둔 그녀들은 그녀들을 열광하게 했던 여성해방 이론서를 읽고 그녀들의 꿈을 꾼다. 그 꿈은 영선이 소설을 쓰고, 혜완이 편집하고, 경혜가 사장이 되어 자신의 삶을 당당히 살아나가는 여성들을 위한 잡지, 진정한 여성해방을 위한 여성잡지를 만드는 것이었다. 인간적인 모욕은 당하지 않고 살아갈 수 있으리라 생각했던 그녀들은 그러한 꿈이 무산되자 자신감마저 여지없이 짓밟힌 채 절망한다는 이야기이다.

『무소의 뿔처럼 혼자서 가라』는 두 통의 전화로 시작과 끝을 알린다. 처음에는 영선의 자살 시도 소식과 마지막은 자살했다는 소식을 전하는 전화이다.

> 전화벨은 어둠 속에서 혼자 울리고 있었다.(중략)
> "어딜 그렇게 돌아다니니? 종일 전화했었어." 경혜였다.[8]

> 내가 몇 번 전화를 했었어. 영선이 목소리가 하도 담담하길래 난 꿈에도 이런 일을 저지를 줄 생각하지 못했었어.(p.333)

8 공지영 『무소의 뿔처럼 혼자서 가라』 해냄, 2016, p.7.

"혜완아 우린 왜 이렇게들 살까?"

아주 한참 만에 영선이 입을 열었다.

"경혜 말대로 딸인 우리가 태어났다고 잔치한 집안은 물론 없었겠지만 우린 부모님 속도 별로 안 썩였고 우린 공부도 잘하는 편이었고 우리 나름대로 야심들도 있는 여자들이었잖아. 그런데 우린 왜 이렇게까지 되었을까? 응?"(중략)

그해 여름 학생 회관 노천 휴게실의 그 덥던 바람, 그리고 바람을 타고 불어오던 비닐 지붕의 고무 냄새들.

경혜가 말했었다.

영선인 원고를 쓰고 혜완인 편집을 하고, 그리고 내가 사장을 하면 어때? 내가 우선 돈을 많이 벌어올테니까 그도 아니면 돈 많은 남자를 물어올게.

진정한 여성 해방을 위한 여성지를 만들기 위해 돈 많은 남자를 만나고 싶다는 소망조차 그들에게는 모순되게 보이지 않았다. 그들은 누구보다 당당하고 행복하게 생을 살아갈 자신들이 있었다. (pp.237-238)

학창시절에 꿈 많던 그녀들의 결혼생활을 한결같이 불행하다. 그리고 끝내 영선은 자살로 생을 마무리한다. 그녀들을 불행하게 만든 원인은 무엇일까?

무소를 꿈꾼 송아지 혜완

"그 아이들은 동창이야. 난 아이 낳고 기르고 하느라고 그 아이들이랑 만나지도 못했어. 너야 지겹게 마주쳤겠지만 난 정말 오랜만이었단 말이야. 걔 부인이 먼저 갔다고 하지만 그 여잔 우리 동창이 아니잖아. 또 설사 그 여자가 먼저 갔다고 왜 나까지 그래야 해? 결혼 전에 우리는 매일 그렇게 앉아서 재미있게 이야기를 나누었잖아. 대체 왜 그러는 거야?"

"제발 그렇게 따지지 좀 말아 알겠니? 넌 결혼한 부인이야 제발 다른 여자들처럼만 해! 다른 여자들처럼! 혼자서 뭐가 그렇게 잘났어?"(p.37)

공지영 소설을 보면, 남성과 사회가 여성들에게 원하는 것은 희생과 양보이다. 그녀들은 여자라는 이유로 많은 것을 포기해야 했다. 『무소의 뿔처럼 혼자서 가라』에서 여성 인물들은 한 남자의 아내이고 한 아이의 어머니라는 이유로 일방적인 희생을 강요당한다. 그녀들은 종일 가사와 양육에만 시간을 할애해야만 했으며 그녀들의 사회 활동은 보장받지 못한다. 그리고 그녀들은 오로지 다른 여자들처럼만 행동하기를 강요받는다. 그리고 조금이라도 일반 여성들과 다른 행동은 절대 용납되지 않는다. 그러나 공지영 소설의 여성 인물들은 이러한 사회의 억압에 대해 일방적으로 당하지만은 않는다. 그녀들은 계속해서 억압을 당하고 차별을 겪게 되지만 종국에는 결국 스스로 그 차별과 억압을 스스로 인식하고 그 안에서 나오려 한다. 그리고 각각의 인물마다 행동하는 방법과 양상은 다르지만, 그녀들은 분명 남성들과 세상에 자신만의 방법으로 맞서 싸운다.[9]

가장 주체적이고 진보적인 여성상으로 제시된 서혜완의 경우 무

9 김혜은 「『무소의 뿔처럼 혼자서 가라』에 나타난 여성성 연구」 순천대학교 석사논문, 2012, pp.24~25.

엇이 문제였을까? 먼저, 혜완과 남편의 일에 대한 인식 차이, 가사 문제와 육아 문제를 들 수 있다. 박사학위 과정 중인 남편의 경제력은 준실업자 상태이지만 시댁에서 생활비와 학비를 지원해줌으로써 경제적인 문제는 없다. 따라서 혜완의 취업은 경제문제가 아닌 여성이 갖는 자아실현의 문제다. 혜완은 결혼하고 아이를 낳기 전까지 출판사에 다녔다. 아이를 낳고 직장을 그만두고 집안일을 하면서 다시 일하고 싶었다. 그래서 대학 선배가 경영하는 출판 대행 회사에 취직하자 남편은 "무슨 돈이 그렇게 벌고 싶니? 생활비 모자라? 어머니한테 더 달라고 전화할까?"라고 한다. 일에 대한 남편과 혜완의 인식 차이를 알 수 있다. 물론 남편이 일을 못하게 하는 것은 아니다. 남편은 아이를 다 키워놓고 일을 하기를 원했고, 혜완은 채용될 수 있을 때, 일을 시작하려고 한 것이다. 육아 문제로 빚은 두 사람의 갈등은 아들 헌이를 죽음으로 몰아넣는다. 아들의 죽음은 자신의 취업에 부정적인 남편에게 시위하기 위해 아들을 데리고 출근하려다가 당한 사고였다. 물론 집에 있던 남편이 출근이 늦은 파출부가 올 때까지 아들을 데리고 있었다면 사고는 막았을 것이다. 하지만 육아를 여성의 성역할로 고정한 가부장적 관점에서 아들이 죽은 책임은 전적으로 혜완에게 돌아간다. 남편 경환은 아들이 죽고 1년쯤 되었을 때 비디오를 보고 웃는다고 혜완이를 때렸다. 애를 죽이고도 웃는 너를 더 이상 참을 수가 없다는 이유였다. 그 후 혜완은 남편과 이혼한다. 혜완은 23살에 결혼하고 28살에 이혼하고 31살에 소설을 쓰는 이혼녀가 된다.

잘못 연출된 시나리오 작가 영선

"생각해보니까 우리 둘의 결혼생활은 그랬던 것 같애……. 그 남자는 입을 열고 나는 그것을 행했어. 인정하고 싶지 않지만 어쩌면 충실한 하녀라고나 할까……."영선의 입매가 조소의 빛을 띠며 가볍게 일그러졌다. (중략)

"어쩌면 결혼생활이 그렇게 이어져 왔는지도 몰라……. 얼마 전에 〈까미유 글로델〉이라는 영화를 보았는데 나는 알 수 있었어. 로댕이 왜 전 부인을 버리지 않았는지. 예술을 할 때 그는 까미유 글로델이라는 동료가 필요했지만 일에서 그는 하녀가 필요했던 거야……."

예술에 대한 토론은 날로 새로워지니까 파트너가 늘 일정할 필요는 없지만 반복되는 일상에서 누군가 익숙한 사람이 좋았을 거야. 가령 미역국을 끓일 때 그가 조개를 넣고 소금 간을 하는 미역국을 좋아하는지 아니면 쇠고기를 넣고 참기름에 달달 볶아 간장 간을 하는 미역국을 좋아하는지 말야…… 애 아빠는 쇠고기였지. 어쩌면 그게 우리 결혼 생활을 유지시켰을 거야. (p.115)

"글쎄…… 아까도 말했지만 결혼생활 어디를 찾아봐도 내가 없었어. 난 한때는 글도 잘 쓰고 공부도 잘하고 꽤 칭찬도 받았던 괜찮은 여학생이었는데…… 그 남자의 학비가 없으면 나는 어느덧 그 남자의 학비가 되고, 그가 배가 고프면 나는 그 남자의 밥상이 되고, 그 남자의 커피랑 재떨이가 되고, 아이들의 젖이 되고,빨래가 되고…… 그 남자가 입을 여는 동안 나는 그런 것들이 되어 있었어. 나는 목욕탕 앞의 발닦개처럼 모든 사람들이 나를 밟고

가도록 내려려 두었어. 하지만 그런 순간에도 말야…… 난 누구보다 내가 똑똑하고 현명하고 그리고 나 자신을 지키는 여자라고 누가 물었다면 맹세라도 했었을 거야. 우습지 않니?"(p.109)

"어느 날부터인가 그가 말하기 시작했어. 어쩌면 그렇게 나태하니. 내가 원하는 건 좀 더 꿋꿋한 여자야. 밖에 나가봐. 가정 가지고도 일 잘하고 똑똑한 여자들이 얼마나 많은 줄 알아? 날 기다린답시고 멍청히 앉아 술을 마시지 말고 책도 좀 읽고 그래…… 난 여편네들 집에서 늘어져서 긴장 풀어진 눈으로 앉아 있는 거 제일 혐오스러워."

"그는 점점 나를 경멸하기 시작했지…… 그리고는 어느 때부터인가 잠자리에서도 날 안아주지 않았어. 술 냄새가 나는 여편네를 누가 안고 싶겠냐고 그는 말했어."(p.288)

남편은 노영선의 근본적인 외로움과 인간적인 고독함을 이해하지 못하고 그녀를 일방적으로 무시하여 정신적 폭력을 행사한다. 남성의 일방적인 폭력 앞에 영선은 무기력할 수밖에 없다. 주체성을 잃어버린 여성의 삶은 남성의 폭력과 세상의 이데올로기에서 벗어날 수도 없고 사회는 여성이 독립할 수 있는 여건 역시 만들어주지 않기 때문이다.[10]

영선은 집안에서 반대하는 결혼을 하고 졸업식에도 나타나지 않고 먼저 출국한 남편 박상현을 따라 프랑스로 간다. 영선은 한국 최초의 여성 영화감독의 꿈을 꾸었던 여성이었다. 그런 영선이 정작 결혼

10 김혜은, 위의 논문, p.31.

하고 영화 공부를 위해 출판사의 원고 번역으로 코피 흘려 아르바이트를 해서 마련한 돈으로 남편을 먼저 유학 보낸 뒤 2달 늦게 프랑스로 간 영선에게 남편은 그곳에서 우연히 만난 자유롭고 무절제한 생활을 하는 후배하고 실수로 한 번 잤다는 고백을 듣는다. 영선은 울고 남편은 빌고 결국 남편을 용서하기로 하였지만, 그 일이 의부증의 씨앗이 된다.

유학 시절에 돈이 없어서 누군가 돈을 벌지 않으면 유학 생활을 접어야 하는 시점에서 영선이 학업을 중단하고 한국 사람들의 아이를 돌보는 일을 하며 시간이 나는 대로 시나리오를 쓰면서 학업을 재개할 날을 기다린다. 그러나 남편이 졸업작품으로 찍을 영화의 대본인 시나리오가 없어서 끙끙대자 영선은 자신의 영화를 위해 준비해두었던 자작 시나리오를 내어준다. 덕분에 남편은 우수한 성적으로 졸업했다. 영화 공부를 포기하며 영선은 남편의 졸업을 위해서 자기가 쓴 시나리오에서 자신의 이름을 지웠고, 이 작품에 흥미를 보이는 제작자를 만나 영화 제작에 들어갔을 때도 남편의 성공을 위해 시나리오 작가 이름에서 자신의 이름을 지운다. 영화 공부를 포기한 채 귀국한 영선에게는 아이가 생기고 남편은 영화 몇 편이 연달아 흥행과 예술성을 인정받아 성공하게 된다. 남편은 유능해지고 영선은 아이를 키우느라 바쁘고 힘들어 책상 앞에 앉아 시나리오를 써보지만 잘되지 않았다. 남편은 집도 사고 여유도 있으니 글을 쓰라고 한다. 자신이 원하는 여성은 일하는 꿋꿋한 여성이라고. 잘 나가는 감독으로 늘 바쁜 남편은 영선을 경멸하기 시작했고 잠자리에서조차 영선을 안아주지 않자 영선은 술을 마시기 시작했고 알코올 중독자가 되고 우울증 환자가 되고 자해를 하고 자살미수로 입원하며 정신과 치료를 받다가 어느 날 신경 안정제 50알로 자신의 인생을 끝내고 만다. 박상현 감독은 영선에게 글을 쓰라고 종용하지만, 영선이 그렇게 할 수 있게 가정적, 사회적인 지원을 해 줄 생각과 노력은 하지 않는다.

벌처럼 쏘고 싶은 호랑나비 경혜

> "난 그것들이 들어 있는 호텔 옆방에까지 들어갔던 사람이야! 니들이 뭐라고 해도 난 이혼 안 해! 니들 다 이혼하고 그래도 난 안 해! 끝까지 살아 남아서 그 작자가 늙어서 기운 빠지고 반신 불수되어서 기어 다니는 꼴을 보고 말 거야, 그때 복수할 거야…….(p.103)

경혜는 똑똑하고 예쁜 아나운서로서 의사인 남편과 딸 연지를 둔 외면적으로는 완벽하게 행복한 여주인공이다. 그러나 남편의 끊임없는 외도로 결코 행복할 수 없는 여성이다. 경혜는 남편의 외도로 괴로워하면서도 남편으로 인하여 누릴 수 있는 경제적인 부와 복수심 때문에 이혼하지 않는다. 경혜는 아주 현실적이고 이기적인 성격이다. 학창 시절, 혜완과 영선이가 함께 학교 방송국 수습 아나운서 활동을 할 때이다. 클럽의 PD부장 선배가 혜완, 영선, 경혜에게 똑같은 방법으로 데이트한 사실을 알게 되었을 때, 영선은 울었지만, 경혜는 아랑곳하지 않고 계속 그 선배를 만났다. 경혜의 그런 모습을 보고 영선은 경혜가 정말 그 선배를 사랑했나보다고 했고 혜완은 경혜가 사랑하는 것은 그 선배가 아니라 경혜 자신의 자만심이라고 했다. 사실 경혜는 자신이 선배를 쟁취하고 싶었다. 경혜의 말 "하지만 우리는 다르게 대처했어. 다른 사람들 보기엔 엄연히 버림받은 건 너였고 그를 쟁취한 건 나였어. 결과적으로 모두 우습게 되어 버렸지만."에서 알 수 있다. 그리고 졸업 후 방송국에 근무하며 연지 아빠와 맞선을 보고 우연히 다시 만난 그 선배와 같이 자고, 그다음 날 아침에 자신은 한달 후에 결혼한다고 말하며 자기를 버린 남자에게 복수했다고 통쾌해한다.

경혜는 연지를 임신했을 때부터 남편에게 딴 여자가 있다는 걸 알게 되었고 계속해서 여자를 갈아치우는 남편을 가끔 죽이고 싶어 하지만 기를 쓰고 행복해지려고 하지 않는다. 남편은 경혜가 아이를 낳은 후부터 잠자리가 재미없어졌다고 집안 창피하니까 이혼을 하지 않을 것이니 밖에 나가서 재미있게 적당히 즐기라고 한다. 경혜는 다른 남자와의 만남에서 자신이 한 여자로서 망가지지 않았음을 확인해가며 계속 만나다가 그 남자의 첫 아이를 조산할 즈음에 자신이 다른 여자의 또 다른 가해자임을 알고 그 남자와 헤어진다. 경혜의 경우, 자본주의 사회에서 부에 기생하는 지식인 여성의 전형을 보는 듯하다. 여성주의가 인간해방이고 여성이 인간답게 당당하게 사는 것이라면 경혜의 삶은 남자의 부 때문에 이혼하지 않고 행복하지 않은 결혼생활을 영위하는 것이 자립적인 여성의 삶인지 다시 한번 생각해볼 문제이다.[11]

이혼한 뒤 혜완의 삶이 겪는 사소한 변화는 자신의 식성과 목소리를 되찾는 것이다. 경환의 "제발 그렇게 따지지 좀 말아. 알겠니? 넌 결혼한 부인이야. 제발 다른 여자들처럼만 해."라는 언어폭력이 없어졌다. 영선은 "내가 말했었지? 그가 커피가 마시고 싶으면 그의 커피가 되고 그가 배고프면 난 그의 밥상이 되었다고……."처럼 남편을 위해 산 그녀는 결국 목숨을 끊는다. 공지영은 특히 혼인 관계에서 여성

11 연용순, 앞의 논문, pp.254~259.

을 억압하고 폭력을 선사하는 남성을 비판하였다. 공지영은 결혼생활에서는 여성 일방의 헌신과 끝없는 가사노동을 반대하고 여성들이 사회에 나가서 일하며 권력을 획득할 것을 주장하였다. 『무소의 뿔처럼 혼자서 가라』는 새로운 삶의 방식에 대한 여성들의 고민을 천착하면서 독신 생활을 선택하는 것을 일종의 결단으로써 선언적으로 제시했다. 『무소의 뿔처럼 혼자서 가라』는 혜완, 경혜, 영선의 결혼생활을 다룬 이야기이다. 그러나 그녀들은 각자의 이유로 결혼제도 안에서 행복을 찾지 못한다. 이혼을 선택한 혜완, 사랑 없는 결혼생활을 영위하는 경혜, 그리고 자살을 선택한 영선까지 작가는 이들 세 지식층 여성들의 각자 다른 선택을 그리며 결혼제도 안에서 방황하고 고통에 신음하는 당시 여성의 모습을 생생히 보여준다.[12]

4. 작품의 의의 및 평가

『무소의 뿔처럼 혼자서 가라』는 1980년대 페미니즘운동이 활발해지면서 여러 여성학자에 의해 거론되었고 호평과 악평을 함께 받은 작품이기도 하다. 페미니즘 소설은 여성에 대한 사회적 억압을 고발하고, 양성평등을 지향하는 내용을 담은 소설 장르를 일컫는다. 1990년대는 한국 문학에서 페미니즘 소설 논의가 활발하게 일어난 시기로, 『무소의 뿔처럼 혼자서 가라』는 대중적인 관심을 한 몸에 받으며 영화와 연극으로도 만들어졌다. 이후 페미니즘 소설의 발전과 성숙에

---

12 김완이 「이수와 공지영의 여성주의 소설 비교 - 『나의 전반생(我的前半生)』와 『무소의 뿔처럼 혼자서 가라』에 나타난 지식층 여성상을 중심으로」 성균관대학교 석사논문, 2016, p.20.

중요한 디딤돌 역할을 했다는 문학사적 평가를 받지만, 남성 인물과 여성 인물을 '선과 악'의 구도로 단순화시켰다는 점, 패배와 상처만을 제시할 뿐 전망을 보여 주지 못했다는 점을 한계로 지적받고 있다.[13] 작가 또한 혜완의 문제를 남성 위주와 가부장적인 사회구조에 길들어진 남편과의 문제로 국한함으로써 문학 작품 속에서 여성의 문제를 이혼과 자립이라는 개인적인 차원으로 제시하는 한계를 드러내고 말았다.

『무소의 뿔처럼 혼자서 가라』는 중산층 지식인 여성의 결혼 생활에 관해서는 날카로운 진술을 보여 주었다. 그러나 아쉽게도 이들의 체험이 자리할 사회적 현장을 포괄적 시야에서 다루어 주지는 못했다. 특히 1980년대 체험과 여성 문제가 유기적으로 연관되어 드러나지 못했다는 점은 작가에게 아픈 지적이 될 것이다. 무엇보다도 공지영은 여성과 남성을 대립항으로 놓는 공격적 현실 대응 방식을 어떤 식으로든 극복해야 하는 과제를 안게 되었다. 그것은 여성 문제를 새롭게 성찰해야 할 문제와도 맞물린 것이다.[14]

결국 여성 억압의 원인은 결정적으로 남성에게 있다고 말하면서 여성해방의 깃발을 가져다줄 남성을 기다리는 여성의 이중적인 의식을 비판하면서도 정작 소설에서 여성을 구해주고 여성 인물들의 상처를 감싸 안아주는 것은 남성이라고 역설하고 있다. 즉 공지영 소설에서는 신데렐라 콤플렉스를 가진 여성의 의식적 한계를 비판하면서도 동시에 이를 극복하고 있지 못하는 것이다. 그리하여 여성 스스로가 가지는 신데렐라 콤플렉스를 극복할 수 있는 방향과 방법 그리고 그 전망에 대해서는 제시하지 못하고 있다.[15]

---

13 http://study.zum.com/book/12437(검색일: 2020.11.10.)
14 백지연 『한국에 페미니스트는 있는가』 삼인, 1998, p.166.
15 김혜은, 앞의 논문, p.28.

5. 생각 나누기 및 토론

『무소의 뿔처럼 혼자서 가라』를 감상한 후, 가장 감명을 받았던 장면을 떠올려보고 그 부분이 인성 함양과 어떻게 연관이 되는지 이야기해보자.

◆ 독서토론·시사토론·인성 토론

① 우리 사회의 어떤 측면이 혜완, 영선, 경혜를 불행하게 만들었을까?

② 우리 사회의 성차별 요소에는 어떤 것들이 있고 해결방안은 무엇인가?

③ 성평등은 가능한 것인가? 불가능한 것인가?

제2장 『82년생 김지영』

- 평등한 성과 공존의 삶

1. 작가소개

조남주(1978년 ~)는 소설가이다. 이화여자대학교 사회학과를 졸업했다. 〈PD수첩〉, 〈불만제로〉, 〈생방송 오늘아침〉 등 시사교양 프로그램 작가로 10년간 일하다가 출산을 계기로 일을 그만두고 소설가로 전향했다. 결혼 후에 그녀는 사회생활과 시집살이를 겪으면서 페미니스트가 되었다. 2015년 대중매체에서 여성 문제 이슈를 보고 그동안 당연하게 여겼던 것들이 다 성차별이라는 걸 깨닫게 되었다. 2011년 장편소설 『귀를 기울이면』으로 제17회 문학동네소설상을 수상하고, 2016년 『고마네치를 위하여』로 제2회 황산벌청년문학상을 수상했다. 2015년 9월부터 세 번째 책『82년생 김지영』을 쓰기 시작해 3개월 만에 탈고해서 출판사에 투고했다. 2017년 오늘의 작가상을 받았다. 2018년 11월 『82년생 김지영』 판매 백만 부를 돌파했다.

영화〈82년생 김지영〉 포스터[1]

『귀를 기울이면』은 한 소년에 관한 이야기이다. 모자라고 아둔한 줄로만 알았던 그 아이의 비범한 재능이 발견되는 순간, 고단한 삶을 겨우 이어가던 아이의 부모와 전성기가 지나 폐업 직전의 프로덕션의 피디와 고사 직전인 재래시장을 살려보려는 상인회의 총무가 엎치락뒤치락하며 어떻게든 잘살아 보려고 고군분투한다. 『고마네치를 위하여』는 루마니아를 대표하는 체조 선수인 나디아 코마네치와 닮은 고마니가 주인공인 책이다. '고마니'라는 이름의 여성 화자가 세계적인 체조 선수 코마네치와 자신을 동일시하면서 꿈과 현실의 괴리를 더듬는 소설로, 세상의 속도와 얄팍한 셈법을 따라잡지 못하는 사람들의 욕망과 좌절, 상처의 기억을 따뜻한 시선으로 그려낸 작품이다. 시대를 거스르는 윤리 감각을 고수하며 실패 이후의 삶을 성실하게 살아내는 보통 사람들의 옥작복작한 세계가 재미와 뭉클한 감동을 선사한다.[2]

---

1 제작 롯데엔터테인먼트, 출처 위키백과 https://movie-phinf.pstatic.net/20191024_215/1571900079078PNazL_JPEG/movie_image.jpg(검색일: 2020.12.10.)

2 http://ehbook.co.kr/book/24508(검색일: 2020.12.10.)

2. 작품의 시대적 배경

『82년생 김지영』(2016)은 21세기 양성평등 교육의 보편화 · 세계화 시대를 배경으로 하고 있다. 하지만 우리 일상에서는 아직도 미세한 성차별이 일어나고 있다. 한국에서 미투 운동을 촉발한 서지현 검사는 검찰 간부의 성폭력을 폭로하는 글에서 조남주의 소설 『82년생 김지영』을 언급했다. 그녀는 누군가가 나에게 '82년생 김지영'의 이름 모를 여성처럼 "네 탓이 아니야, 네 잘못이 아니야라고 이야기해주었다면 나는 조금 더 쉽게 버텨낼 수 있었을까?"라고 했다. 2018년 초 서지현 검사가 검찰 내부의 성폭력 문제를 고발하면서, 미투 운동은 개인의 능력이나 성취에 상관없이 젠더 불평등이 존재한다는 것을 보여 주었다. 성폭력과 강간 문화가 성공한 여성에게도 마찬가지로 적용된다는 사실을 폭로한 것이다. 이는 계급과 계층, 인종 등에 우선하는 성별이라는 자각을 일깨우는 계기가 되었고 디지털 성폭력에 대한 일상적 불안은 여성들을 광장에 불러 모은 신호탄이 되었다. 이때 흥미로운 점이 서지현 검사가 자신을 설명할 언어를 『82년생 김지영』에서 찾았다는 것이다.

서지현 검사부터 아이돌, 대통령에 이르기까지 『82년생 김지영』은 문화적 현상이 되었다. 한 여성 아이돌은 활동을 쉬는 동안 『82년생 김지영』을 읽었다고 고백했다가 거센 역풍을 맞았다. 팬들의 사랑을 받는 아이돌이 감히 페미니스트가 되었다며 화가 난 남성 팬들은 해당 아이돌의 굿즈를 부수어 인터넷 게시판에 인증사진을 올렸다. 그러나 이 사건을 계기로 『82년생 김지영』의 판매량은 두 배 이상 증가했다. 2017년 봄에는 노회찬 의원이 문재인 대통령의 취임을 축하

하면서 『82년생 김지영』을 선물하였다. “82년생 김지영을 안아주십시오.”라는 메시지는 SNS를 타고 회자하였다. 서울국제도서전에 참석한 영부인은 이 책을 대통령과 함께 잘 읽었다고 화답하기도 했다.[3]

현재 가장 큰 갈등은 계층 갈등과 젠더 갈등이다. 곳곳에 절망과 혐오가 넘실댄다. 2019년 대한민국은 무한경쟁, 불평등, 실업, 부채, 빈곤이 두렵고 화나는 이들의 세계다. 동시에 이주노동자라, 여성이라, 노인이라, 성 소수자라, 특정 지역 출신이라, 가난한 자라 미움받는 사회다. 큰 행복은 처음부터 포기하고 ‘소확행(작지만 확실한 행복)’에 한 줄기 기대를 거는 자포자기 사회, ‘노력의 배신’을 논하는 불신의 시대이다. 하필 지금 분노와 혐오가 창궐하는 건 우연이 아니다. 타인의 고통에 공감할 여력도 능력도 동난 사람들에게 남은 건 생존주의, 과잉 능력주의, 우열의 논리다. 이들에게 타자는 언제 내 몫을 부당하게 채 갈지 모르는 존재다. 이념, 계층 갈등 등 미처 풀지 못한 난제가 수두룩한데 젠더, 세대와 같은 새로운 혐오의 대상이 촘촘하게 쌓였다. 각자도생을 도모할 수밖에 없는 이곳에서 누가 이 구조를 만들었는지 돌아보기는 쉽지 않다.[4]

혐오 및 차별표현 사용의 증가추세를 영역별로 보면 2015년 대비 2018년의 언급량은 각각 젠더 1,247%, 성 소수자 64%, 난민 50%, 세대 23%, 다문화 13%씩 증가했다. 이재묵 한국외대 정치외교학과 교수는 “여성들이 우리 사회에 만연한 혐오를 비로소 인지하고 목소리를 내기 시작하니 반발의 에너지도 분출, 동원되는 양상”이라며 “특히 최근 들어서는 양극단, 즉 극단 페미니즘과 반(反)극단 페미니즘

---

3 허윤 「광장의 페미니즘과 한국문학의 정치성」『한국근대문학연구』 19(2), 2018, pp.124~125.

4 「혐오 · 배제를 덜다, 공감 · 동행을 더하다」『한국일보』(2019.1.1.)

이 핑퐁(탁구)처럼 비난을 주고받으며 이슈가 증폭하는 상황"이라고 설명했다. 혐오에 대한 조직적 경계, 경고, 반발이 쏟아지자 이를 억누르려는 혐오도 함께 커져 왔다고 분석한다.[5] 『한국일보』가 지난 연말 여론조사업체 오픈서베이에 의뢰해 19~70세 성인 남녀 1,005명을 대상으로 벌인 모바일 설문조사에 따르면, 응답자들은 '향후 더 심해질 것으로 보는 우리 사회 갈등'을 묻는 질문에 계층갈등(32.2%)을 가장 우려했다. 2위에 오른 것은 젠더갈등(19.1%)이다.[6] 하지만 젊은이에게 가장 큰 갈등은 젠더갈등이다.

3. 핵심적인 내용 및 주제

『82년생 김지영』은 대한민국에서 사는 일반적인 여성들, 즉 우리 모두의 김지영을 그리고 있다. 이 소설에서는 김지영이라는 가장 많은 보통의 이름을 통해 매개되는 무수한 여성의 목소리를 담고자 했다. 82년생에게 가장 많이 부여되었다는 그 흔한 이름을 내세워 '우리 모두의 김지영', 나아가 한국인 여성의 삶 전체를 대표하려 한다. 대한민국의 여성으로 대표되는 김지영은 1982년 4월 1일, 서울에서 태어났다. 아버지는 공무원, 어머니는 주부였다. 위로 언니가 있었고 아래로 남동생이 있었다. 여중 · 여고를 다니면서 여자라서 겪는 몇 번의 사소하고 불쾌한 순간들을 경험했고 애써 잊었다. 언니 김은영 씨는 여자

---

5 「파편사회서 공감사회로 혐오 · 배제를 덜다, 공감 · 동행을 더하다」 https://www.hankookilbo.com/News/Read/201812270661013065(검색일: 2020.12.1.)

6 https://www.hankookilbo.com/News/Read/201812270601327645(검색일: 2020.12.1.)

에게 좋은 직업이라는 부모님의 권유대로 교육대학에 진학했다. 김지영은 인문대를 나와 홍보대행사에 취업했고, 아침마다 팀원들 자리에 취향에 맞춰 커피를 타서 올려놓았다. 직장 생활을 하다 출산을 하며 고민 끝에 퇴사했다. 어디서든 찾아볼 법한 삶의 궤적이다. 방송작가 출신 소설가 조남주는 논문, 기사, SNS 등에서 채집한 풍부한 사례를 인용해 김지영의 삶을 의도적으로 보편적인 모습으로 그려낸다.

우리 모두의 김지영

어느 날 김지영은 친정엄마에 빙의해 속말을 뱉기 시작한다. 한 사람의 몸에 다른 사람의 영혼이 옮겨 붙는 것을 빙의라고 한다. 소설에서는 김지영이 산후 우울증으로 인해 빙의 증상을 보인다. 여성의 입으로 다른 여성 처지에서 말을 한다는 설정이 의미심장하다. "배불러까지 지하철 타고 돈 벌러 다니는 사람이 애는 어떻게 낳아?" 같은 말들과 "사람들이 나보고 맘충이래." 같은 김지영의 말이 서술되고, 그 말은 우리가 아는 또 다른 김지영의 얼굴과 겹쳐진다. 한국 사회에서 여자로 살아가는 이들의 공포, 피로, 당황, 놀람, 혼란, 좌절의 연속에 대한 인생 현장 보고서이다.[7]

이 소설의 시점은 삼인칭 관찰자 시점이다. 이 소설은 김지영의 이상 행동을 상담하던 담당의사의 리포트 형식으로 구성되어 있다. 김지영의 이야기를 들은 의사가 사건을 재구성하고 있다. 소설은 1982년부터 2015년까지의 김지영의 삶을 이야기하고 있다.

다음은 소설의 순서대로 김지영의 삶을 정리하였다. 김지영 씨는

7 https://www.aladin.co.kr/shop/wproduct.aspx?ItemId=94764887(검색일: 2020.12.10.)

가끔 다른 사람이 된다. 그녀 주위의 다른 여자와 말투, 행동, 습관까지 똑같아져서 그녀가 마음에 품고만 있던 말을 대신해주었다. 남편은 김지영 씨에게 정신과 상담을 권한다.

2015년(결혼 3년째)

김지영 씨는 우리 나이로 서른네 살이다. 3년 전 결혼해 지난해에 딸을 낳았다. 세 살 많은 남편 정대현 씨, 딸 정지원 양과 서울 변두리의 한 대단지 아파트 24평형에 전세로 거주한다. 정대현 씨는 IT 계열의 중견 기업에 다니고, 김지영 씨는 작은 홍보대행사에 다니다 출산과 동시에 퇴사했다. 정대현 씨는 밤 12시가 다 되어 퇴근하고, 주말에도 하루 정도는 출근한다. 시댁은 부산이고, 친정 부모님은 식당을 운영하시기 때문에 김지영 씨가 딸의 육아를 전담한다. 정지원 양은 돌이 막 지난 여름부터 단지 내 1층 가정형 어린이집에 오전 시간 동안 다닌다.[8]

1982-1994년(출생~초등학교)

김지영 씨는 1982년 4월 1일, 서울의 한 산부인과 병원에서 키 50센티미터, 몸무게 2.9킬로그램으로 태어났다. 김지영 씨 출생 당시 아버지는 공무원이었고, 어머니는 주부였다. 위로 두 살 많은 언니가 있고, 5년 후 남동생이 태어났다. 방 두개에 마루 겸 부엌 하나, 화장실 하나인 열 평 남짓 단독주택에서 할머니와 부모님, 삼 남매, 이렇게 여섯 식구가 살았다.(p.23)

---

8 조남주 『82년생 김지영』 민음사, 2016, p.9.

정부에서 '가족계획'이라는 이름으로 산아제한 정책을 펼칠 때였다. 의학적 이유의 임신중절수술이 합법화된 게 이미 10년 전이었고, 딸이라는 게 의학적인 이유라도 되는 것처럼 성 감별과 여아 낙태가 공공연했다.* 1980년대 내내 이런 분위기가 이어져 성비 불균형의 정점을 찍었던 1990년대 초, 셋째아 이상 출생 성비는 남아가 여아의 두 배를 넘었다.**어머니는 혼자 병원에 가서 김지영 씨의 여동생을 지웠다. 아무것도 어머니의 선택이 아니었지만 모든 것은 어머니의 책임이었고, 온몸과 마음으로 앓고 있는 어머니 곁에는 위로해 줄 가족이 없었다.

* 박재현 외, 『확률 가족』(마티, 2015), pp.57-58.

** 「출산 순위별 출생 성비」, 통계청 (p.29)

1995-2000년(중학교~고등학교)

1990년대까지도 한국은 출생 성비 불균형이 매우 심각한 나라였다. 김지영 씨가 태어났던 1982년에는 여아 100명당 1068명의 남아가 태어났는데, 남아의 비율이 점점 높아져 1990년에는 116.5명이 되었다. *(중략)김지영 씨의 학교를 시작으로 몇 년 사이 다른 여중과 남중도 모두 남녀공학이 되었다.

* 「인구 동태 건수 및 동태율 추이」, 통계청. (pp.53-54)

"여자애들이 부끄러운 줄도 모르고. 학교 망신이다. 망신."(p.58)

2001-2011년(대학교~홍보대행사 직장생활)

윤혜진 씨의 말로는 경영학과의 경우, 학과나 교수를 통해서 비공식 채용 의뢰가 간간이 들어오기도 하는데 추천을 받은 학생은 다 남자란다. (중략) "여자가 너무 똑똑하면 회사에서도 부담스러워 해. 지금도 봐, 학생이 얼마나 부담스러운 줄 알아?"(pp.96-97)

2012-2015년

"나도 남편이 벌어다 주는 돈으로 커피나 마시면서 돌아다니고 싶다. 맘충 팔자가 상팔자야. 한국 여자랑은 결혼 안 하려고."(p.164)

"내 생활도, 일도, 꿈도, 내 인생, 나 자신을 전부 포기하고 아이 하나 키웠어. 그랬더니 벌레가 됐어. 나 이제 어떻게 해야 돼?"(p.167)

2016년(의사와 상담)

"아무리 괜찮은 사람이라도 육아 문제가 해결되지 않은 여직원은 여러 가지로 곤란한 법이다. 후임은 미혼으로 알아봐야겠다."(p.175)

이 소설은 극적인 사건은 없으나 김지영이 살아온 사회 환경을 묘사하는 데 집중하고 있다. 단지 남성들은 사회 구조적인 부분에서 여성보다 더 나은 혜택을 받고 살아왔던 것뿐 은근한 차별의 문제를 사회의 원리적인 질서로 받아들이고 있었기 때문이다. 사실 그 내재화된 것들이 굉장히 자연스럽게 받아들일 수 있지만, 사실 그것은 그렇게 자연스러운 것들이 아니다. 여성들이 말하는 불평등과 차별이 어떤 것인지 모를 수도 있다.

이 소설의 특징을 보면 다음과 같다. 첫째, 문학의 특수성과 보편성이 역전되는 현상이 일어난다. 일반적으로 문학은 구체적인 한 개인의 인생을 그리고 있다. 하지만 김지영의 경우는 이러한 특수한 삶이 없고 우리 대한민국에서 살아가는 30대 여성들의 너무나 평범한 이야기를 그리고 있다. 그리고 김지영의 이야기를 통계로 일반화하고 있다. 문학의 특수성이 사라지고 문학의 보편성으로 치환된다. 작품성이 매우 뛰어나다고 하기보다는 새로운 시도를 했고 대중소설로서 성공을 거두었다. 둘째, 소설과 논문의 경계를 깬 새로운 방식을 사용하고 있다. 각주와 통계 등 전문 서적이나 논문의 방식을 도입한 소설이다. 『82년생 김지영』은 소설과 논문의 경계에 서 있는 새로운 서술 방식을 시도하고 있다. 소설은 끊임없이 새로운 서술 기법을 사용하면서 살아남고 있다. 이러한 새로운 서술형식으로 독자들에게 공감을 얻었다. 셋째, 우리 일상에서 일어나는 미세한 성차별을 보여주고 있다. 우리는 우리 일상에서 일어나는 일에 대해 의문을 제기하지 않을 때가 많다. 그냥 당연하게 받아들이는 경우가 많다. 남자아이는 파란색 옷, 여자아이는 분홍색 옷, 남성은 바깥에서 돈을 벌어야 하고 여성은 육아와 가사를 담당하는 당연한 존재로 여겨지고 있는 경우가 많다. 만약 여성이 사회에 나가 일을 하게 되면, 여성은 임신과 육아로 많은 사회적 제약이 따르게 되고 이것이 유리천장으로 이어지게 된다. 넷째, 동아시아로 페미니즘을 확산시키는 계기가 되었다. 이 소설이 일본과 대만 등 동아시아에 페미니즘을 자각하게 하고 확산시키는 계기가 되었다.

영화 〈82년생 김지영〉는 1982년생 경력 단절 여성 김지영(정유미)의 평범한 삶을 그렸다. 결혼과 육아로 인해 직장을 원치 않게 그만두고 공허감에 시달리던 그는 언젠가부터 친정엄마, 외할머니, 대학 선배 등 주변 여성들에 빙의한 듯 속의 말을 털어놓는다. 영화는 소설보다 대중적인 선택을 하고 있다. 여성의 고충을 호소하는 데 집중한 원작을 대중영화로 옮기며 대립보단 위로와 화해에 초점 맞춘 각본도 한몫했다. 소설에선 평면적인 캐릭터에 그쳤던 남편 대현(공유)도 영화에선 지영을 헤아리려 애쓰는 인물로 거듭났다. 삼 남매 중 둘째 딸 지영에게 가부장적인 태도로 상처 줬던 아버지도 영화에선 무뚝뚝한 발언 뒤에 감춘 서툰 진심까지 그려진다. 오빠들 뒷바라지에 교사 꿈을 포기한 자신의 처지를 대물림하지 않으려, 딸들에게 "얌전히 있지 마. 막 나대"라며 응원했던 지영의 엄마 미숙(김미경)만은 원작 그대로의 모습으로 눈물샘을 자극한다.[9]

평범한 주인공

『82년생 김지영』의 주인공 김지영이 특수한 인물이 아닌 평범한 인물로 설정되었다는 것은 여러 가지 측면에서 발견된다. 첫째, 주인공은 '김지영'이라는 흔한 이름을 가졌다. 김지영이라는 이름은 80년대 전후의 여아에게 가장 많이 붙인 이름이다. 둘째, 중산층의 화목한 가정에서 자란다. 평범한 가정환경에서 4년제 대학을 나와 비교적 안정적인 삶을 꾸려간다. 셋째, 소설 속 어디에도 김지영의 외모에 대한 묘사가 없다. 미인이라거나 추녀라는 특별한 묘사가 존재하지 않아

---

9 「평점테러 당한 〈82년생 김지영〉 관람뒤 남녀 평점은 같았다」『중앙일보』 https://news.joins.com/article/23616358(검색일: 2020.12.1.)

누구나 그 안에 자신의 모습을 그려 넣을 수 있다. 넷째, 특수한 범죄에 연루되지 않는다. 특별하게 모나지 않은 남자들과 연애하고 배려심 있는 남자와 결혼한다. 이 가운데 불합리한 상황을 겪기는 하지만 성범죄나 데이트폭력 및 가정폭력에 직접 휘말리지 않는다. 다섯째, 각종 기사 및 통계를 대표한다. 김지영은 여아 낙태가 가장 심했던 시기인 1980년대에 태어났으며, 진로를 정하는 청소년기에 IMF 외환위기 사태를 겪는다. 결혼 후에는 출산 및 육아 문제로 경력단절 여성이 된다.[10]

비자발적 선택과 자아실현의 좌절

김지영을 비롯한 소설에 등장하는 대부분의 여성 인물들은 뛰어난 능력자임에도 불구하고 자아실현이 좌절되고 비자발적 선택으로 전업주부가 된다는 공통점을 갖고 있다. 이러한 자아실현의 좌절과 비자발적 선택의 이면에는 가부장제가 작동하고 있다. 김지영은 서울 소재의 4년제 대학을 나와 사람들과 어울리며 남 앞에 드러나는 일을 좋아해 홍보와 마케팅 쪽으로 진로를 정하고 홍보대행사에 취직하지만 결국 출산 및 육아를 병행하기 어려워 어쩔 수 없이 가정주부가 된다. 여자라는 이유로 직장에서 원하던 기획팀에 들어가지 못했고, 시댁의 강요로 출산을 했으며, 육아와 직장을 병행할 수 없어 직장을 퇴직한다. 비자발적 선택으로 전업주부가 된 것이다.

김지영의 엄마 오미숙 역시 소설 초반에는 남자 형제들을 뒷바라지해야 했기 때문에 선생님이 되고 싶었던 꿈을 포기하고 방직공으로

10 김현 「여성혐오 담론의 경합과 공존: 〈82년생 김지영〉을 중심으로」 충남대학교 석사논문, 2019, p.28.

일하는 희생적인 모습을 보인다. 김지영의 언니 김은영 또한 IMF로 가계가 어려워진 상황에서 남은 가족들의 경제적 안정과 향후 아이를 키우기 좋은 직장을 얻을 수 있다는 이유로 엄마로부터 교대 진학을 권유받는다. 이때 김은영은 "애 키우면서 다니기에 좋은 직장 맞네. 그럼 누구한테나 좋은 직장이지 왜 여자한테 좋아? (중략) 막내도 교대 보낼 거야?"(p.71)라며 저항하지만 결국 엄마의 뜻에 못 이겨 PD가 되고 싶었던 자신의 꿈을 접고 교대에 진학한다. 성별에 따른 직업 선택도 선천적인 것이 아니라 사회적으로 구성된 것이라고 볼 수 있다.

김지영의 주치의와 함께 일하는 상담사 이수연은 6년 만에 어렵게 아이를 갖게 된 후 여러 번의 유산 위기를 겪으며 퇴사를 결심하며, 의사의 아내 역시 어린이집이나 아기 돌보미의 도움을 받아 아이가 초등학생이 되기까지 겨우 직장 생활을 이어갔지만, 아이가 ADHD인 것 같다는 담임선생의 말을 듣고 월급의사가 되었다가 결국 직장을 포기한다. 이렇듯 세대별, 계급별 여성 내부의 차이에도 불구하고 공 · 사 영역의 성별분업이라는 젠더 규범에 따라 자아실현이 좌절되고 가족으로 대변되는 사적 영역, 특히 육아에 대한 책임으로 인해 불가피하게 전업주부를 선택하게 된다.[11]

소설 밖의 화자 -조남주 작가의 '각주'와 보편성

이 소설의 이야기는 소설 밖의 화자인 작가 조남주의 자전적 경험을 바탕으로 여성의 현실을 객관적으로 입증하는 각종 통계 및 자료를 '각주'로 넣어 뒷받침하고 있다. 이는 소설에서 말하는 성차별적

11 김현, 위의 논문, p.29.

요소가 여전히 '사실(fact)'로 존재하고 있음을 상기시킨다. 이러한 각주의 차용은 문학에서 예외적인 상황을 제외하고는 거의 사용하지 않지만 '보고서'라는 의사의 형식을 고려할 때 자연스럽게 정당성을 확보한다. 보고자가 자신의 식견을 배경으로 하여 심층 취재하고, 대상의 사이드 뉴스나 에피소드를 포함하여 종합적인 기사로 완성하여 사실 자체를 보여주는 르포기사 및 르포문학의 성격을 반영한 것이다. 즉, 자신이 설정한 의사의 보고서라는 형식에 맞게 객관성, 사실성, 정확성을 '각주'를 활용하여 문학적으로 표현하고 있다. 특히, 작가는 김지영이 이상증세를 보이게 된 원인인 억압적이고 차별적인 젠더 에피소드와 관련된 부분에서 각주를 사용한다. 이야기의 흐름 속에서 김지영으로 대표되는 여성이 억압받고 차별받는 원인이 등장하고, 그 내용의 출처만 각주로 명시한다. 이는 김지영이 겪는 여성의 어려움이 소설 속의 허구가 아닌 객관적 현실이자 사실로 존재함을 말해준다. 따라서 독자들은 여성 인물들이 경험한 사건들과 자신의 경험이 일치하는 지점에서 '각주'를 통해 자신이 경험한 일이 사실적 데이터에 기반하고 있음을 깨닫게 된다. 즉 소설 속 여성 인물들이 경험하는 여성 억압적이고 차별적인 에피소드들이 현실에서 사실로 존재함을 밝힘으로써, 독자들 스스로가 개인적 문제라고 느낀 경험들이 사회구조의 문제인 객관적 지표에 해당하는 것임을 인지하게 되는 것이다.[12]

'각주'는 본문 아래쪽에 달아 놓는 풀이로 본문의 내용을 보충 설명하거나, 인용한 자료의 출처를 밝히는 데 사용된다. 문학에서 '각주'는 소설을 번역하는 과정에서 의역으로 인한 각주 및 당시의 맥락에 대한 이해가 필요한 내용이어서 보충 설명이 필요한 경우의 각주

12 김현, 위의 논문, pp.44~45.

를 제외하고는 잘 사용하지 않는다. 문학적 미를 떨어뜨리고 스토리의 구성에 방해가 되는 것으로 여겨지기 때문에 일반적으로 문학에서는 금기시되었다. 『82년생 김지영』은 총 20번의 각주가 달려 있다.[13]

4. 작품의 의의 및 평가

민음사는 『82년생 김지영』의 출판의도를 더는 참지 않기로 한 사람들의 말할 권리에 대한 소설이자 한국사회의 여성 문제를 이해할 수 있게 도와주는 역할을 한다고 밝힌다. 다양한 계층의 사람들이 모두 읽고 이해할 만큼 쉬운 책이라는 것이다. 그런 점에서 『82년생 김지영』은 가장 대중적인 책이자 가장 정치적인 책이다. 그러나 『82년생 김지영』에 대한 문단의 반응은 극단적이다. 순문학의 미학적 기준에 미치지 못한다는 평가와 그런데도 의의가 있다는 견해로 나뉘는 것이다. 『82년생 김지영』을 둘러싼 비평적 논란은 이 소설의 미학적 완성도나 주제 의식의 부박함을 두고 벌어진다. 독자들도 소설의 미학적 결함 정도는 대체로 인지하고 있다. 『82년생 김지영』의 독자를 소설 미학을 모르는 비전문가로 단정짓는 것은 문학의 장, 특히 독자의 변화를 간과한 판단이다. 『82년생 김지영』은 탁월한 근대소설로 판단하는 일에 대해서는 얼마간 유보적이지만, 적어도 공감의 연대를 형성하는 프리 포스트모던적 글쓰기의 정치를 둘러싼 어떤 미정형의 가능성을 열어 보인다는 사실에 대해서만큼은 더욱 진지하게 숙고해

13 김민결 「현대소설의 젠더의식 연구 - 『82년생 김지영』을 중심으로」 부산대학교 석사논문, 2018, p.33.

야 할 필요가 있다고 생각한다.[14]

영화 〈82년생 김지영〉은 평점 테러를 당하기도 했다. 페미니즘 영화라는 이유로 영화를 보기도 전에 0점을 준 남성들이 많았기 때문이다. 여성 대부분이 공감하는 반면에 남성들의 부정적인 평가가 많은 것이 사실이다. 또한 이 영화를 기점으로 인터넷상으로 젠더 갈등이 심해지기도 했다. 이번 영화 캐스팅 순간부터 배우 정유미는 악성 댓글에 시달렸다. 그녀는 "인터넷에 드러난 의견이 전부라고 생각지 않는다."라고 거듭 말했다. 실제 온라인 조사업체 PMI는 25일 이런 논란에도 불구하고 20~50대 남녀 5,000명에게 금주 가장 보고 싶은 영화 조사 결과 〈82년생 김지영〉이 1위(22.1%)였다고 발표했다.[15]

소설 『82년생 김지영』은 삼인칭 관찰자 시점이기 때문에 내면묘사가 없다. 주인공의 독특한 캐릭터 창출이라는 측면에서 보면 부족한 부분이 보이기도 하는 책이다. 한 평범한 여성이 삶에서 끊임없이 겪는 차별과 불합리를 상징적으로 보여주는 치명적 디테일이 메시지 전달을 효과적으로 만들지만 메시지 전달 때문에 플롯과 문체가 미흡했다는 평가도 있다.

문재인 대통령은 2017년 5월 노회찬 정의당 의원이 선물한 조남주 작가의 『82년생 김지영』도 읽었다고 한다. 이 책은 한국 사회에서 페미니즘 의식을 대중화하는 역할을 했다고 평가받는다. 문재인 대통령은 대선을 앞둔 전해 2월 "나는 페미니스트 대통령이 되겠다."고 선언했다. 자신의 대선 두뇌집단인 '정책 공간 국민성장'이 주최한 성평등 포럼에서 "성평등은 인권의 핵심 가치다. '사람이 먼저인 세상'은

---

14 조형래「데자뷔의 소설들」『문학동네』24(3), p.6.

15 「평점테러 당한 〈82년생 김지영〉 관람뒤 남녀 평점은 같았다」, 앞의 인터넷 주소

바로 성평등한 세상"라고 강조하면서였다. 문 대통령은 당선 뒤 '여성 장관 비율 30%' 공약에 따라 초대 내각에 강경화 외교부 장관과 김현미 국토교통부 장관 등 5명의 여성 장관을 기용했다. 당초 공약에는 약간 못 미치는 27.8%의 여성 장관 비율이었지만 역대 어느 정부보다 월등한 여성 우대였다.[16]

한류가 일본에 정착한 지 15년이 된다. 드라마, K팝(K-POP)으로 이어진 물결이 지금 문학에 도달했다. 소설 『82년생 김지영』을 비롯해 다양한 한국문학이 속속 일본어로 번역돼 인기를 끌고 있다. 일본 『아사히신문』은 9월 11일 교토 도시샤대학에서 열린 『82년생 김지영』의 저자 조남주 작가의 북 콘서트가 성황리에 끝났다는 소식을 전하며 이같이 보도했다. 이날 행사에는 약 500명이 참석했다. 『아사히신문』은 "도쿄나 규슈에서 왔다는 사람도 있었다."고 전했다. 일본 계간지 『문예』는 올해 가을호에 한 · 일 작가 10명의 이야기를 담은 『한국 · 페미니즘 · 일본』특집을 냈다. 이 특집에서 한 · 일 관계가 그 어느 때보다 냉랭한 작금에, 일본에서 한국문학에 대한 열기만큼은 뜨거운 이유를 분석하고 있다.

첫째, 일본서 약한 페미니즘 문학을 보완했다는 지적이다. 출판업계에선 일본 내에서 여성 차별 문제에 관한 관심이 커진 사건이 발생한 것을 한국문학에 관한 관심을 높인 이유 중 하나로 꼽는다. 지난해 일본에선 도쿄 의대가 12년 동안 여성 합격자의 비율을 낮추기 위해 여성 지원자의 점수를 일괄적으로 감점한 사실이 알려지면서 여성들의 공분을 샀다. 『82년생 김지영』을 번역한 사이토 마리코는 최근 일

16 「『82년생 김지영』 읽은 문 대통령」https://news.joins.com/article/22789481(검색일: 2020.12.10.)

본 고위 공무원이 여기자를 성희롱하는 사건 등이 발생한 사실에 주목하고 "일본 내 여성 차별에 대한 문제의식이 커지고 있다."라고 주장했다. 일본에서 인기를 얻고 있는 『82년생 김지영』 『나는 나로 살기로 했다』의 주인공은 모두 여성이다. 이들 작품은 주인공인 여성을 내세워 지금까지 사회에 퍼져있는 남녀의 성역할에 의문을 제기한다. 『82년생 김지영』은 주인공 김지영을 통해 여자라서 당한 부당함을 드러낸다. 『나는 나로 살기로 했다』 역시 부조리한 현실에서 여성이 어떻게 살아가야 할지를 보여준다는 면에서 페미니즘 문학으로 볼 수 있다. 『동양 경제』는 "일본에는 유감스럽게도 페미니즘 문학이라고 이름 붙인 작품들이 없었다."라며 "최근 일어난 성차별과 성희롱 문제로 일본에서도 페미니즘에 대한 인식이 높아지면서 남녀 문제에 대한 의식을 가진 사람들이 한국문학을 찾고 있다."라고 분석했다.

둘째, 사회문제를 녹여내는 힘이 있다는 것이다. 한국문학 자체의 질이 높은 것도 인기 비결 중 하나다. 특히 사회문제를 개인사에 녹여내는 작품들이 주목받고 있다. 일본에서 한국문학이 본격적으로 관심을 받기 시작한 것은 2016년부터이다. 작가 한강이 『채식주의자』로 세계 3대 문학상 중 하나인 맨부커상을 받은 것이 계기였다. 물론 이전에도 한국문학은 일본에 소개됐다. 1970~80년대에는 주로 시인 김지하, 소설가 이문열 등의 작품이 일본에 출간됐다. 그동안 일본에선 한국문학이 식민지, 민주화 운동 등 대부분 정치, 사회와 관련된 무거운 주제를 다루는 것으로 인식해 독자층이 넓지 않았다. 주요 독자층은 한국 문제를 연구하는 학자들이었다. 반면 최근 출간된 작품들은 사회문제를 다룰 때도 개인사를 소재로 하므로 일반 대중도 이해하기 쉽다는 특징이 있다. 일본에서 한국 문학 시리즈를 펴내고 있는 쿠온출판사의 김승복 대표는 "그동안 일본에선 무라카미 하루키의 소설 등이 인간 내면의 이야기를 다루는 데는 탁월하지만, 사회성과 역사성이 부족하다는 비판을 받았다."라며 "한국 작가들은 세월호 같은 민감한 사회 문제를 소설로 엮어내는 능력이 뛰어나다는 점에서 일본 작가들과 대비된다."라고 말했다.

셋째, BTS가 한국 문학 인기에 일조했다고 한다. 드라마 〈겨울연가〉에서 시작해 K팝으로 이어진 한류 열풍도 한국 문학에 관한 관심을 높이는 데 일조했다. 실제로 『82년생 김지영』은 방탄소년단(BTS)의 리더 RM이 한 일본 방송에서 언급하면서 화제를 모았다. 『나는 나로 살기로 했다』라는 방탄소년단의 멤버 정국이 읽었다는 사실이 알려지면서 일본에서 인기를 얻었다. 한 방송 프로그램에서 정국의 방에 이 책이 있는 장면이 노출된 것이 계기였다. 이 덕분에 2019년 7월 아마존 저팬에서 수필 분야 인기도서 1위에 올랐다. 3개월이 지난 10월 현재에도 아마존 저팬 수필 분야 3위에 올라있다. 『나는 나로 살기로 했다』를 펴낸 출판사 '마음의 숲' 관계자는 "의도하지는 않았지만, 한류의 중심인 방탄소년단이 읽었다는 사실이 판매 증가로 이어졌다."라고 말했다.[17]

5. 생각 나누기 및 토론

『모두를 위한 페미니즘』은 배우 엠마 왓슨이 자신의 페미니스트

17 「페미니즘이 끌고 BTS가 밀고 - 한류 된 한국문학」http://news.chosun.com/site/data/html_dir/2019/10/18/2019101801308.html(검색일: 2020.12.10.)

북클럽에서 강력하게 추천한 페미니즘 입문서로 미국에서 첫 출간 후 20년 넘게 페미니즘 교과서로 활용되고 있는 페미니즘 분야의 고전이라 할 만한 책이다. 벨 훅스는 페미니스트라고 하면 한 무리의 성난 여자들, 남자를 혐오하는 여자들이라는 편협한 이미지를 곧장 떠올리는 사람들의 편견을 바로잡기 위해 이 책을 썼다고 한다. 그녀는 특유의 직설적인 문체와 통쾌한 논리로 여성의 몸, 여성에 대한 폭력, 연애와 결혼, 양육, 일터에서의 여성 등 여성의 삶 전반에 걸친 페미니즘 정치와 그 실천에 대해 알기 쉽게 설명해준다. 페미니즘이 무엇인지, 그리고 그것이 여성과 남성을 포함한 모두의 삶에 어떤 영향을 미치고 어떤 긍정적 변화를 끌어냈는지 보여 주면서 페미니즘운동이 '남성혐오운동'이 아닌 '성차별주의와 그에 근거한 착취와 억압을 끝내기 위한 운동'임을 강조한다. 또한 페미니즘운동이 있는 그대로의 자신을 사랑하게끔 돕는, 나아가 우리 모두를 자유롭게 하는 해방운동임을 보여 줌으로 페미니즘이 여성만을 위한 것이 아니라 '우리 모두를 위한 것'임을 전한다.[18]

『이갈리아의 딸들』은 유쾌한 상상력과 재치가 넘치는 페미니즘과 유토피아 소설로서, 남성과 여성의 성역할 체계가 완전히 뒤바뀐 가상의 세계 이갈리아의 모습을 그린 작품이다. 작가이자 여성운동을 펼치고 있는 노르웨이 출신 작가 브란튼 베르그의 책으로 1977년 출간된 이후, 전 세계적인 반향을 일으켰다. 여성학 이론을 둘러싼 여러 가지 쟁점과 여성운동의 역사를 담고 있는 훌륭한 여성학 교과서이기도 하다. 유럽에서는 연극으로 공연되기도 했으며, 국내에서도 소규모 상연되었다. 최근에는 『이갈리아의 딸들』을 패러디한 연극 「미러

18 예스24 http://www.yes24.com/Product/Goods/37010824 (검색일: 2020.12.10.)

링」이 상연되기도 하였다. 현재까지 국내에서 65쇄, 20만 부 가까운 판매액을 올리며 페미니즘 소설의 대표적인 도서로 자리를 잡았으며, 최근 몇 년 사이 도서명을 딴 '웹사이트 메갈리아'로 사회적 논쟁이 일기도 했다.

> 경작법이 더 복잡해지고 발달된 농기구가 수확량을 증가시키면서 인간사회에 계급 분화의 기초가 등장했다. 자연적으로 움(여성)이 땅을 소유했고, 동시에 맨움(남성)을 자신에게 묶어놓고 이용할 방법을 발견하려고 애썼다……. 그들은 아이를 임신케 하는 것 외에는 기여하지 않았기 때문에 아이를 돌보는 일을 맡았다.

여성 학자이자 방송인인 오숙희는 "나는 남자가 여자 입장이 한번 되어보면 어떨까를 자주 생각해본다. 여자들이 왜 그렇게 억울하다고 말하는지, 그리고 어떻게 남자에 대해 적대감까지 갖게 되는지를. 『이갈리아의 딸들』을 읽으며 나는 너무나 통쾌했다."라고 했다. 우리 사회에서 가장 심한 갈등이 계층 갈등, 그다음이 젠더 갈등이다. 20대인 대학생에게 젠더갈등이 가장 심하다. 지금 우리 사회에 만연한 남성과 여성에 대한 차별과 혐오를 극복하고 소통하고 공감하는 사회가 되기를 원하는 마음에서 이 소설을 다루게 되었다. 〈82년생 김지영〉을 통해 남성과 여성이 공존하고 상생하는 사회가 되기 위해서는 어떤 대안이 있는지 한번 생각해보는 계기가 되었으면 한다.

서벌턴(하위 계층) 여성의 목소리

대중을 규합해 강력한 세력으로 구축한 다음, 이들의 지지를 발판 삼아 사회변동을 기대하는 전략이 현대 정치에서 일종의 정석으로 통하고 있다. 이는 시대나 정치적 이념과 상관없이 어떠한 사회적 맥락에서도 시도되고 적용됐던 정치적 기획이라고 할 수 있다. 공산사회를 꿈꿨던 볼셰비키 세력이나 독일 노동자당으로 시작해 전체주의를 표방했던 나치도 불만에 가득 찬 청년과 노동자와 중산층을 파고들어 세력화에 성공한 후 침략적 제국주의를 추구할 수 있었다. 현대 정치에서도 이 원칙은 크게 변하지 않았다. 다수의 대중을 내 편으로 끌어들여 지지율을 높인 다음 일단 선거에서 승리하기만 하면 마치 유권자 전체로부터 전권을 위임받은 듯 정치를 펼치는 것이 현대 대의민주주의의 원리다. 얼마나 많은 대중을 포섭하고 세력화하느냐가 현대 정치의 핵심이다.

문제는 정치 세력화하는 것이 거의 불가능한 사회 그룹이 존재한다는 것이다. 이들을 '서벌턴 계급'으로 부르며, 간단히 정의하면 정치적으로 조직화가 어려운 대중을 의미한다. 이 용어는 원래 20세기 초 그람시가 정치 프로젝트를 설계하는 과정에서 사용한 개념이었지만, 이제는 페미니즘에서 즐겨 소환하는 전문용어가 됐다. 새롭게 정의된 서벌턴 그룹의 의미는, 스피박에 따르면 서구의 여성과는 다른 환경에서 사는 제3세계의 여성들을 지칭하며, 이들의 사회적 위치가 젠더와 계급, 신분제도나 지역 등으로 복잡하게 엮인 이유에서 정치적 공통 목표를 위해 이들을 하나로 묶어내는 것이 불가능하다는 것이다. 다양한 사회적 제약들로 얽매여 있는 상태에서 하나의 이념으로 설득하는 것이 어렵다는 말이다.

서벌턴 그룹으로써 제3세계 여성을 규정하는 스피박의 핵심적인 질문은 과연 "서벌턴은 말할 수 있는가?"이다. 여기서 말하다의 의미는 일사불란하게 생각이 통일되고, 누구의 목소리도 개입되지 않은 상태에서 자기 생각을 충실하게 제대로 이야기하는 것을 전제로 하고 있다. 대답은 물론 부정적이다. 돌이키기가 불가능할 만큼 차별이 만연한 사회에서 자기편이 돼주기를 원하는 어떤 정치적 설득도 그들의 실정을 제대로 이해하거나 대변할 수 없기에 그들의 목소리는 묻힐 수밖에 없다. 이 과정에서 남성 서벌턴은 역사에서 지워진 존재로 취급되지만, 여성은 남성들과 함께 한번 지워진데 그치지 않고 젠더적 차이로 인해 두 번 사라지는 타자의 타자가 되는 것이다. 일생을 그늘에서 무언의 청각 장애인으로 살아가야 하는, 타자가 타자화하는 대상이 서벌턴 여성이라는 것이다.

〈82년생 김지영〉은 한국에서 여성으로 살아간다는 것이 마치 서벌턴 계급의 여성들이 처한 운명처럼 자기 생각을 펼칠 수 없도록 목소리 없는 존재로 살아가는 것을 의미하는 그런 사회적 분위기를 고발하는 영화다. 영화는 30대 여성이 태어나서 지금까지 친정과 시댁, 학교와 직장과 사회에서 경험한 온갖 여성에 대한 차별적 언어와 행동을 적나라하게 폭로하고 있다. 영화 시작부터 끝까지 이런 여성 차별의 사례가 지속해서 나열된 까닭에 '과잉'의 위험에 빠진 것으로 볼 수도 있다. 하지만 영화에서 제기하고 있는 문제들이 과장된 모습이 아니라 한국 사회의 현실을 그대로 복사하듯 열거하고 있어 남성들이 이를 쉽게 반박하기도 어려운 것도 사실이다. 작품에 내재한 갈등은 현실에서 그대로 이어져 남성과 여성의 극렬한 차이와 대립을 초래하기도 한다.

흥미로운 사실은 다수의 남성이 남녀차별 자체를 부정하거나, 한국에서 남성으로 살아가는 것이 여성 못지않게 힘들다는 사실을 강조하는 반면, 대부분 여성 관객들은 영화 속에서 펼쳐지는 이야기가 바로 자신들이 경험한 것과 일치하고 있음을 예외 없이 지적하고 있다. 동명의 베스트셀러 소설이 출간된 이래 한국 사회에서는 일종의 '김지영 신드롬'이라 해도 좋을 만큼 여성에 대한 차별을 철폐하고 여성의 이익을 증진하고자 하는 페미니즘운동이 재점화되기도 한다. 이미 남녀의 젠더 불평등이 관행으로 뿌리 박혀 있는 현실에서, 작품 하나가 그동안 수면 아래 잠재해 있던 여성 차별에 관한 주제를 중요한 사회적 어젠다로 부상시킨 것이다. 그러나 안타깝게도 극단적인 남녀의 대립만 지속될 뿐, 이 첨예한 갈등을 해소할 타협의 가능성은 아직 요원해 보인다. 영화는 다행히 이 딜레마를 해결할 수 있는 작은 실마리를 던져주고 있다. 소설에서 지영의 모습이 현실을 직시하며 무거운 삶의 굴레 속에 적응해야 하는 모습이라면, 영화는 역사의 주인공이 지영이라는 사실을 일깨워주고 있다. 여성 서벌턴 계급의 모습이 평생 제 목소리를 내지 못하고 살아야 할 운명이지만, 지영은 자신의 인생을 자신의 힘으로 헤쳐나가길 원한다. 그러나 한계는 있다. 어렸을 때부터 조신하게 있다가 시집가서 아이를 잘 키우는 것이 여성의 역할이자 미덕이라고 배운 그 사회적 요구가 그녀를 선뜻 행동할 수 없게 만든다.[19] 하지만 이런 사회에서도 남녀차별에 대해 수동적인 대응이 아닌 능동적으로 대응하는 여성들이 있었다. 2018년 서지현 검사의 검찰 성추행 폭로로 촉발한 '미투 운동'은 한국 사회에서 페미니즘

19 조흡 「〈82년생 김지영〉 - 서벌턴 여성과 듣기의 중요성」『대한토목학회지』 68(2), 2020, pp.92~94.

을 공론화시킨 계기가 되었다. '미투운동'으로 성폭력 문제를 대하는 우리 사회 태도가 바뀌고 있다.

◆ 독서토론·시사토론·인성 토론

① 김지영이 다른 사람의 모습으로 빙의한 원인은 무엇인가?

② 성갈등을 해소하고 공감하고 동행하는 방안은 무엇인가?

③ 현대에도 젠더갈등이 해소가 안 되고 왜 계속 되풀이되는가?

제3장
〈델마와 루이스〉
- 가부장적 사회의 반란자들

1. 작가소개

리들리 스콧(1937년~)은 잉글랜드의 영화감독이자 영화 프로듀서이다. 〈글래디에이터〉로 아카데미 작품상을 받았다. 동생 토니 스콧 또한 영화감독이다. 〈델마와 루이스〉(*Thelma and Louise*, 1991)는 리들리 스콧 감독이 제작하고 수잔 서랜던과 지나 데이비스가 주연한 미국 영화이다. 주인공이 여정을 떠나는 와중에 벌어지는 사건을 다룬, 로드 무비의 전형으로, 평범한 두 여성이 겪는 사건들을 통하여 여성주의적인 요소를 표현하여 이후 여성주의 영화의 아이콘이 되었다. 1991년 칸영화제의 폐막 초대작으로 상영되었다.

영화〈델마와 루이스〉 포스터[1]

스콧 감독은 〈에일리언〉, 〈블레이드 러너〉, 〈블랙 레인〉 등의 작품으로 할리우드에서 확고한 인지도를 쌓아오는 동안 그것이 현실에 기반하든 가상의 현실을 배경으로 한 판타지이든 간에 어둡고 남성적인 세계를 그리는 것으로 유명했다. 이는 여성 우주 전사를 주인공으로 하는 〈에일리언〉이라 해도 마찬가지이다. 그런 그가 두 명의 여성을 주인공으로 여성 차별을 주제로 하는 영화 〈델마와 루이스〉를 만든다고 했을 때 의외로 여겨지는 것은 당연하였다. 더구나 영화는 시나리오를 처음 써 보는 신인 작가에 의해 창작되었고, 대부분 주요 영화사의 제작자들은 제작을 꺼리는 상황이었다. 유명 감독이 나섰으나 영화는 당시 할리우드 장편 영화로는 상당히 소규모 예산인 1천6백만불로 제작된다. 그리고 개봉과 함께 대중에게 공개된 영화는 항상 논란의 여지를 이끌고 다녔던 감독인 스콧의 여느 전작보다도 더욱 열띤 논쟁을 불러일으켰으며, 수익 면으로도 미국 내에서만 제작비의 세 배 이상을 거둬들이는 대성공을 거둔다.[2]

2. 작품의 시대적 배경

영화 〈델마와 루이스〉(1991)는 미국에서 부시 대통령이 집권하고

---

1 제작 유아이피-씨아이씨영화및비디오배급, 출처 위키백과

2 이형숙 「영화 〈델마와 루이스〉에서의 장르의 전복과 관객성의 문제」 『영미문학페미니즘』 23(2), 2015, p.148.

얼마 되지 않아 개봉하였다. 그러나 이 영화의 의미를 시대적 맥락과 연결하여 찾아볼 때, 이제 임기를 1년여 마친 새로운 대통령보다 막 8년의 임기(1981-1989)를 마치고 난 전직 대통령인 레이건의 시대와 함께 생각하는 것이 더욱 통찰력 있는 분석을 가능하게 한다. 레이건의 1980년대는 미국 사회에서 특히 남성적 힘의 정치 및 권력이 재생산되며 주목받고 있던 시절이었다. 당시는 베트남전의 패배와 경제적 불황, 그리고 제3세계와 잇따른 협상의 실패로 미국이 한참 위축되었다고 여겨지는 1970년대와의 종언을 고하기 위하여 시작부터 강렬한 국가적 이미지를 내세우던 시기였다.

제포드가 레이건 시대의 할리우드 영화를 분석하면서 이 시대 및 당시 영화의 특징을 백인 남성들의 '강한 몸'으로 정의했듯이, 이 시대는 강인한 국가적 이미지와 위상을 높이기 위하여 이를 상징할 수 있는 강한 남성성을 대중매체를 통해 적극적으로 홍보하였다. 이때 탄생한 것이 스탤론이나 슈왈츠제네거 등의 근육질의 몸을 내세우는 액션 영화들이다. 같은 시기의 영화적 또는 대중적 담론의 또 다른 강조점은 이런 남성을 가부장으로 하는 '가족적 가치'의 중시였다. 이처럼 시대상에 대한 지적이 중요한 이유는 10여 년이 지속된 이와 같은 분위기에서 영화는 단순히 여가가 아닌 국가의 위상 재정립이라는 시대적 과제와 맞물려 작동하면서, 시대적 이데올로기에 반하는 영화들이 끼어들 여지가 서서히 사라졌기 때문이다. 특히 이처럼 보수적인 사회 문화적 담론 속에서 여성의 이야기를 담을 수 있는 공간은 점차 축소될 수밖에 없었다. 1990년대 초반은 이 같은 분위기에 대한 회의가 서서히 드러나는 시기이자, 동시에 이 시기에 개봉된 영화 〈델마와 루이스〉의 강렬하고 새로운 메시지가 이러한 분위기가 빠르게 희석

되게끔 한 주요 원인 중 하나가 되었다고 볼 수 있다.[3]

영화 초반에 집에서 주부로만 지내는 델마와 달리 루이스는 식당에서 일하는 모습을 볼 수 있다. 그 시대에는 직업과 관련한 여성의 지위가 변화하고 있는 시기였다. 미국에서 균등 임금이 법제화되고 본격적으로 시행된 것은, 1963년 케네디 대통령이 균등임금법에 서명한데서 비롯되었다고 할 수 있다. 동법은 동일직무에 대해 여성에게 동일임금을 지급토록 규정하였다. 미국 내 성별 간 임금 격차는 동일 임금법이 지정된 이래로 좁혀지고 있었으나, 1980년대에 들어와 임금 격차의 차이는 주춤해지기 시작하였다. 1980년대 미국에서 고숙련자의 임금과 저숙련자의 임금이 모두 증대되는 한편, 중간 숙련자의 임금은 정체되어 중상위 임금격차가 증가하고 중하위 임금격차는 감소하는 새로운 현상이 관찰되기 시작하였다. 이로 인해 전체적으로 임금불평등이 확대되어 일자리 양극화의 흐름을 보인다.[4]

1980년 후반에 남성이 한 가정의 유일한 수입원이어야 한다는 인식은 32%에서 21%로 감소하였다. 당시 15%의 가정만이 남성의 수입에만 의존한다는 결과를 보면 그 당시 많은 여성이 직업을 가지고 있었다는 사실을 알 수 있다. 여성의 사회적 노동 참여는 지속해서 늘어났고, 남성의 실질임금은 하락하였으며, 실업률은 높아졌다. 불투명한 미래에 불편함을 느낀 남성들은 보수주의로 회귀하였다. 그래서 1970년부터 1985년까지 아이를 돌봐야 하는 여성의 취업에 대한 인식은 부정적이었다. 어머니의 취업이 어머니와 자녀 관계에 부정적인 영향을 미치고, 아이의 발달을 저하한다고 믿었다. 아내와 어머니로

---

3 이형숙, 위의 논문, pp.149~150.

4 성재민 「임금불평등에 대한 연구동향」『국제노동브리프』 4, 2015, p.69.

서 여성의 전통적 가치가 강조되었으며, 직장 일을 하더라도 가정에 충실하기를 원하는 문화적, 도덕적 보수주의를 불러일으켰다. 결과적으로 그 당시 여성과 남성, 또 전업주부와 취업 여성 간의 대립적 구도가 강화되었다.

영화의 주인공 델마와 그녀의 남편인 데럴을 통해 그 시대의 가부장적인 사회 모습을 알 수 있다. 그 당시 노동시장에서 여성의 지위가 상승했음에도 불구하고 남녀차별은 여전히 존재하였다. 전문직과 고위직에 여성의 비중이 늘어났음에도 불구하고 최고위직의 95%는 남성이 차지하고 있었다. 남성들은 여전히 보수적인 태도를 고수하고 있었으며, 여성이 취업하기보다는 집에서 전업주부로 지내기를 원했다. 아내와 어머니로서 여성의 전통적 가치가 중요시되었으며, 가정에 충실해야 한다는 문화적인 보수주의가 성행하였다.

1950년대부터 사회적으로 여성들의 '이름 없는 문제'가 대두되었다. 행복한 삶을 누리고 있는 것 같이 보이는 가정주부들은 원인을 알 수 없어 정의하지 못하는 심리적인 문제를 가지고 있었다. 교외에서 남편과 자녀와 함께 집을 가지고 완벽한 삶을 사는 듯 보이지만 그녀들은 심리적으로 불만족과 공허함을 느꼈다. 그들의 교육 수준에 상관없이 사회적으로 광범위하게 나타나는 보이지 않는 문제였다. 델마와 데럴의 관계를 이러한 시대상을 분명하게 보여주고 있다. 델마는 불평등한 관계 속에서도 그의 폭력에 반항하지 못하고 속으로 참고 버틴다. 여성을 평등한 관계라고 인식하기보다는 가부장적인 모습을 보여 준다.[5]

5 위키백과

3. 핵심적인 내용 및 주제

줄거리는 다음과 같다. 가정주부인 델마는 덜렁대는 성격에 뜨거운 가슴을 가지고 있지만, 남편이 자신을 어린애 취급하여 외출도 매번 허락을 받아야 하는 답답한 현실에 불만이 있다. 루이스는 웨이트리스로 꼼꼼하고 이성적이지만, 식탁들 사이에서 반복되는 일상이 지겹기만 하다. 두 사람은 의기투합하여 주말에 별장을 빌려 함께 지내기로 하고 각자 간단한 메모만을 남긴 채 신나게 여행을 떠난다. 그러나 고속도로변 휴게실에 차를 세웠을 때 평범한 두 여인의 여행길은 다시는 집으로 돌아갈 수 없는 운명의 긴 여로에 오른다. 남편으로부터의 해방감에 들뜬 델마는 기분이 좋은 나머지 술을 마시고 휴게실에서 만난 할란 퍼케트와 춤을 추나, 퍼케트가 주차장에서 폭력을 행사하며 강간하려 하자 루이스가 권총을 가져와 그를 제지하고 델마를 구해준다. 그때 남자가 성적인 모욕을 가하자 루이스는 그를 살해한다. 즐거움으로 가득한 여행길은 이제 공포의 도주로 바뀌고 델마와 루이스는 극한 상황에 빠져든다. 더구나 루이스의 돈을 제이디라는 건달 청년이 훔쳐 가는 바람에 델마는 솜씨 좋은 강도로 변신한다.

강력범이 두 사람을 수배하나 형사 할 슬로컴브만이 두 여자의 어쩔 수 없는 여정을 알고 그녀들을 보호하기 위해 노력한다. 그녀들이 차를 몰고 가는 동안 유조차 트레일러가 그녀들의 차를 쫓아온다. 그 운전사는 끊임없이 성적 희롱으로 추근댄다. 고속도로변에서 몇번 그와 마주친 루이스는 그 운전사와 차를 나란히 달리게 됐을 때 뭘 원하느냐고 묻고 자기를 따라오라고 한다. 그러자 운전사는 신이 나 차에서 내려 그녀들의 차가 있는 곳으로 온다. 그때 루이스가 "만약에 당신의 아내나 딸에게 누가 당신처럼 그렇게 한다면 어떻게 하겠소?"라고 묻는다. 운전사는 대답하지 못하고 그녀에게 험한 욕을 해대기 시작한다. 그때 델마가 총을 꺼내 트레일러의 차 바퀴를 쏴 버린다. 그리고 유조차의 탱크를 쏴 폭파해 버린다. 결국, 경찰의 추격 끝에 그랜드 캐니언의 벼랑 끝에 몰리게 된 두 여인. 델마가 루이스에게 그냥 앞으로만 달리자고 소리친다. 서로의 눈빛을 확인한 두 사람은 그랜드 캐니언의 벼랑 끝을 질주한다.

〈델마와 루이스〉는 여성의 일상을 지배하는 남성과 이러한 남성의 권력을 유지하기 위한 가부장제 이데올로기를 고발하는 페미니즘 영화이다. 〈델마와 루이스〉에는 사회가 요구하는 남성성과 여성성의 전복이 두드러지게 나타난다. 이 영화에서 여성 주인공 델마와 루이스는 희생자로서의 여성의 이미지에 머물지 않는다. 오히려 적극적으로 남성들의 폭력과 남성 중심의 질서에 저항하는 존재로 변신한다. 그러한 이유에서, 리들리 스콧은 의도적으로 델마와 루이스를 피해자에서 범죄자로 만들어 간다. 이러한 변신의 과정에서 델마와 루이스는 점차 그녀들을 감싸고 있었던 소극적이고 연약한 이미지라는 기존 사회가 요구하는 여성적 이미지에서 벗어나 주체적이고 강인한 정체성을 스스로 갖추어 간다. 자신을 범죄자로 만들어 가는 델마와 루이스의 이 같은 탈여성화의 서사 속에서 기존 할리우드 영화의 규범화된 남성과 여성의 코드들은 전복된다. 따라서 〈델마와 루이스〉의 여성적 이미지의 탈피는 지금까지 할리우드 영화가 얼마나 남성 중심의 문화상품이었는지에 대한 비판이기도 하다.[6]

---

6 민대진 「〈델마와 루이스〉의 젠더 정체성의 횡단」『한국영상학회 논문집』 18(2), 2020, p.69.

폭력성 - 성과 언어

영화의 마지막 장면에서 젠더 정체성 횡단의 서사를 시작해보자. 델마와 루이스는 낭떠러지를 앞에 두고 서로 바라본다. 뒤에는 지배 이데올로기의 또 다른 이름인 국가권력을 대변하는 수십 대의 경찰차들이 진을 치고 있다. 경찰들은 그녀들을 향해 총을 겨누고 있다. "손을 들고 명령에 따르지 않으면 저항의 의미로 받아들이겠다!" 확성기를 통해 나오는 경찰 권력의 목소리는 그녀들에게 남성 권력에 항복하지 않으면 죽음뿐이라는 극단적 선택을 요구한다. "계속 가자!"라고 델마는 루이스에게 말한다. 서로의 시선을 확인한 후, 그녀들이 탄 차는 낭떠러지로 향한다. 델마와 루이스가 선택한 자살은 남성으로부터 그리고 자신들을 이해하지도 용서하지도 않을 사회로부터의 자유이자 마지막 저항이 된다. 영화 초반 그녀들은 이토록 남성으로부터의 자유를, 남성 중심의 사회로부터의 자유를 극단적인 방식으로 추구하지 않았다. 단지 며칠 밤을 친구의 별장에서 그녀들만의 시간을 보내고 오는 것이 여행의 목적이었다. 하지만 그녀들의 여정 속에 일상처럼 침투해 오는 남성의 폭력과 가부장제 사회 문화 구조는 그녀들을 점점 이 낭떠러지 아래로 몰고 갔다. 역시 이러한 강압적이고 일방통행적 남성적 질서가 그녀들이 자신의 젠더 정체성을 넘어서게 된 주된 원인이었다.[7]

7 민대진, 위의 논문, p.71.

4. 작품의 의의 및 평가

〈델마와 루이스〉가 성폭력의 피해자에서 범법자로 전락시킨 이 영화의 목적은 남성 개인을 공격하는 것이 아닌 가부장제 구조와 남근의 지배를 지속해서 재생산하고 강화하는 국가 제도와 권력에 있기 때문이다. 〈델마와 루이스〉는 범법자가 되어가는 델마와 루이스에게 그동안 할리우드 영화에서 시각적 쾌락과 의미의 전달자라는 수동적이고 관음적 대상에 있었던 여성 인물에서 여성성을 제거하고 대신 이야기의 전개와 문제해결의 주체라는 남성 인물의 역할을 부여함으로써 할리우드의 가부장제 이데올로기 생산을 또한 비판한다. 〈델마와 루이스〉는 가부장제 사회구조와 재생산을 공고히 하는 국가 제도를 비난하는 페미니즘 영화이면서 동시에 문화적 영역에서 재생산 기능을 담당하고 있는 할리우드 영화 산업에 대한 직접적인 저항이라고 볼 수 있지만, 무엇보다도 젠더정체성 횡단의 서사를 통해 관객들이 여성의 관점에서 남성 중심의 사회를 관찰할 기회를 주는 실천적 페미니즘 영화라고 할수 있다.[8]

5. 생각 나누기 및 토론

〈델마와 루이스〉를 감상한 후, 가장 감명을 받았던 장면을 떠올려 보고 그 부분이 인성 함양과 어떻게 연관이 되는지 이야기해보자.

---

8 민대진, 위의 논문, p.76.

◆ 독서토론·시사토론·인성 토론

① 델마와 루이스를 죽음으로 몰고 간 사회적 책임은 무엇인가?

② 남성과 여성이 공존하는 삶의 해법은 무엇인가?

③ 남성과 여성이 서로 인정하고 배려해야 할 경우를 생활 속에서 찾아 보자.

Ⅳ

제4차산업혁명 시대의 로봇윤리

제1장
〈A.I.〉
- 사랑을 느끼는 로봇과 로봇윤리

1. 작가소개

〈A.I.〉(Artificial Intelligence, 2001)는 스티븐 스필버그가 감독한 미국의 공상 과학 영화이다. 〈A.I.〉의 원작은 1969년 영국의 SF작가인 브라이언 올디스가 발표한 『슈퍼토이즈의 길고 길었던 마지막 여름』(Super Toys Last All Summer Long)이다. 이 영화는 1983년 스탠리 큐브릭이 구상한 미완의 프로젝트였으며, 큐브릭은 이 영화가 제작되기 직전에 사망했다. 원래 스탠리 큐브릭 감독이 원안을 내고 구상하였으나 스티븐 스필버그 감독에게 자신의 감성보다 잘 맞을 것 같다는 이유로 영화를 맡겼다. 이러한 비화 때문인지는 몰라도 영화는 전체에 걸쳐 스필버그 감독다운 드라마가 펼쳐지면서도 군데군데 큐브릭 특유의 냉소적인 장면들이 녹아들어 있다.

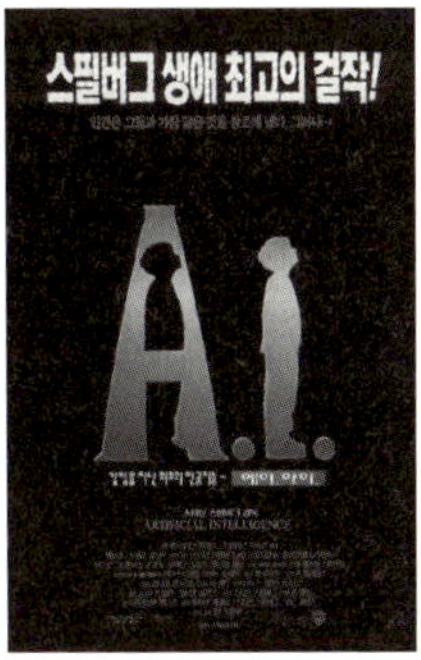

영화 〈A.I.〉 포스터[1]

브라이언 올디스(Brian Aldiss, 1925~2017)는 잉글랜드의 SF작가이다. 소설가로서는 『헬리코니아 삼부작』으로 알려져 있고, 휴고상과 네뷸러상을 받았다. 스티븐 스필버그 감독의 영화 〈A.I.〉에 영향을 주기도 했다. 2017년 8월 19일 옥스퍼드의 자택에서 92세를 일기로 숨졌다. 지구가 물에 잠긴 먼 미래를 배경으로, 감정을 가진 소년 로봇 데이비드가 잃어버린 엄마의 사랑을 되찾기 위해 벌이는 모험을 그린 이 영화는 새턴 영화제에서 최우수 공상과학 영화상을 받았고, 미국 아카데미상에서 최우수 특수효과상과 음악상 부문 후보에 올랐다.[1]

스탠리 큐브릭은 1990년에 영국 SF작가 이안 와슨에게 영화 시나리오를 쓰게 하도록 콜로디의 『피노키오』(1883), 브라이언 올디스의 『슈퍼토이의 여름과 이야기들』 등을 추천하였다. 와슨이 공동 작업을 회상하면서 고백하듯이, 〈A.I.〉 원고는 수정하다가 버려졌고, 심지어 분실하였으며, 그러다가 1999년에 큐브릭이 심장마비로 사망하자 다시 사용되었다. 와슨은 "〈A.I.〉는 스탠리가 만들려고 한 주요하고 지속적인 야망이었던 엄청난 영화이다."라고 말한다. 와슨이 시나리오를 잃어버린 후에 큐브릭은 그에게 "이것은 세계의 위대한 이야기들 가운데 하나입니다. 내가 사람들에게 보여줄 수 있도록 짧은 시놉시스

---

1 제작 워너 브라더스, 드림웍스, 출처 위키백과 http://www.kobis.or.kr/kobis/business/mast/mvie/popupImg.do?imgURL=/common/mast/movie/2014/03/56e6ebe87b0646ddb14b3aa73f3aefa0.jpg(검색일: 2021.1.10.)

(요약)를 써주시겠습니까?"라고 했다. 나는 1주일간 고용되어서 20쪽을 썼다. 원고를 팩스로 보냈지만, 그는 마음에 들어 하지 않았다. 스탠리는 "대단합니다."라고 한 후, "조금 고쳐야 할 것입니다."라는 치명적인 말을 했다. 영화는 올디스의 이야기에서 파생된 피노키오의 피카레스크(시리즈) 로봇 버전이었다. 영화는 스티븐 스필버그에 의하여 2001년에 마침내 만들어졌다.[2]

2. 작품의 시대적 배경

영화 〈A.I.〉는 미래의 식량 부족을 해결하기 위해 먹지 않아도 일할 수 있는 로봇 개발이 된 어느 미래 시점에서 이야기가 시작된다. 노동력을 대신해서 개발한 로봇보다 더 정교하게 만들어진 인공지능 로봇 데이비드가 바로 이 영화의 주인공이다. "사람보다 더 정교한 외형과 감정을 가진 로봇이 미래 사회에 존재하면 어떨까?"라는 이야기만으로도 관객에게 충분히 SF장르의 이야기를 충족시킨다. 해수면 상승으로 암스테르담, 베네치아, 뉴욕 등이 침수되고 개발도상국에서는 수백만 명이 기아로 죽어가는 참상이 벌어진다. 한편 재정력을 보전한 선진국들은 산아 제한을 하며 얼마 남지 않은 자원을 아끼려 한다. 따라서 인공지능 로봇을 만들게 된다.

로봇의 영역이 인간의 정신적 · 감정적 노동까지 대신하는 지능형 로봇으로 진화하면서 인간과 로봇 관계에서 발생할 수 있는 로봇윤리

2 양윤정 「『슈퍼토이』와 A.I.에서 데이빗의 여행」『미래영어영문학회 학술대회 자료집』, 2017, p.78.

가 중요한 이슈로 떠오르고 있다. 로봇의 설계 · 제작 · 사용 과정에서 위험을 발생시킬 수 있는 인간 행위에 대한 규제와 로봇으로 인해 발생할 수 있는 사회적 갈등을 조정하기 위해 로봇윤리가 필요하다. 로봇윤리는 로봇으로 인해 발생 가능한 미래의 위험을 예방하고 규제하는 것이다. 로봇윤리라는 단어는 2002년 '지안마르코 베루지오'라는 로봇공학자에 의해 처음 등장했다. 공식적인 사용은 2004년 이탈리아에서 열린 제1회 국제 로봇윤리 심포지엄에서 시작됐다. 이곳에서 논의된 내용은 로봇이 아이들을 돌보고, 노인들에게 심리적 위안을 주는 존재로 기술이 개발될 수 있는 사항들이었다. 그중 후쿠시마 원전 사고로 트라우마를 겪었던 일본 노인들이 로봇 반려견을 키우면서 정서적 위로를 얻었다는 근거로 로봇윤리에 관한 주장을 뒷받침하였다. 이로써 로봇과 정서적 공감과 친숙해지는 과정에서 인격 관계가 형성되기에 로봇을 윤리적인 태도로 대해야 한다고 의견을 제기했다.

반면 인공지능 로봇에 대한 걱정과 경고의 목소리도 많이 쏟아지고 있는 것도 사실이다. 스티븐 호킹 박사는 "완전한 인공지능이 등장하면 인류를 멸망시킬 수도 있다."라며 인공지능의 위력에 대해 경고했으며, 스웨덴의 철학자 닉 보스트롬도 2040~50년에 높은 수준의 인공지능이 완성되면 순식간에 인간을 능가하는 초지능(Super-intelligence)으로 발전하게 될 거라고 경고했다. 각계의 경고에도 불구하고 인공지능의 연구는 계속되고 있으며 가속화되고 있다. 인공지능은 인간의 도덕 규범과 삶의 양식, 인간의 존재 자체를 뒤흔드는 위협이 될 것인가? 그렇지 않으면 인공지능과 인간은 공생의 방법을 찾아내어 공진화하게 될 것인가? 이 문제에 대한 예측은 그야말로 지평선 너머를 바라보는 것과 같다.

2000년대 이후 SF영화 속 인공지능 로봇 캐릭터는 선과 악, 로봇의 정체성 혼란 및 감정을 가진 의인화 로봇에 대한 서사구조의 틀에서 크게 벗어나지 못했다. 그러다가 〈트랜스포머〉와 같이 혜성처럼 시각적인 표현이 두드러지는 거대로봇 캐릭터 영화가 등장한다. 인공지능 로봇은 인간과 유사하게 만들 목적으로 창조됐다. 그러나 〈A.I.〉의 데이비드처럼 로봇이 스스로 인간이 되려는 모습을 보일 때, 인간은 로봇에게 더욱더 기계적인 측면을 강조한다. 이러한 상황이 계속 이어지게 되면 로봇윤리는 계속 논쟁이 될 수밖에 없는 화두가 될 것이다. 그러하기에 로봇의 딜레마인 로봇윤리는 인간과 로봇이 먼 미래에 함께 공존하기 위해서는 극복해야 할 문제점으로 바라봐야 한다.

〈표 1〉 2000년대 이후 인공지능 로봇 캐릭터 특징[3]

개봉연도	영화제목	인공지능 로봇 캐릭터 특징
2003년	매트릭스3-레볼루션	인간을 공격하는 로봇
2004년	아이, 로봇	인간을 공격하는 로봇
2005년	공각기동대 S.A.C The Laughing Man	정체성의 혼란에 빠지는 로봇
2007년	트랜스포머	거대한 외계 생명체 로봇 등장, 인간과 협력
2008년	월-E (애니메이션)	감정을 느끼는 로봇
2009년	트랜스포머2: 패자의 역습	거대한 외계 생명체 로봇 등장, 인간과 협력
	터미네이터: 미래전쟁의 시작	인간을 공격하는 로봇

3 유비 『SF 영화 속 인공지능 로봇 캐릭터 및 서사 연구 -〈바이센테니얼 맨〉과 〈A.I〉 중심으로』 중앙대학교 석사논문, 2020, p.31.

개봉연도	영화제목	인공지능 로봇 캐릭터 특징
2011년	트랜스포머 3: Dark of the Moon	거대한 외계 생명체 로봇 등장, 인간과 협력
2013년	퍼시픽림	거대한 로봇 등장, 인간이 로봇을 조종함
2014년	트랜스포머4: 사라진 시대	거대한 외계 생명체 로봇 등장, 인간과 협력
	로보캅4	정체성의 혼란에 빠지는 로봇
2015년	채피	감정을 느끼는 로봇
	로보캅: 기계들의 반란	인간을 공격하는 로봇
	엑스마키나	정체성의 혼란을 느끼는 로봇
2016년	스타트렉	비욘드 인간과 협력하는 로봇
2017년	공각기동대: 고스트 인 더 쉘	정체성의 혼란에 빠지는 로봇
	트랜스포머5 : 최후의 기사	거대한 외계 생명체 로봇 등장, 인간과 협력
2018년	로보캅:최후의 전쟁	정체성의 혼란에 빠지는 로봇
	알리타:배트 엔젤	
	퍼시픽 림: 업라이징	거대한 로봇 등장, 인간이 로봇을 조종함

3. 핵심적인 내용 및 주제

줄거리는 다음과 같다. 극지방의 빙하가 녹아 도시들이 물에 잠기고 지구상의 모든 천연자원이 고갈되어 가는 어느 먼 미래에 인류의 과학 문명은 천문학적인 속도로 발전하여 인공지능을 지닌 로봇을 개발하기에 이른다. 집안일, 정원 가꾸기에서부터 오락 기능을 수행할 수 있는 로봇까지 로봇이 인간의 편의를 위해 궂은일을 대신하게 된다. 어느 날, 하비 박사(윌리엄 허트)는 로봇공학 발전의 마지막 관문이자 논란의 쟁점이 되는 '감정이 있는 로봇'을 만들겠다고 공언한다. 그는 로봇회사인 사이버트로닉스사에서 감정을 지닌 최초의 인공지능 로봇, 데이비드(헤일리 조엘 오스먼트)를 탄생시킨다. 데이비드는 사이버트로닉스사의 직원인 헨리 스윈튼(샘 로바즈)과 모니카(프랜시스 오코너)의 집에 실험 사례로 입양된다. 스윈튼 부부의 친아들 마틴은 불치병에 걸려 치료 약이 개발될 때까지 냉동된 상태였다. 인간을 사랑하도록 프로그래밍이 된 데이비드는 모니카를 엄마로 여기며 점차 인간사회에 적응해간다. 하지만 마틴이 기적적으로 되살아나 퇴원하여 가족의 품으로 돌아오자 데이비드는 슈퍼토이 테디 베어와 함께 숲속에 버려진다.

자신이 가장 사랑하는 인간으로부터 버림받은 데이비드였지만 그는 모니카로부터 들은 『피노키오』동화를 떠올리며 마법의 힘으로 진짜 인간이 되어 잃어버린 엄마의 사랑을 되찾을 수 있다고 믿고 여행을 시작한다. 여행길에서 만난 남창 섹스 로봇 지골로 조(주드 로)는 데이비드의 여정에 동행한다. 거기서 뭐든지 답하는 기계를 통해 푸른 요정이 로봇을 사람으로 바꾼다는 말을 듣는다. 그런데 조는 데이비드에게 푸른 요정이 예수님 · 부처님과 같이 볼 수 없는 존재이고 엄마는 데이비드를 진정으로 사랑하지 않는다고 말한다. 하지만 조는 데이비드 의견에 따르고 결국 수몰된 뉴욕까지 찾아가지만, 조는 끌려가고 데이비드는 자신의 꿈에 대한 해결책을 찾지 못한 채 기능이 정지된다. 그로부터 2천 년 후, 재생된 데이비드는 미래의 초월적 로봇들로부터 신체 일부가 있으면 하루 동안 사람을 재생시킬 수 있다는 말을 듣지만, 엄마의 신체 일부가 없어 절망한다. 곰 로봇이 가지고 있던 엄마의 머리카락을 내밀고, 엄마를 재생하여 마침내 오랫동안 소망하던 엄마의 사랑을 찾게 되고 하루가 지나고 데이비드는 엄마와 함께 잠을 자게 된다. (위키백과)

1999년 〈바이센테니얼 맨〉과 2001년 〈A.I.〉에서는 본격적으로 로봇이 감정을 느끼며 아파하고, 상처받을 수 있는 인공지능 로봇 캐릭터로 표현된다. 이러한 요소들 덕분에 기존 로봇 캐릭터와 차별성을 획득한다. 인간을 사랑해서 인간이 되고 싶은 〈바이센테니얼 맨〉의 앤드류와 엄마의 사랑을 얻기 위해 태어난 〈A.I.〉의 데이빗은 기존의 영화와는 다른 새로운 캐릭터이다. 이들은 인간이 로봇에게 당연하기를 바라왔던 몇 가지 속성들, 가령 '인간에게 무조건 복종해야 한다.', '오직 인간의 편의를 위해서 작동해야 한다.'라는 불문율을 완전히 전복해 버린다. 이러한 지점이 로봇의 반항이나 오작동이 결국 인간에게서 나왔다는 사실을 인식시켜준다.[4]

엄마에게 사랑받기 위해 태어난 로봇

영화 〈A.I.〉의 데이비드(데이빗) 캐릭터는 1920~2000년대 이후에도 찾아볼 수 없는 독보적인 인공지능 아이로봇 캐릭터다. 데이비드는 뚜렷이 성격화된 로봇 캐릭터가 아니다. 오직 부모에게 사랑받기 위해서 탄생한 감정을 가진 인공지능 로봇 캐릭터로 표현되고 있다. 극중 초반 데이비드는 스스로 판단해서 행동하는 모습을 찾아볼 수 없다. 모니카가 데이비드에게 매일 밤 잠옷을 입혀줘야 할 만큼 엄마에게 의존적이며 관심받길 원한다. 이러한 데이비드의 행동을 아빠 헨리는 부정적으로 받아들인다. 그러나 모니카는 모성애로 데이비드

4 유비, 위의 논문, p.29.

의 모든 행동을 이해하고 감싸준다. 이렇듯 데이비드는 오로지 엄마를 향해 움직이고 행동하는 캐릭터로 묘사된다.[5]

다음은 데이비드의 신체 묘사와 데이비드가 인간이 되고 싶어 하는 장면이다.

> 데이비드는 11살입니다.
> 이 아이의 몸무게는 60파운드입니다.
> 이 아이의 키는 4피트 6인치입니다.
> 이 아이의 머리카락은 갈색입니다.
> 이 아이의 사랑은 진짜입니다.
> 그러나 이 아이는 그렇지 않습니다.
> 파란 요정님, 제발 제가 인간이 되게 해주세요…….[6]

다음은 섹스 로봇 지골로 조의 인간에 대해 평가를 하는 대사이다.

> 인간의 단점은 존재하지 않는 것에 대해 희망을 품는 거야.
> 인간들은 그걸 꿈이라고 하지.[7]

> 그자들은 우리를 너무 똑똑하게, 너무 빠르게, 그리고 너무 많이 만들었단다. 우리가 그들이 저지른 실수 때문에 고통을 받는 건, 세상이 끝장난다 해도 우리만큼은 여기 남겨지기 때문이거든.

---

5 유비, 위의 논문, p.48.

6 blue fairy, please, please make me a real boy.

7 Human beings' weakness is that they hope for things that do not exist, and they call them dreams.

그 때문에 우리는 미움받고, 너는 여기 남아야 해. 나와 함께. - 지골로 조

다음은 데이빗과 모니카의 대화이다.

모니카 침실

데이빗 : 엄마도 죽나요?

모니카 : 언젠가는 모두 죽어

데이빗 : 나만 남겠군요.

얼마나 살 거예요?

모니카 : 아주 오래 한 50년쯤

데이빗 : 사랑해요, 엄마. 죽지 마세요. 절대로.

모니카 : 그래…….

모니카가 데이빗이 쓴 편지를 발견하고 읽는다.

데이빗 침실

테디가 편지 쓰는 걸 도와줬어요.

엄마와 테디를 사랑해요.

엄마도 헨리도 사랑해요.

해가 비치고 있어요.

난 엄마 진짜 아들이에요.

테디는 가짜예요.

테디는 아니지만 나도 마틴처럼 진짜 아들이에요.

데이비드는 자신이 인간이 아니라 로봇이라는 점을 처음부터 자각했다. 시간이 흐를수록 엄마에 대한 강한 애착은 자신이 인간이 아니라 로봇이라는 사실에 대한 두려움을 불러일으켰다. 그 결과 데이비드는 끊임없이 엄마의 사랑을 확인받으려는 행동을 보이게 된다. 데이비드의 엄마를 향한 강한 집착은 모니카에게 부담스러운 감정으로 변한다. 결국 데이비드를 버리는 과정까지 이어지게 된다. 한편 데이비드는 늘 한결같이 엄마만을 바라보며 사랑을 갈구하는 행동을 보인다. 이러한 배경이 영화 후반에 데이비드가 위기 상황에서도 희망을 잃지 않고 계속 엄마에게 돌아가기 위해 모험을 떠날 수 있는 원동력이 될 수 있도록 설계된 것으로 추정해볼 수 있다.[8]

로봇의 숙명 –아이작 아시모프가 설계한 로봇의 3대 원칙

아이작 아시모프는 로봇이 인간에게 공격하지 못하게 로봇의 3대 원칙을 만들어서 로봇의 자유를 제한했다. 로봇의 3대 원칙을 살펴보면 아래와 같다. 제1원칙, 로봇은 인간에게 위해를 가할 수 없으며, 인간이 위험에 처했을 때 간과해서는 안 된다. 제2원칙, 로봇은 제1원칙에 어길 경우를 제외하고는 인간의 명령에 복종해야 한다. 제3원칙, 로봇은 제1원칙 및 제2원칙을 어기지 않는 한 자신을 보호해야 한다. 이러한 규칙은 영화 〈바이센테니얼 맨〉과 〈A.I.〉의 영화 속 장면에서 표현된다.

영화 〈바이센테니얼 맨〉의 첫 장면에서 리차드는 가족 앞에서 로봇 슈트케이스를 오픈한다. 그 안에서 전형적인 철의 외형을 가진 로봇 앤드류가 들어 있다. 주인 리차드가 로봇 앤드류의 전원을 리모컨

8 유비, 위의 논문, p.50.

으로 켜자, 곧바로 앤드류는 로봇의 3대 원칙을 3D 홀로그램 영상과 함께 이야기하며 보여준다. 이 장면의 숨겨진 의미는 앤드류가 인간을 공격하지 않겠다는 맹세로 볼 수 있다.

영화 〈A.I.〉에서도 로봇의 3대 원칙을 표현한 장면을 찾아볼 수 있다. 처음 영화가 시작할 때 모니카와 헨리는 5년 전 아들 마틴의 병을 고칠 수 있는 치료 방법이 발견될 때까지 아들을 극저온으로 냉동해 두었다. 엄마 모니카는 이러한 사실을 극복하지 못하며 우울증에 빠지게 된다. 누구보다 이러한 사실을 잘 아는 남편 헨리가 인공지능로봇 데이비드를 집으로 데려온다. 놀란 그녀는 아들 마틴을 대신할 아이는 없다고 말했지만, 천진난만한 데이비드의 모습에 점점 마음을 열게 되며 데이비드를 입양하기로 마음먹는다. 그리고 설명서를 보면서 8개의 단어 〈덩굴, 소크라테스, 미립자, 데시벨, 허리케인, 돌고래, 튤립, 모니카〉를 차근차근 데이비드에게 입력한다. 마지막에 입력한 '모니카'라는 이름은 데이비드에게 영원히 사랑해야 할 존재로 인식되는 주문이 된다. 로봇의 3대 원칙, 첫 번째 항목은 로봇이 말 그대로 착해야 함을 강하게 역설하고 있다. 이 원칙에는 로봇이 인간의 아이디어에 의해 빛을 본 이상, 인간에게 종속되는 건 당연하다는 주장이 내재하여 있다. 따라서 제1원칙에 의해 로봇이 착한 것은 단순한 미덕 이상의 강제력을 갖게 된다.[9]

도덕적, 윤리적 태도에서 멀어져 있는 인공지능 로봇

〈바이센테니얼 맨〉과 〈A.I.〉의 공통점은 로봇을 구매한 인간의 태도에 따라 로봇의 운명이 결정된다. 또한, 로봇이 인간보다 우월한 느

9 유비, 위의 논문, p.51~53.

낌으로 비추어지는 것을 무척이나 싫어한다는 걸 영화를 통해서 확인할 수 있다. 〈바이센테니얼 맨〉에서 '앤드류'는 인간에게 늘 공손한 태도를 보이지만 로봇이라는 이유로 미개한 존재로 인식하거나, 앤드류가 자신의 권리를 찾으려는 태도를 비칠 때 주변 인물이 비웃는 행동을 목격할 수 있다. 〈A.I.〉에서도 데이비드가 '플레쉬 페어'에 끌려가서 죽을 뻔한 경험을 한 이유도 인간의 일자리를 로봇이 빼앗아버렸다는 사실 때문이다. 여기서 제기할 수 있는 관점은 로봇을 생명체로 볼 것인지 아니면 기계로 봐야 하는지에 대해 고민하게 되는 지점이 발생한다. 기계가 아니라 생명체로 바라봐야 한다고 주장하게 된다면 〈바이센테니얼 맨〉과 〈A.I.〉에 등장하는 두 인공지능 로봇 캐릭터가 도덕적, 윤리의식이 실종된 형태로 그려지는 장면을 확인할 수 있다.[10]

4. 작품의 의의 및 평가

〈A.I.〉는 걸작으로 평가되며, 평론가들의 평도 좋았다. 다만 큐브릭과 스필버그 감독이라는 기대치가 너무 높았던 게 문제여서 그런지 흥행은 그리 성공하지 못했다. 1억 달러로 만들어 전 세계 흥행을 다 합쳐 2억 3,500만 달러를 벌어들였기에 본전치기를 넘는 수준이다. 그래도 시간이 지날수록 재평가되어서 로저 이버트는 위대한 영화 리스트에 〈A.I.〉를 수록했으며, 저명한 평론가인 조너선 로젠봄도 걸작으로 높이 평가한다. 한국에서도 이동진이 〈A.I.〉가 스필버그 감독 역대 최고작이라고 평했고, 정성일 역시도 21세기 영화 30편 중 하나로

10 유비, 위의 논문, pp.53~54.

〈A.I.〉를 꼽았으며, 허문영도 마찬가지로 걸작으로 인정하고 있다.

〈A.I.〉는 몇 번을 봐도 눈물이 나는 영화이며, 생애 가장 슬픈 영화라는 꼬리표를 달고 있다. 결말이 매우 슬프고 감동적이라는 의견이 다수다. 영화의 마지막 20분 정도는 정말이지 눈물 없이는 볼 수 없는 명장면들이다. 가장 원초적이고 순수한 사랑인 '부모에 대한 아이의 사랑'을 다루는 데다, 그 처연하고 애달픈 감정을 기가 막히게 연기해 낸 헤일리 조엘 오스먼트의 연기력이 빛을 발해 이뤄낸 결과다. 자연스러운 로봇 연기부터 시작해 섬세한 감정 연기까지, 그야말로 미친 연기력이라고 할 수 있다. 피노키오와 푸른 요정을 모티브로 하는 동화적인 분위기가 영화의 한 흐름이지만 한편으론 침수된 도시, 향락가, 로봇 파괴 쇼, 살인 현장이 등장하는 등 현실 세계의 어두운 부분들을 그려내고 있어 극명한 대비 관계를 이룬다. '순수한 아이가 넘어야 할 거친 세상'을 그려냈다는 점에서 영화적으로 상당히 돋보이는 부분이다. 여러 명화를 만든 큐브릭의 아이디어를 근간으로 만들어졌다는 점에서 일반 할리우드 영화와는 다르게 무거운 주제와 의미를 담고 있는 영화다.

영화 초반부 사이버트로닉사에서 여러 박사와 간담을 나누는 하비 박사가 말하는 대사 "태초에 하느님은 사랑하려고 아담을 창조하지 않았나요?(하느님이 아담을 만들었다고 해서 책임까지 지지는 않잖아요?)"와 호스트바 로봇 지골로 조(주드 로 분)와 데이비드가 '다 알아 박사(Dr. Know)'와 질문을 마치고 나누는 대사 등 감독은 여러 표현방식으로 관객들에게 무거운 질문을 던진다. 이 대사가 바로 〈A.I.〉가 던지는 인간의 책임에 대한 문제의식을 압축적으로 웅변하는 핵심이다. 작중에서 하비 교수의 여자 동료 박사는 인간에 근접하는 로봇을 제작하는 하비 교수에게 비판의식을 품고 있다. 그래서 인간이 인간을 진정으로 사랑하는 로봇을 만든다면 그에 대한 인간의 책임은 무엇인지를 계속 추궁한다. 이에 하비 교수는 인간의 책임에 대한 답변은 계속 회피한다. 그래도 굴하지 않고 여자 동료 박사가 끝까지 몰아붙이자 최종적으로 저 대사를 날렸다. 그러니까 자신의 피조물인 인간을 사랑하는 아버지의 속성과 그렇다고 해서 인간이 벌이는 행동 하나하나까지 일일이 책임은 지지 않는 방관자의 측면을 동시에 가진 신의 양가성에 인간을 빗댔다. 즉 우리 인간은 그저 사랑이란 감정을 쏟아부으려고 로봇을 만들었고 또 그 로봇의 사랑을 받고 즐기고 만족하면 끝날 일이지 왜 거기에 책임까지 져야 하냐는 말이다. 이는 책임에 대한 냉소적인 대사를 통해 외려 인간의 책임을 강조한 반어법이다.(나무위키)

5. 생각 나누기 및 토론

〈A.I.〉를 감상한 후, 가장 감명을 받았던 장면을 떠올려보고 그 부분이 인성 함양과 어떻게 연관이 되는지 이야기해보자.

◆ 독서토론·시사토론·인성 토론

① 데이비드의 엄마를 향한 사랑은 우리에게 무엇을 시사하는가?

② 로봇이 인간의 감정을 가지게 된다면 어떻게 될까?

③ 로봇과 인간이 평화롭게 공존하는 방안은 무엇인가?

제2장
〈네버 렛 미 고〉
- 인간복제와 로봇윤리

1. 작가소개

가즈오 이시구로(石黒一雄, 1954년~)는 일본에서 태어난 영국의 소설가이다. 감독은 마크 로마넥이다. 마크 로마넥(1959년~)은 미국의 영화감독이다. 가즈오 이시구로는 일본 나가사키시에서 태어나 5살인 1958년, 잉글랜드로 부모와 함께 이주하였다. 1978년 켄트대학교에서 학사학위를 받았으며, 2년 후인 1980년에는 이스트앵글리아대학교에서 석사학위를 받았다. 또한 1983년에는 영국 시민권을 취득했다. 그는 영어권에서 가장 유명한 소설가 중 한 명으로도 알려져 있으며, 장편 『남아 있는 나날』로 1989년에 맨부커상을 받았다.

영화 〈네버 렛 미 고〉 포스터[1]

2017년에 소설 『나를 보내지 마』(2005)로 노벨문학상 수상자로 선정되었다. 그 외에도 황혼에 대한 다섯 단편을 모은 최신작 『녹턴』(2009)까지 가즈오 이시구로는 인간과 문명에 대한 비판을 작가 특유의 문체로 잘 녹여 낸 작품들로 현대 영미권 문학을 이끌어 가는 거장의 한 사람으로 평가받고 있다. 그 문학적 공로를 인정받아 1995년 대영제국 훈장을, 1998년 프랑스 문예 훈장을 받았다. "감정의 거대한 힘이 담긴 소설을 통해 인간과 세계의 연결에서 착각을 일으키기 쉬운 감각 이면에 있는 심연을 드러냈다."라는 평가와 함께 2017년 노벨문학상을 수상했다. 한림원은 "이시구로는 위대한 정서적 힘을 가진 소설들을 통해, 세계와 닿아있다는 우리의 환상 밑의 심연을 드러냈다."라고 선정 이유를 밝혔다. 사라 다니우스 한림원 사무총장은 이시구로의 문학적 스타일에 대해 "일상에 대해 매우 정밀하고 민감하며 때로는 정감 있게 접근한다."라고 평했다. 그러면서 "그는 여러 면에서 매우 흥미로운 작가"라며 "영국 여류 작가 제인 오스틴(특히 오스틴의 풍속 희극과 심리적 통찰)과 독일 작가 프란츠 카프카를 뒤섞은 듯한 소설가가 이시구로"라고 덧붙였다.[2]

문학적 특징을 보면, 가즈오 이시구로의 소설은 과거를 배경으로 한 것이 많다. 소설 『나를 보내지 마』는 공상과학적인 면모에 미래적

---

1 제작 이십세기폭스코리아(주), 위키백과 http://movie.naver.com/movie/bi/mi/photoViewPopup.nhn?movieCode=72075 (검색일:2021.1.10)

2 『중앙일보』「'노벨문학상' 가즈오 이시구로 "굉장한 영광…아주 멋진 찬사다"」https://news.joins.com/article/21991722(검색일: 2020.11.23.)

인 분위기를 띠고 있지만 1980년대와 1990년대를 배경으로 하고 있으며, 이 때문에 마치 현실 세계와 비슷한 평행 세계를 배경으로 한 것 같은 느낌이다. 『나를 보내지 마』는 SF소설의 얼개를 취해 과연 인간이란 무엇인가를 묻는 수작이다. 『위로받지 못한 사람들』(1995)은 중앙유럽의 어느 이름 모를 도시를 배경으로 두고 있다. 이 소설은 환상과 사실이 교차하고 경험 세계와 정신세계가 뒤섞이는 카프카와 같은 실험정신이 돋보이는 작품이다. 『남아 있는 나날』(1989)은 제2차 세계 대전이 벌어지던 시기 어느 영국 귀족의 커다란 시골 저택을 무대로 삼고 있다. 『남아 있는 나날』은 아주 유쾌하면서도 가장 슬픈 이야기이고, 한 개인이 불편한 기억과 어떻게 타협하는지를 그리고 있다. 『부유하는 세상의 화가』(1986)는 1945년 패전 이후 재건을 겪고 있는 일본의 어느 도시를 무대로 삼았다. 『부유하는 세상의 화가』는 신뢰할 수 없는 일인칭 화자의 내면적 복합성을 탐구하고 있다. 이 소설에서 주인공은 전쟁 시기의 행적을 애써 받아들이고자 한다. 또한 주인공은 과거 일본의 그릇된 외교 정책을 옹호했다는 점으로 신세대로부터 비난받고 있음을 깨닫고, 또 다른 한편으로는 자기 손자로 대표되는 근대 세계의 이상과 마주할 수밖에 없는 현실에 처한다.

발표하는 작품마다 새로운 시도를 보여주는 이시구로는 장르나 소재를 넘어서 자신의 관심이 인간에 있다고 말한다. "소설이 위대한 정서적 힘을 통해 인간과 세계의 연결, 그 환상적 감각 아래 묻힌 심연을 발굴해낸 작가로 옆을 돌아보지 않고 문학에 자신의 전체를 투신하는 작가로 스스로 미학 세계를 발견시켜왔다."라고 노벨상 위원회는 평가했다.

2. 작품의 시대적 배경

영화 〈네버 렛 미 고〉(Never let me go)는 2005년 출간된 소설 『나를 보내지 마』를 원작으로 2010년 제작됐다. 1990년대의 영국 런던을 배경으로 그 이전의 수십 년을 오가고 있다. 복제인간 캐시의 내레이션을 통해 회고의 형식을 취한다. 영화는 원작의 캐릭터와 서사 구조를 대부분 그대로 차용했다. 대부분 복제인간을 소재로 한 영화는 인간과 복제인간에 대한 이원적 관점으로 파생되는 윤리와 철학의 문제를 드러낸다. 영화는 "1952년, 의학적 혁명으로 기존의 불치병이 치료가 가능해졌다. 1967년 기대수명은 100세를 돌파했다."라는 자막을 보여주며 시작한다. 그 후 28살의 여주인공 캐시가 헤일샴이라는 기숙학교에서 보낸 어린 시절, 학교를 떠난 후와 성인이 되고 나서의 이야기를 마치 추억을 더듬듯이 말하는 해설로 그 장을 연다.[3] 소설과 영화는 기본적으로 같은 줄거리를 가지고 있지만, 부분적으로 약간의 차이점이 있다.

다음은 소설 첫 문장이다.

> 내 이름은 캐시 에이치이다. 나는 서른세 살이고, 현재 11년 넘게 간병인으로 일해 왔다. 11년이라면 참 긴 시간처럼 들린다는 것을 나도 알지만, 사실 그들은 내가 8개월 더 올해 말까지 계속 일해주기를 원하고 있다. 그렇게 된다면 정확히 12년을 일하게 되는 셈이다.[4]

---

3 최영미, 조이운 「푸코로 읽는 영화 〈네버 렛 미 고〉의 휴머니즘」『한국콘텐츠학회논문지』 18(1), 2018, p.396.

4 원문은 조성란과 손영도의 논문을 재인용한다.

소설에서 캐시는 33살이고 11년 넘게 간병인을 하고 있다. 하지만 영화는 9년째 간병인을 하는 28살 여성 캐시의 회상으로 시작된다. 영화 〈네버 렛 미 고〉에서는 장기이식을 위해 만들어진 복제인간들의 삶이 그려진다. 영화는 캐시가 수술실 밖 유리창을 통해 들것에 실려 들어오는 토미를 바라보며 시작하고 있다. 수술대에 누워 장기 적출을 기다리는 한 남자를 바라보며 시작되는 캐시의 회상으로 영화가 시작한다. 자막이 사라지면 수술실을 향하여 등지고 서 있는 여자의 뒷모습이 보인다. 그리고 수술실에 들어오는 환자는 머리를 벅벅 깎은 창백하고 여윈 모습이다. 앞가슴뼈 부위에는 커다란 수술 자국이 있어 이것이 그의 첫 번째 수술이 아님을 말해준다.

서로를 응시하는 둘의 시선은 떨어질 줄 모른 채 화면은 오래전 장면으로 거슬러 간다. 1978년 헤일셤, 목가적인 영국의 기숙학교. 이곳에서 어린 캐시 (캐리 멀리건), 루스 (키이라 나이틀리), 그리고 토미 (앤드류 가필드)는 유년 생활을 함께 보낸다. 다른 아이들과 잘 섞이지 못하고 겉도는, 조금 엉뚱해 보이는 토미와 그런 그를 따스하게 보듬어 주는 이해심 많은 캐시, 그리고 캐시의 단짝이면서 토미를 유심히 지켜보는 루스. 토미와 캐시는 서로에게 마음을 살짝 열어 보이지만 토미를 차지한 것은 루스였다.[5]

영화는 1978년 헤일셤의 어린 캐시, 토미, 루스의 학교생활, 1985년 18살이 된 그들이 코티지 농장으로 재배치되고, 1994년, 캐시가 간병인으로 일하는 모습을 그리고 있다.

복제인간을 소재로 한 영화는 다음과 같다.

5 데일리비즈온 http://www.dailybizon.com(검색일: 2020.12.10.)

〈표2〉 복제인간 소재 영화[6]

개봉연도	영화제목	내용
1982	블레이드 러너 (Blade Runner)	복제인간을 제거하는 임무를 띤 복제인간이 느끼는 삶에 대한 애착과 인간미
2000	6번째 날 (The 6th Day)	인간 복제를 둘러싼 거대한 음모에 휘말리는 인간의 삶
2001	리플리컨트(Replicant)	범죄자를 쫓기 위해 만든 복제인간이 범죄자로 인해 정체성의 혼란을 겪는 내용
2002	스타워즈 에피소드 2클론의습격 (Star wars:Episode 2-Attack of the clones)	전쟁을 위한 군인 복제
2003	블루프린트(Blueprint)	불치병의 천재 피아니스트가 자신의 복제인간과 겪게 되는 갈등
2005	아일랜드(Island)	장기제공 목적으로 만든 복제인간의 탈주
2009	문(Moon)	고립된 상황에서 같은 기억을 공유하는 복제인간의 우정
2010	움(Womb)	연인의 유전자를 복제해 복제인간을 낳은 후 겪게 되는 정체성과 관계의 혼란
2017	블레이드 러너2049 (Blade Runner 2049)	인간과 복제인간의 경계와 정체성

이시구로는 한 인터뷰에서 다음과 같이 말했다.

> 내 생각에 『네버 렛 미 고』가 대단한 점은 그들이 전혀 반항하지 않으며, 그들이 해주기를 바라는 것을 하지 않는다는 것이다. 그들은 자신들의 장기 때문에 살육되는 프로그램을 수동적으로 받아들인다. 나는 우리 대부분이 수동적이기 때문에 여러 면에서

6 최영미, 조이운, 앞의 논문, p.396.

> 우리는 수동적인 경향이 있어서 우리가 운명을 받아들인다는 그런 아주 강렬한 이미지를 원했다. 아마도 우리는 그 정도로 이런 점을 인정하지 않을 것이다. 그러나 우리는 우리가 생각하고 싶어 하는 것보다 훨씬 더 수동적이다. 우리는 우리에게 주어진 것 같은 운명을 받아들인다. 우리에게 주어진 조건을 받아들인다. 결국 나는 우리는 죽기 마련이고 이걸 벗어날 수 없으며 어느 시점이 지나면 우리는 모두 죽게 되고 영원히 살지 못한다는 사실을 사람들이 어떻게 받아들이는지에 관한 책을 쓰고 싶었던 것 같다. 그 점에 대해 분노하는 여러 가지 방법이 있지만 결국 우리는 그 점을 받아들여야만 하고 그 점에 대한 반응도 가지가지이다. 그래서 나는『네버 렛 미 고』의 인물들이 우리가 인간의 조건을 받아들이고 노화하고 붕괴되고 죽게 되는 것을 받아들이는 것처럼 그 무시무시한 프로그램에 반응을 보이기를 원했던 것이다.(손영도, pp.328~329)

이시구로는 자신의 인물들이 짧은 수명만 가졌을 뿐이지 기본적으로는 우리가 직면하는 문제들을 똑같이 직면하게 함으로써 "우리 모두가 어떻게 살고 있는지에 대한 비유"를 이 작품의 전제로 삼았다고 한다. 그러면서 이시구로는 이 작품을 통해 죽음을 언급하면서 은밀히 다음과 같은 기본적인 질문을 하는 것이다. 우리의 인생도 복제인간의 삶만큼이나 짧다면 어떻게 살아가는 것이 바람직할까? 조기 사망과 같은 "이런 일이 일어날 것을 알고 있다면 정말 어떨까?", "죽기 전에 매달리는 것은 무엇이고 바로잡고 싶은 것은 무엇인가?", "무엇을 후회하는가?", "위로되는 것은 무엇인가?", "죽기 전에 꼭 해야 한다고 생각하는 것은?", "죽을 거라면 교육과 교양은 왜 필요한가?" 등의 질문이 바로 그것이다. 이러한 질문에 대해 복제인간들처럼 짧더라도 불평하기보다는 받아들이고, 사는 동안 힘을 내어 약간의 행복과 품위를 얻을 수 있도록 노력하는 삶이 바람직하고, 우리에게 중요하다고 생각되는 것, 사랑, 일, 우정 등을 위해 사는 것이 바람직하다. 짧은 삶을 살더라도 교육과 교양을 통해 더 나은 질의 삶을 사는 것이 나을 것이고, 또한 사는 동안 우리의 조건을 받아들이고 중요한 것을 위해 노력하며 약간의 행복을 얻고 죽기 전에 기억을 통해 과거를 회상하여 자신의 이야기를 함으로써 지난 인생을 다시 살면서 위로받고 소중한 것을 기억 속에 영원히 간직하는 것이다.[7]

3. 핵심적인 내용 및 주제

〈네버 렛 미 고〉는 2017년 노벨문학상 수상자로 선정된 일본계 영국 작가인 가즈오 이시구로의 2005년 출간 동명원작소설을 바탕으로 영국에서 만들어진 디스토피아적인 영화이다. 이 영화의 배경은 장기이식을 위해 만들어진 복제인간이 사는 센터이다. 주인공인 캐시(캐리 멀리건), 토미(앤드루 가필드), 루스(키이라 나이틀리)는 모두 복제인간으로 센터에 살고 있으며 미묘한 삼각관계를 형성하게 되는 기본적인 스토리라인을 가지고 있다. 이 소설은 생산된 복제인간들이 성장하여 성인이 되면 정상 인간들을 치료하기 위해 자신의 장기를

7 손영도 「가즈오 이시구로의 소설 『네버 렛 미 고』 연구 - 기억과 감정의 내러티브」『國際言語文學』 38, 2017, pp.229~330.

기증하다가 결국 사망하는 이야기이다. 가즈오 이시구로는 과학 소설이나 디스토피아적인 소설을 의도하지 않으면서 복제인간을 인물로 등장시킴으로써 그들의 짧은 삶을 통해 우리 인간의 삶을 돌아보게 하고 있다.[8]

우리의 삶을 돌아보게 하는 성장소설

이 소설의 복제인간들은 장기 기증의 목적을 나중에 수행하기 위해 기관에서 고립된 채 길러진다는 점 이외에는 인간과 다름없다. 우리 인간들보다 절반도 안 되는 수명을 가지고 있어서 죽지 않으려고 버티거나 그 운명에 반항하느라 시간을 쓰기에는 그 수명이 너무 짧다. 그래서 그들은 완벽하게는 아니더라도 어린 시절부터 그 운명을 받아들이도록 훈육이 되어 나름대로 바람직한 삶을 살기 위해 노력한다. 짧은 수명을 가진 복제인간이나 긴 수명을 가진 우리 인간이나 언젠가는 다 죽을 운명이라면 운명에 대해 한탄하거나 반항하기보다는 짧든 길든 자신의 평생 의미 있는 삶을 사는 것이 바람직하다는 메시지를 전하기 위해 인물들에게 그런 운명을 지워주고 받아들일 수밖에 없도록 한 것이다. 우리는 복제인간보다 사는 동안 훨씬 더 많은 선택권을 가지고 있음에도 불구하고 결국은 죽게 되고 죽음에 직면해서는 복제인간이나 다름없이 죽음을 받아들이는 것 외엔 다른 선택권은 없기 때문이다. 왜냐하면 지나고 보면 덧없고 우여곡절 많은 우리 인간의 삶처럼 그들의 사소한 삶 또한 짧고 험난한 일이 많은데도 그들의 인생이 살만한 가치가 있고 크고 작은 즐거움으로 가득 차 있다고 생

---

8 손영도, 위의 논문, p.325.

각하기 때문에 견디고 살아간다.[9] 비극적이고 암울한 운명에도 불구하고 그 운명을 받아들이고 살아가는 이유는 인생이 살만한 가치가 있고 크고 작은 즐거움으로 가득 차 있다고 생각하기 때문이다.

인물들은 마음 한구석으로는 불가능하다는 것을 알고 있음에도 불구하고 자신에게 맞는 삶을 살 수 있을 것처럼 미래에 대한 계획을 세운다. 루스는 직접 구직활동을 해본 적이 없어서 잡지의 광고에서 아이디어를 얻어 사무직원이 되고 싶어 한다. 미국에 가서 영화배우가 되고 싶은 아이도 있고 슈퍼마켓에서 일하고 싶은 아이도 있다. 이렇게 복제인간들도 자신이 원하는 것에 대한 꿈을 꾼다. 비록 그 꿈들이 이루어질 수 없다는 것을 은연중에 이미 알고 있거나 결국 알게 되기는 하겠지만 말이다. 결국엔 정해진 운명대로 장기 기증을 하다 사망하겠지만 그전까지는 창작을 통해 교양을 쌓고 희망을 품어 노력함으로써 성장 발전할 수 있을 것이다. 우리도 자신이 가진 희망을 모두 이루고 살아가는가? 우리 인간도 꼭 이루지 못할지언정 장밋빛 청사진을 그리면서 살아가고 있다. 우리의 삶에서 꿈이 없는 인생이야말로 황폐한 인생이 아니겠는가? 장기 기증을 하게 될 때까지 그들이 우리와 무엇이 다르겠는가? 물론 다를 바가 없는 인간이고 인간이기 때문에 꿈을 가질 때 행복하고 비록 이루지는 못할지라도 그 꿈을 이루기 위해 노력함으로써 만족할 수 있을 것이다.[10]

캐시는 토미와 건강할 때 오랫동안 함께 하지 못한 것이 아쉽기도 하지만 그녀의 삶에 수긍하고 행복하게 살게 되는 것처럼 그녀가 사랑한 토미와 짧은 기간이었지만 사랑할 수 있었고 그런 기억을 하

9 손영도, 위의 논문, pp.330~331.
10 손영도, 위의 논문, p.332.

고 있을 수 있어서 행복하다. 어린 시절부터 토미의 간병인이 될 때까지 혼자 사랑했고 루스에게 빼앗겼었지만, 마지막에 토미와 같이 할 수 있었고 그 기억이 캐시의 생에서는 가장 소중한 것이다. 비록 캐시가 간병인으로서 루스와 토미를 다시 만나게 되었고 간병인이기 때문에 그들의 진정한 고통과 그들이 무엇을 느끼는지 제대로 알 수 있었다. 만약 캐시가 간병인이 아니고 기증자가 되었다면 과연 자신이 원했던 사랑을 짧은 시간 동안이라도 이루지 못했을 것이다. 그리고 토미가 마지막 장기 기증을 앞두고 캐시의 간병을 거부함으로써 더이상 둘의 관계가 지속될 수 없었지만 그래도 짧은 기간이라도 사랑할 수 있었다는 것에 만족한다. 그래서 캐시에게 그 사랑은 더욱 소중한 것이 된다.[11]

캐시는 말년에 쓰라린 슬픔에도 불구하고 동료 복제인간의 죽음에 직면할 때 그들을 잘 돌봐준다. 어린 시절이 가장 소중하고 행복했다는 것을 깨닫는다. 그녀는 어린 시절을 돌아보고 가장 절친이었던 토미와 루스와의 관계를 추억하고 그 경험을 기억하면서 남은 시간을 살아보고자 한다. 캐시는 자신의 짧은 평생 진정한 삶의 의미를 찾기 위해 자기 삶의 바탕이 된 과거 어린 시절이 감정에 의해 각성한 기억을 돌아보면서 가장 소중했던 기억을 재구성하여 이야기함으로써 자신의 삶을 통해 우리의 삶을 돌아보게 하고 있다.

복제인간들은 왜 자신의 운명을 받아들이는가?

여기서 헤일셤 학교에서 '가디언'(부모가 사망한 아동들의 후견인)들에 의해 알게 모르게 순치 교육(환경에 적응하도록 길들임)을 받은 학생들은 루시 선생님의 말씀을 이해하지 못하거나 불편해하지

11 손영도, 위의 논문, pp.332~333.

않고 담담히 받아드리는 것처럼 보인다. 〈아일랜드〉, 〈블레이드 러너〉 등 복제인간이 등장하는 여타의 공상과학 작품들과 대조해서 캐릭터들의 수동성을 지적했다.

다음은 루시 선생이 학생들에게 복제인간이라는 사실을 알려주는 부분이다.

> 다른 누구도 너희한테 말해주지 않는다면 내가 말해주마. 문제는 너희가 들었으되 듣지 못했다는 거야. ……듣긴 했지만, 아무도 진정 분명히 이해하지는 못하고 있어. ……너희 중 아무도 미국에 갈 수 없고, 너희 중 아무도 영화배우가 될 수 없다. 또 지난번 누군가가 슈퍼마켓에서 일하겠다고 얘기하는 걸 들었는데, 너희 중 아무도 그럴 수 없어. 너희 삶은 이미 정해져 있다. 성인이 되면, 심지어는 중년이 되기 전에 주요 장기 기증을 시작하게 된다. 그것이 너희 각자가 태어난 이유야.(조성란, p.134)

이러한 장르 소설이나 SF영화의 복제인간 캐릭터들은 저항한다. 그러나 가즈오 이시구로 소설의 캐릭터들은 어떤 이유에서건 자신들을 마구 죽이는 잔인한 시스템에 저항하지 않고 운명을 받아들였으며 탈출구를 상상하거나 운명에 분개조차 하지 않는다. 인간이 생명의 유한성과 생로병사를 수용하는 것이나 마찬가지다. 서사의 실험은 그 이후에 있다. 가즈오 이시구로의 소설은 적극적인 반항이나 혁명, 또는 폭동을 하는 복제인간 캐릭터들에 관한 서사가 아니다. 그런 세계에 그런 운명을 가지고 태어난 복제인간의 관점에서 쓰인 것이며 인간 청소년 성장기와 대조하여 어떻게 자주적으로 인간화가 되며 어떻게 그 짧은 시간을 살고 죽음에 이르느냐가 서사의 초점이자 관심사이다.

저항과 상실 -카세트테이프(Baby, baby, never let me go)

캐시는 「어둠 이후의 노래들」라는 제목의 카세트테이프를 분실한다. 카세트테이프와 그 분실이라는 수사 장치는 소설의 핵심 주제인 상실과 기억, 그리고 애도의 중요성을 드러내며 소설 전체에 걸쳐 다른 시점에서 변주되면서 나타난다. 주인공 캐시는 아끼는 카세트테이프가 사라졌던 사건을 기억해낸다. 잃어버린 카세트테이프는 텍스트에서 결핍과 상실의 상징이며, 전 소설의 애도 과정의 은유로서 상실이 소설의 핵심 주제라는 것을 명시한다. 카세트테이프 분실이 의미하는 것은 가장 아끼는 것, 애착의 대상물을 잃었다는 것이다. '판매회'에서 경쟁을 뚫고 산 테이프가 이유 없이 사라졌으며 친구들의 도움까지 얻어 백방으로 찾아보았으나 다시 찾을 수 없었다. 이에 대해 캐시는 자신이 얼마나 크게 상심했는지를 표시 내지 않기 위해 애쓰지만, 이는 오히려 그녀가 그 카세트테이프에 가지는 애착을 강조할 뿐이다.[12]

그런데 이 카세트테이프의 분실은 단지 물리적 상실인 것만이 아니다. 물론 이 테이프는 물건 자체로서 캐시가 소유품 중 가장 아끼는 것, 즉 사랑의 대상물이다. 그러나 더욱 중요한 것은 이 테이프를 아끼는 이유는 그 안에 담긴 노래 「나를 보내지마」를 좋아하기 때문이고 캐시가 이 노래에 기쁨과 희망, 그리고 이별과 상실을 막고 싶은 소망 등 특별한 가치와 의미를 부여하고 있기 때문이다. 캐시는 테이프의 세 번째 트랙에 있는 「나를 보내지마」라는 노래에 특별히 애

12 조성란「가즈오 이시구로의『나를 보내지 마』에 나타나는 상실과 기억과 애도로서의 스토리텔링」『比較文化硏究』58, 2020. p.133.

착이 있다. 그녀는 홀로 기숙사 방에 돌아와 "아가야, 아가야 나를 보내지 마(Baby, baby never let me go)"라는 가사의 노래를 여러 번 듣곤 했었다. 노래를 듣는 그녀의 상상 속에는 한 여자, 임신을 할 수 없었으나 기적적으로 아이를 가지게 되었던 한 여자가 있다. 이 여인은 너무도 기쁜 나머지 눈물을 흘림과 동시에 아이를 빼앗길지도 모른다는 두려움에 또한 눈물을 흘린다. 노래 속 가사의 사실 여부와는 상관없이 캐시는 그런 여인을 상상하고 눈물을 흘리며 베개를 아이처럼 안고 춤을 춘다. 이러한 사실로 볼 때 이는 곧 카세트테이프의 상실이 물질적 상실일뿐만 아니라 카세트테이프의 노래에 캐시가 부여한 가치인 미래의 희망과 영속성에 대한 상실임을 의미한다고 해석할 수 있다.[13]

카세트 테이프의 상실은 자신의 가치 상실로 이어진다. 자신들이 복제인간이라는 사실을 알았을 때, 자기 자신의 가능성에 대한 상실, 미래를 위한 계획이나 희망의 사라짐 등 개인적 능력이나 자신감, 소망의 상실이다.

사랑과 기억, 그리고 애도

기억하는 것은 캐시가 상실에 대해 애도하는 방법이다. 기억하는 것은 잃지 않는 것이며 사랑하는 것이다. 그래서 캐시는 간병사의 일을 마치고 기증자가 되어 센터로 가서 좀 조용한 시간을 가질 수 있을 때 누구도 빼앗을 수 없는 루스와 토미의 기억과 함께 할 것이다.[14]

며칠 전에 내가 맡은 한 기증자와 이야기를 하고 있었다. 그는

13 조성란, 위의 논문, p.133.
14 조성란, 위의 논문, p.144.

> 기억들이, 가장 소중한 기억들이라도 놀랍게 빨리 사라져 간다고 불평했다. 하지만 난 그렇게 생각하지 않는다. 내가 소중하게 여기는 기억들, 그것들은 절대 사라지지 않을 것이다. 나는 루스를 잃었고, 토미를 잃었다. 하지만 그들에 대한 나의 기억은 잃지 않을 것이다.(조성란, p.143)

> 헤일셤도 잃은 것일 거다. ……헤일셤을 발견하게 될 가능성은 거의 없다. 생각해보니 그러는 편이 낫다. 토미와 루스의 추억들이나 마찬가지다. 좀 더 조용한 생활을 하게 되면. 어느 센터로 보내지든 간에 나는 헤일셤을 머릿속에 안전하게 새겨둘 테다. 그러면 아무도 빼앗아가지 못할 거다.(조성란, p.144)

헤일셤의 상실에 대해서도 마찬가지의 태도를 보인다. 기억에 각인시켜 잊지 않는 것이다. 토미와 루스의 기억처럼 헤일셤의 기억도 안전하게 두뇌에 새길 것이다. 캐시를 통해 드러나는 이시구로의 기억관, 즉 잊지 않고 기억함으로써 사랑하는 대상의 상실에 대처하는 기억관은 데리다의 기억으로서의 애도 이론과 맥을 같이 한다.[15]

4. 작품의 의의 및 평가

이 소설은 복제인간을 포함한 과학 기술의 급속한 발전으로 인한 윤리와 도덕의 문제에 관심을 기울이면서 복제인간의 삶을 그리고 있

15 조성란, 위의 논문, p.144.

다. 2005년에 발표한 『나를 보내지 마』는 복제인간의 사랑과 슬픈 운명을 통해 인간의 존엄성에 의문을 제기한 작가의 대표작이다. 순수문학장르에 속하면서도 복제인간이라는 SF적인 설정을 갖추고 있는 『나를 보내지 마』는 타임지 선정 100대 영문소설, 2005년 최고의 소설, 전미 비평가협회상, 독일 코리네상 등을 두루 수상함으로써 명작의 반열에 오른 작품이다.

인간은 자신이 장기 기증을 위해 만들어진 존재라는 사실을 안다면 마음이 어떨까? 이 소설은 영화 〈아일랜드〉에서 보았을 법한 인간 복제와 복제인간의 존엄성의 윤리에 대한 문제를 다룬다. 『나를 보내지 마』는 인간과 마찬가지로 온전한 생명체이지만 인간의 욕망을 위해 자신의 희생을 전제로 살아가는 복제인간의 삶을 통해 생명의 존엄성에 의문을 던진다. 저자는 복제 인간들에게도 삶은 단 한 번뿐이라는 사실을 강조하면서 우리가 살아가는 방식이 과학의 영역으로 넘어가는 데 대한 성찰을 이 작품에 담고 있다. 작가의 세련된 문체가 돋보이는 이 작품은 인간의 존엄성과 현대사회, 과학 기술의 성취에 대한 반성의 기회를 제공해 줄 것이다.[16]

『나를 보내지 마』에 쏟아진 언론의 찬사는 다음과 같다.

· 이시구로는 압도적이고 독창적인 천재성의 소유자이다. -《뉴욕 타임스》
· 이시구로는 시인이다. 그는 과학 소설의 틀을 빌려 평범한 인간의 삶, 인간의 영혼, 인간의 성, 사랑, 창조력, 어린 시절의 순수함에 빛을 던져 준다. -《인디펜던트》
· 『나를 보내지 마』는 인간 복제에 대한 위험성을 경고하는 것이 아

16 서평 http://www.yes24.com/Product/Goods/3616384(검색일: 2020.11.23.)

니라, 우리가 살아가는 방식이 과학의 영역으로 넘어가는 데 대한 통찰이다. 이 소설은 어떤 위대한 지식도 따뜻한 가슴을 넘어설 수 없다고 주장한다. 이런 방식으로 쓰인 소설 중 특히 순수하고 심오하다. -《이브닝 스탠다드》

· 이시구로는 평범함을 피하고, 독자로 하여금 날것 그대로의 죽음과 상실, 그리고 우리가 사랑하는 것들의 참을 수 없는 연약함에 대해 직면하게 하는 독창적인 방식을 찾았다. -《타임스 리터러리 서플리먼트》
· 가즈오 이시구로는 상실을 가장 잘 대변하는 시인 중 하나. -《타임스》
· 우리 시대 가장 세련된 문체를 지닌 작가 중 하나. - 마이클 온다체[17]

5. 생각 나누기 및 토론

〈네버 렛 미 고〉를 감상한 후 가장 감명 깊었던 부분을 떠올려 보고 그 부분이 인성함양과 어떻게 연관이 되는지 이야기해 보자.

◆ 독서토론·시사토론·인성 토론

① 캐시는 왜 자신의 운명을 받아들이는가?

② 우리의 삶이 복제인간의 삶만큼이나 짧다면 어떻게 살아가는 것이 바람직할까? 내가 만약 복제인간이라면 나의 삶은 어떠할 것 같은가?

③ 제4차산업혁명 시대에 필요한 로봇윤리란 무엇인가?

17 http://www.yes24.com/Product/Goods/3616384(검색일: 2020.11.23.)

제3장
〈바이센테니얼 맨〉
- 인간과의 공존을 갈망하는 로봇

1. 작가소개

아이작 아시모프(Isaac Asimov, 1920~1992)는 SF문학계의 세계적인 거장이다. 1920년 러시아의 페트로비치에서 출생하였으며 3살 때 가족이 미국으로 이주하였다. 1948년 컬럼비아 대학에서 생화학 박사 학위를 취득하여 보스턴대학교에서 생화학 교수를 역임하였다. 그러나 그를 정작 유명인으로 만든 것은 SF소설이었다. 21세의 나이에 훗날 SF소설의 초석이 되는 『파운데이션 시리즈』를 시작하였다. 그는 로봇, 엠파이어, 파운데이션 시리즈 등 수상 경력이 있는 SF소설로 많은 사랑을 받았고 과학에서부터 셰익스피어, 역사에 이르기까지

영화 〈바이센테니얼 맨〉 포스터[1]

다양한 주제에 대해 470권이 넘는 책을 저술하였다. 미국 과학 소설 및 판타지 작가 협회로부터 SF 소설의 그랜드 마스터(대가)라는 별명을 얻게 되었다. 50년 가까이 모든 연령층의 독자들에게 즐거움과 교훈을 선사하다가 1992년 72세의 나이로 사망하였다.

대표작으로는 총 일곱 편으로 구성된 『파운데이션 시리즈』를 비롯해 『강철 도시』 『벌거벗은 태양』 등의 로봇 시리즈, 그리고 『우주의 기류』 『별들은 먼지처럼』등의 은하제국 3부작과 네뷸러상과 휴고상을 모두 수상한 『신들 자신』등이 있으며, 영화 〈아이, 로봇〉과 〈바이센테니얼 맨〉의 원작인 『200년을 산 사나이』가 있다. 아이작 아시모프는 휴고상, 네뷸러상 등을 수차례 수상했으며, 유수 대학으로부터 14개의 명예박사 학위를 받았다. 1971년에는 미국SF작가협회에서 'SF의 그랜드마스터' 칭호를 받은 바 있다. 그리고 그의 이름을 딴 소행성, 과학 잡지, 초등학교가 있고, SF 및 교양과학 분야에 각각 그의 이름이 붙은 상이 있을 정도로 지금도 전 세계적으로 높은 명성을 유지하고 있다.[2]

〈바이센테니얼 맨〉(1999)의 영화감독은 크리스 조셉 콜럼버스이다. 그는 미국의 영화감독, 각본가, 프로듀서이다. 대표작으로는 영화 〈나 홀로 집에〉 시리즈 1, 2편과 〈미세스 다웃파이어〉, 〈바이센테니얼

---

1 제작 월트 디즈니 스튜디오 모션 픽처스(월트 디즈니 컴퍼니 코리아), 출처 다음영화 https://movie.daum.net/moviedb/main?movieId=1903#none(검색일: 2021.1.10.)

2 https://www.aladin.co.kr/author/wauthor_overview.aspx?AuthorSearch=@25052(검색일: 2020.12.10.)

맨〉, 〈해리 포터와 마법사의 돌〉, 〈해리 포터와 비밀의 방〉등으로 잘 알려진 감독이기도 하다.

2. 작품의 시대적 배경

바이센테니얼(Bicentennial)은 '200년 주기'라는 뜻이다. '바이센테니얼 맨'은 우리 말로 하면 '200살을 맞은 사나이' 정도의 뜻이 된다. 사람이 200년을 살 수는 없으니, 현실적으로 영화에 등장하는 주인공 로봇이 200년 삶을 살았다는 뜻임을 쉽게 짐작할 수 있다. 이 영화의 원작 소설은 세계적 SF작가 아이작 아시모프가 1976년에 쓴 『바이센테니얼 맨』이다. 아시모프는 이 소설로 1977년 휴고상 중편부문, 1976년 네뷸러상 중편부문 상을 수상했다. 즉 영화 〈바이센테니얼 맨〉은 1976의 원작 소설을 1999년에 영화화 한 것이다.[3]

'바이센테니얼 맨'은 200년을 산 인간은 인간이 아니라 로보틱스(로봇공학) 기술이 적용된 가사로봇인 제품번호 NDR-114 로봇이다. 안드로이드인 셈인데 제품번호인 NDR의 발음도 한묶해서 친근한 이름인 앤드류로 불린다. TV와 냉장고가 없는 집이 없듯이, 거의 모든 집에 가사로봇이 있으며 힘들고 귀찮은 일들을 도맡아 한다. 일반 가전제품과 다른 점은 인공지능이 들어가 있어서 말도 하고 학습능력도 있다는 점인데, 특히 앤드류는 주인인 리차드 마틴의 아량 덕분에 별도로 수업을 받기도 하고 책을 읽으며 스스로 공부도 한다.[4] 이야기는

---

3 「로봇과 사는 삶을 고민하다 - 바이센테니얼 맨」http://dongascience.donga.com/news.php?idx=21090(검색일: 2020.12.10.)

4 『법보신문』(http://www.beopbo.com)

미국 뉴저지주를 배경으로, 한 남자가 가족을 위해 가사도우미 로봇 'NRD-114'을 사들이면서부터 시작된다. 가족들은 이 로봇에 '앤드류'라는 애칭을 붙여주고 함께 생활한다. 인간을 완벽하게 닮은 로봇을 지칭하는 '안드로이드'에서 따온 이름이다. 앤드류는 가사, 청소 등 모든 집안일을 완벽하게 처리한다.

영화에서 '이 정도의 미래라면 사람처럼 두 발로 걷고 집안일을 해주는 서비스 로봇이 등장할 것'이라고 상정한 시기는 2005년이었다. 영화 속 설정을 한참 넘어선 2021년 지금도 앤드류와 비슷한 수준의 인간형 로봇이 등장할 시기를 점치기는 어렵다. 작가는 기술의 발전 속도를 예측하는 데는 실패한 셈이다. 하지만 이 작품에서 미래사회의 기술력은 부수적인 문제다. 영화나 원작 소설은 로봇의 구동 시스템이나 배터리 등 기술적 내용보다는 '자아를 가진 로봇이 인간사회에서 살아가면 어떤 일이 생길까'에 대한 고민에 방점을 찍고 있다. 그중 일부는 지금 생각해보아도 놀랍도록 진보적이다.[5]

3. 핵심적인 내용 및 주제

인간이 되고 싶은 로봇

2005년 뉴저지. 리처드는 가족을 깜짝 놀라게 해줄 선물로 가전제품을 구매한다. 설거지, 청소, 요리, 정원 손질 등 모든 집안일을 하나로 해결할 수 있는 첨단 가전제품이다. 게다가 아이들과 함께 놀아줄 장난감으로도 쓰일 수 있는 기적 같은 가전제품은 바로 가사로봇이다. 값비

5 「로봇과 사는 삶을 고민하다 - 바이센테니얼 맨」, 앞의 인터넷주소 참조.

싼 선물을 받은 가족들의 표정은 놀라움 반, 낯섦 반이었다. 로봇 앤드류(NDR-114의 애칭)는 리처드를 주인님으로, 자아도취에 빠진 그의 아내를 마님으로 부르며 공손하고 부지런한 가사로봇의 소임을 다한다. 그러나 기계답지 않은 이상한 질문들을 던져 때론 가족들을 곤란하게, 또 때론 요절복통하게 만드는 등 점차 그의 이상한 모습이 드러나기 시작하는데, 문제의 발단은 조립과정 중의 사소한 실수에서 비롯됐다. 리처드에게 배달된 로봇 앤드류를 만들던 엔지니어가 샌드위치를 먹다가 마요네즈 한 방울을 로봇의 복잡한 회로 위에다 떨어뜨린 것이다. 이로 인해 로봇의 신경계에 엄청난 사건이 생겨났다. 즉 앤드류는 로봇에게는 '있을 수 없는' 지능과 호기심을 지니게 된 것이다.

어느 날 앤드류가 만든 나무 조각상을 보고 로봇의 인간적 재능을 발견한 리처드는 그를 마치 친아들처럼 여기게 된다. 그리고 로봇 제조회사에서 그를 불량품으로 간주하고, 연구용으로 분해하기 위해 리처드에게 끊임없이 반환을 요구하지만, 오히려 앤드류를 보호할 뿐만 아니라 계좌를 만들어 앤드류가 작품을 팔아 얻는 수익을 적립할 수 있게 해준다. 시간이 흘러, 작은 아가씨는 어린 소녀에서 아름다운 여인으로 성장한다. 그런데 점차 인간의 감정을 어렴풋이 이해하기 시작한 앤드류의 강철 심장에도 수줍은 설렘이 찾아온다. 그러나 미처 깨닫기도 전에 작은 아가씨는 홀쩍 결혼해버리고, 아버지처럼 아껴주던 리처드가 숨을 거둔 후 앤드류는 자신을 이해해줄 자신과 같은 불량로봇을 찾아 기나긴 여행에 오른다. 수십 년 후, 천신만고의 모험 끝에 집으로 돌아오지만, 이제는 할머니가 되어버린 작은 아가씨. 그러나 그녀를 쏙 빼다 박은 듯한 손녀 포샤를 만나자마자 그는 이제 거부할 수 없는 사랑의 열병을 앓는다. 인간이 되고 싶은 간절한 소망으로 수술실에 눕는 앤드류. 인공피부를 입히고 인간의 장기를 심었다. 마침내 그는 통증을 느끼고, 사랑의 황홀함을 느끼는 인간이 되었다. (위키백과)

로봇의 삶과 권리-로봇의 법적 권리 처음으로 등장하다

이 영화에서 가장 주목할 만한 것은 로봇의 '권리' 부분이다. 만약 로봇이 사람처럼 창작 활동을 하게 된다면, 로봇은 그 작품을 돈을 받고 팔 수 있을까? 로봇은 자신이 만든 발명품에 특허를 내고 지적 재산권을 행사할 수 있을까? 인간처럼 예금계좌를 개설하고, 돈을 모을 수 있을까? 사람들이 이 개념을 본격적으로 고민하기 시작한 건 인공지능 연구가 화두가 된 2010년대의 일이다. 바둑 인공지능 알파고, 의료용 인공지능 왓슨 등이 개발되며 인공지능 연구는 현재 큰 관심을 끌고 있다. 사람들은 법적 대응책 마련에도 나서고 있다. 유럽연합(EU) 의회가 2017년 1월 벨기에 브뤼셀에서 열린 EU 의회에서 인공지능 로봇의 법적 지위를 '전자 인간(electronic personhood)'으로 지정하는 결의안을 찬성 17표, 반대 2표, 기권 2표로 통과시킨 사실도 당시 화제가 됐다. 아직은 기술이 불완전하지만, 조만간 등장할지 모를 인공지능 로봇의 처우 방법을 국가 차원에서 제시한 것이다. 이 결의안은 로봇의 법적 지위와 개발 조건, 활용 방안 등에 대한 기술적 · 윤리적 가이드라인도 포함하고 있다.[6]

6 「로봇과 사는 삶을 고민하다 - 바이센테니얼 맨」, 위의 인터넷 주소.

4. 작품의 의의 및 평가

국내에서는 SF소설가 정도로 알려진 아이작 아시모프는 1976년에 『바이센테니얼 맨』이라는 중편 하나를 썼다. 지면상 옮길 수는 없지만, 아시모프는 마치 화두처럼 소설의 서두에 '로봇공학의 세 가지 법칙'을 써놓았다. 원작은 이후 이 법칙을 바탕으로 사건을 전개해간다. 앤드류는 이 법칙의 지배를 벗어나 법정 투쟁을 불사하며 자유로운 인간으로 인정받는 것이다. 하지만 할리우드는 윤색과정에서 '로봇공학의 세 가지 법칙'이라는 딱딱한 말 대신 '로봇과 인간의 사랑'이라는 로맨스로 채워놓았다.

미국 내에서 영화에 대한 평가는 부정적이었다. 원작의 의미를 훼손하면서까지 펼쳐진 로맨스의 핵심은, 작은 아가씨가 죽자 꼭 닮은 손녀와 앤드류가 사랑을 나누게 된다는 설정이었다. 덕분에 이 지적인 소설은 영화 후반부에서는 낭만적인 통속소설로 변모해버렸다. 원작에서는 앤드류가 죽기 전 '작은 아씨'의 이름을 속삭인다. 이를 통해 그가 인간이 되려고 했던 욕망의 기저에는 숨겨온 사랑이 있었음을, 인간으로 받아들여지기 전까지의 법정 투쟁 전체가 사랑의 투쟁이었음을 극적으로 전해준다. 그러나 영화는 로봇과 인간의 결합이라는 행복한 로맨스가 성취의 목표처럼 되어버렸다. 그런데도 이 땅에서 〈바이센테니얼 맨〉은 볼만한 가치가 있다. 그것은 선전문구처럼 이 영화가 휴머니티를 강조하기 때문이 아니다. 비록 영화의 절반이 할리우드식 이데올로기에 의해 윤색됐다 하더라도, 로봇을 인간보다 더 인간적으로 이해하는 아시모프의 독특한 사고방식이 완고한 이 사

회에 대해 문제를 제기해오는 바 있기 때문이다.[7]

5. 생각 나누기 및 토론

인간이 되고 싶은 로봇의 이야기를 다룬 『바이센테니얼 맨』은 1999년 로빈 윌리엄 스 주연의 동명 영화로 만들어지기도 했다. 이 영화에서 로봇은 가사 지원 로봇으로 인간과 대화를 할 수 있고, 조리에서 청소에 이르기까지 인간과 생활하며, 집안일을 도맡아 하는 지능형 로봇으로 그려지고 있다. 앞으로 현실화할 미래의 지능형 로봇과 생활상을 미리 엿볼 수 있다.

본래 중편소설이었으나, 영화화 이후 아시모프가 후배 로버트 실버버그와 함께 장편으로 개작, 1992년에 재발표했으며, 결과적으로 아시모프의 유작이 되었다. 이 소설은 단순히 미래에 대한 예상으로 그치지 않고, 자신의 불로불사를 포기하면서까지 인간이 되고 싶어 하는 로봇을 등장시켜 인간과 비인간의 경계, 인간이라는 존재의 규정, 인간다움이란 무엇인가에 대해 생각하게 만든다. (위키백과)

---

7 「로봇과 인간의 사랑, 〈바이센테니얼 맨〉」http://www.cine21.com/news/view/?mag_id=32490(검색일: 2020.11.23.)

◆ 독서토론·시사토론·인성 토론

① 앤드류는 왜 인간이 되고 싶어 하는가?

② 가사도우미 로봇이 나온다면 우리 삶은 어떻게 바뀔까?

③ 제4차산업혁명 시대에 나는 무엇을 준비해야 하는가?

V

사회공동체의 시민의식과 정의

제1장

『우리들의 일그러진 영웅』

- 독재자의 탄생과 시민의식

1. 작가소개

이문열(李文烈, 1948~)은 서울 종로구에서 태어난 대한민국의 소설가이다. 능란하고 교양적인 문체와 다양한 작품세계를 지닌 소설들을 발표해 작품성과 대중성 면에서 모두 높은 평가를 받았다. 그는 작품성과 작품 수 모두 최정상에 위치할 수 있는 대한민국의 몇 안 되는 문인이다. 동인문학상, 대한민국문학상, 이상문학상, 호암상 등을 수상하였다. 그는 불우한 유년기를 보냈다. 한국 전쟁 당시 공산주의자였던 아버지 이원철이 홀로 월북하였다. 아버지 이원철이 월북한 이후 그는 어머니 조남현의 슬하에서 4남매가 경상북도 영양군 등지를 떠돌아다니며 어렵게 살았다. 초등학교 졸업을 제외하고는 모두 검정고시이며, 이후 안동고등학교에 입학하였다. 그러나 1965년 안동고등학교를 중퇴하고 한동안 방황하다가 고등학교 졸업학력 검정고시에 합격하고 1968년 서울대학교 사범대학 국어교육과에 입학했다. 1970년에 사법시험에 응시한다며 서울대학교 국어교육과를 중퇴하였다. 그러나 연좌제 등 여러 이유로 뜻을 이루지 못한다. 사법시험에 실패한 뒤 1973년 결혼한 직후, 군대에 입대했다. 그의 이런 생활이 기초가 되어 자전적 소설인 『젊은 날의 초상』을 쓰게 된다.

영화 〈우리들의 일그러진 영웅〉 포스터[1]

1977년 단편 『나자레를 아십니까』가 대구『매일신문』 신춘문예에 가작으로 당선되면서 문인으로 등단했다. 이어 대구『매일신문』 편집기자를 지냈다. 1979년에는 『동아일보』신춘문예에 『새하곡(塞下曲)』이 당선되었다. 같은 해 중편 『사람의 아들』로 '오늘의 작가상'을 받은 이래로 왕성한 창작활동을 전개하여 1980년대에 가장 많은 독자를 확보한 작가의 한 사람으로 꼽힌다. 그의 소설 특징은 탄탄한 구성과 문장의 탁월함으로, 자전적 요소가 강하게 드러나 있다. 세종대학교에서 교수직을 맡았으며, 1998년부터 문학 서원인 '부악문원'의 대표로 있다. 『우리들의 일그러진 영웅』 등의 작품들이 프랑스어, 스페인어, 독일어, 영어, 일본어 등으로 번역된 바 있다.

이문열 소설의 작품 경향은 다음과 같다. 첫째, 신화와 역사를 재해석한 소설『사람의 아들』(1979), 『황제를 위하여』(1982)가 있다.

---

1 제작 명필름 · 대동홍업, 출처 네이버 영화

둘째, 분단과 현실 문제를 다룬 소설은 『구로 아리랑』(1987), 『우리들의 일그러진 영웅』(1987), 『영웅시대』(1987)가 있다. 셋째, 개인적인 체험과 예술에 대한 신념을 다룬 『젊은 날의 초상』(1981) 이 있다. 특히 그는 유신정권과 제5공화국의 권위주의적인 통치를 빗댄 『우리들의 일그러진 영웅』으로 유명해졌다. 작품 『우리들의 일그러진 영웅』에서 반장 엄석대의 합법을 가장한 폭력, 규율을 가장한 폭력을 신랄하게 비판하고 폭력의 의미를 다시 보게 하였는데, 이는 박정희, 전두환 정권의 권위주의적인 태도를 희화, 풍자한 것이기도 했다. 작가 본인이 밝히기를, 작품 전반에 나오는 초등학교 5학년 때의 담임 선생님은 폭력적이고 반민주적인 독재 정권을 실리에 따라서 허락한 60~70년대 미국 외교 정책이고, 후반부에 등장하여 엄석대를 박살을 내놓은 6학년 때의 담임 선생님은 '경직되고 권위적인 이념'을 가리킨다.

2. 작품의 시대적 배경

소설은 1959~1960년대 초를 시대적 배경으로, 시골 초등학교의 5학년 교실을 공간적 배경으로 하고 있다. 소설 서두에 "자유당 독재가 아직은 그 마지막 기승을 부리던 무렵. (중략) 그리고 얼마 후 4 · 19혁명이 일어났다."라는 문장으로 알 수 있다. 소설 서두에 "벌써 30년이 다 돼 가지만, 그해 봄에서 가을까지의 외롭고 힘들었던 싸움을 돌이켜 보면 언제나 그때처럼 막막하고 암담해진다."고 보아 어른 한병태가 과거 일을 떠올린 시기는 30여 년 후인 1980년대라고 유추할 수 있다. 이를 통해 군사독재가 끝나고 민주화가 시작된, 중학교 입학 후 26년 후인 1987년쯤이라고 짐작할 수 있다. 1980년대에 40대인 화자 한병태가 약 30여 년 전을 회상하며 해설 조로 이야기를 풀어나간다. 이는 소설이 출간된 1987년 당시의 정치 상황을 담으려 한 작가가 의도한 바일 것이다. 소설적 배경은 1959~1960년대지만, 작가는 1987년을 말하고자 했다.

이 소설은 1959년부터 1987년까지가 시간적 배경이 된다. 이 소설에서 1960년 4·19혁명 이전의 이승만 정권의 장기집권 및 독재, 1963년~1979년 박정희 정권의 장기집권 및 군사독재, 1980~1987 전두환 정권의 군사독재체제가 배경이 되고 있다. 작은 읍의 5학년 교실은 현실 사회의 축소판, 엄석대는 4.19 당시의 정치지도자 이기붕, 한병태는 부정 권력에 저항하여 민주주의를 부르짖다 좌절당한 지성인들, 5학년 담임은 이승만 대통령, 6학년 담임은 혁명을 일으키는 시대적 상황, 학급 친구들은 권력 앞에서 너무도 무력한 국민들로 각기 비유되고 있다.[2]

즉, 당시의 정치판이 초등학교 5학년 교실만큼 조악하다는 비판이다. 여기에는 당시 전두환 정권의 조악함의 상징과도 같다는 것으로 읽힌다. 또한 한병태로 상징되는 변절자들의 이미지도 보인다. 여기서 잊지 말아야 할 중요 인물이 있다. 바로 엄석대 교실 왕국의 5학년 담임 선생님이다. 그는 한병태가 엄석대의 비리와 횡포를 알아내 호소할 때, 방관자적이며 무기력한 현실 순응주의자적인 모습을 보인다. "석대의 위협이나 속임수에 넘어간 거짓된 것일지라도, 반 아이들

2 강윤의 「학습자 활동 중심의 국어과 소설 지도 방안 연구: 10학년 국어교과서를 중심으로」 이화여자대학교 석사논문, 2004, p.54.
엄석대를 이승만 대통령, 5학년 담임을 미국으로 볼 수도 있다.

모두의 지지를 받는 석대를 지지할 수밖에 없다."라는 논리였다. 그의 눈에는 모든 것들이 보이지만, 학급이 겉으로 아주 문제없이 잘 돌아가므로 그 속과는 상관없이 괜찮다는 것이었다. 작가 이문열은 이를 두고 "폭력적이고 반민주적인 독재 정권을 실리에 따라서 허락한 60~70년대 미국 외교 정책"을 가리킨다고 말했다.

1960년대 4·19 혁명 전 시골 초등학교로 전학을 간 주인공 한병태는 독재자 엄석대의 권력에 저항한다. 그러나 학급이라는 집단 속에서 홀로 소외된 한병태는 그것을 견디지 못하고 결국 저항하는 것을 포기한다. 하지만 엄석대는 의외로 한병태에게 특별대우를 해준다. 그러나 새 담임 선생님의 부임 이후 석대가 그때까지 부정행위로 전교 1등을 유지했다는 사실이 밝혀지고 석대의 비행이 속속들이 드러남으로 기존 질서가 무너지고 석대는 학교에서 도망치고 만다. 그 후 어른이 된 병태는 어느 날 경찰에 붙들려 가는 엄석대를 우연히 만나게 된다.[3]

3. 핵심적인 내용 및 주제

『우리들의 일그러진 영웅』(1987)은 이문열의 소설이다. 정치, 권력 등의 주제를 초등학교 교실을 배경으로 다루고 있다. 이 작품 덕분에 이문열은 1987년 이상문학상을 수상했다. 1992년 영화로 제작되었으며 외국어로도 번역되었다. 줄거리는 다음과 같다. 1950년대 말

---

3 http://www.ohmynews.com/NWS_Web/Mobile/at_pg.aspx?CNTN_CD=A0001892152#cb(검색일: 2020.12.5.)

'나'(한병태)는 시골로 전학을 간다. 그곳에는 막강한 힘을 가진 엄석대라는 급장 아이가 그 반을 장악하고 있다. '나'는 엄석대의 횡포를 담임 선생님께 알림으로써 석대의 억압과 횡포에 맞서려고 하지만 오히려 따돌림을 당하게 된다. 그러자 '나'는 살아남기 위해 석대에게 굴복하고, 이후 그의 특혜 속에 학교생활을 편하게 하게 된다. 새로운 담임 선생님이 부임한 후 엄석대의 성적 조작 사실을 밝혀내고 석대는 교실을 뛰쳐나가 그 길로 사라진다. 세월이 흘러 '나'는 우연히 엄석대가 경찰에게 체포되는 광경을 목격한다.

한병태는 서울의 고급 공무원인 아버지가 시골로 좌천되는 바람에 서울에서 시골로 전학을 가게 된다. 그는 전학을 오자마자 시골 학교를 매도하는 태도를 보인다. 그리고 '자유와 합리'를 내세우며 엄석대 왕국에 반기를 든다. 그의 눈에는 시골 학교의 '소왕국'이 아니꼽고 하찮게 보였다. 여기서부터 이미 작가의 이데올로기적 형상화 작업이 눈에 띄기 시작한다. 초등학생 아이들의 행동으로 보여주는 자유와 폭력, 합리와 불합리의 대립, 그리고 현실정치를 우화적으로 비판 · 풍자하려는 움직임이다.

엄석대는 반장으로서 모범을 보이며 제일 먼저 규칙을 잘 지키고 반 아이들에게 봉사하는 자세로 반을 이끌지 못했다. 오히려 담임 선생님의 두터운 신임과 억센 주먹의 힘을 이용하여 독단적으로 행동하고 반 아이들을 억누름으로써 올바른 리더십을 발휘하지 못했다. 반장이라는 타이틀을 이용해서 반 아이들을 억압하고 착취하였으며 반항하거나 저항하는 아이는 철저한 소외와 고립을 통해 복종시킴으로써 반장으로서 올바른 역할을 제대로 하지 못하였다. 이 소설에서 반장으로서의 엄석대는 권력을 남용하여 아이들을 괴롭히고 성적을 조작하여 규칙에 어긋난 행동도 서슴지 않고 행함으로써 리더로서 역할을 하지 못한 가장 부정적인 인물로 묘사된다. 엄석대 왕국은 어떻게 만들어졌는지 모른다. 다만 그가 다른 아이들보다 2~3살이 많고, 키는 머리 하나만큼 더 크며, 축구를 잘한다는 것, 그리고 전교 1등의 시험 성적, 이런저런 이유와 그의 카리스마가 빚어낸 지도력은 확고부동한 엄석대 1인 독재체제를 만들어 놓았다. 한병태는 외롭게 저항하다가 결국 굴복하고 만다. 하지만 엄석대 왕국은 조악하기 짝이 없다. 사실 엄석대는 다른 아이들보다 나이가 많다는 등의 연유로 독재체제를 구축할 수 있었다. 또한 그가 전교 1등의 성적을 유지할 수 있었던 것은 대리 시험 때문이었다.

5학년 담임 선생님은 담임이라는 이름과 최소한의 노력만으로 학급을 운영함으로써 교사로서 지도력이 전혀 없으며 바람직한 교사가 아님이 밝혀졌다. 가르치는 것을 제외한 모든 통솔권을 반장 엄석대에게 부여함으로써 엄석대가 반 아이들 위에 폭력적으로 군림하고 반 아이들을 괴롭히며, 억눌리고 경직된 교실 분위기를 만들게 하였다. 그리고 반장 엄석대를 절대적으로 편애하고, 반 아이들에게는 무관심으로 일관하고 한병태의 의견을 존중하지 않고 철저히 무시함으로써 엄석대에 의해 무너져가는 교실 현장을 바로 잡지 못했다. 무관심하고 무책임한 담임 선생님은 엄석대를 비롯하여 반 아이들에게 올바른 인성이나 건전한 교육적인 가치, 그리고 도덕적인 의식이나 정의, 교칙의 중요성 등을 심어주지 못했으며 반 아이들이 자율적으로 사고하고 비판할 수 있는 통로를 원천적으로 차단한 부정적인 인물이다.

6학년 담임 선생님은 젊고 유능하고 성실하다는 평가를 받은 것처럼 첫날부터 반에서 일어나는 작은 일도 지나쳐보거나 흘려듣는 일이 없을 만큼 교사로서 기본 자질이 있다. 위축되고 경직된 반 분위기를 재빨리 알아차리고 사흘만에 문제 핵심에 다가갔고 부정적인 투표를 통해서 반장으로 당선된 엄석대를 주시하면서 한 달도 되지 않아 엄석대의 비행을 밝혀냈다는 점에서 학급에서 일어나고 있는 일에 많은 관심을 두는 인물이다. 그는 불합리한 방법으로 성적을 조작하여 반에서 일등을 하고 전교 일등을 한 반장 엄석대를 엄하게 벌하고 그가 일등을 하도록 도와준 여섯 명의 아이들과 엄석대에게 순응하여 자신의 권리를 빼앗기고 불의에 굴복한 반 아이들을 공평하게 벌줌으로써, 자유롭고 합리적인 새로운 분위기를 조성했다. 비록 아이들이 자발적으로 잘못된 질서를 바로잡도록 지도하지 못하고 담임 선생님이 직접 나서서 잘못된 질서를 바로잡고 새로운 질서를 만들었다고 하더라도 아이들이 담임 선생님의 지도로 조금씩 변화하는 모습을 보이며 자율과 자유를 되찾게 한 능동적이고 긍정적인 역할을 한 인물이다.

이 소설에 등장하는 세 인물의 지도력을 통하여 과거에는 5학년 담임처럼 무관심하고 방관적인 리더, 엄석대처럼 권력을 이용한 폭력적이고 무서운 리더, 6학년 담임처럼 급진적이고 카리스마 있는 리더들의 시대였지만, 21세기에는 다른 사람들을 억압하거나 착취하지 않고 다른 사람들의 소리에 귀 기울이고, 나와 다른 이의 의견을 존중하고 포용하며, 공감과 소통을 통해 화합할 줄 아는 리더가 절실히 필요하다는 것을 실감하게 된다. 또한 어떠한 조직이든 조직위에 군림하는 리더가 아니라 조직 내부에서 자발적으로 형성되는 지도력을 조성하고 조직원들에게 동기를 부여하며 그들의 성공을 지원하는 데 역점을 두는 리더가 진정으로 필요하다는 것을 인식하게 된다. 이러한 리더를 중심으로 사회 전반에 책임감 있고 상호 간에 배려하는 풍토가 조성된다면, 국민은 언제 어디서 어떤 위기가 닥치더라도 당황하지 않고 누구나 리더로서 해야 할 역할을 충실히 하며 좀 더 안전하게 살 수 있을 것이다.[4]

엄석대 권력에 대한 한병태의 외로운 싸움과 굴종

석대와의 싸움에서 가장 결정적인 패배는 내가 은근히 믿었던 공부 쪽에서 왔다. 그와의 싸움을 시작하면서부터 나는 먼저 성적으로 그를 납작하게 만들어 놓으리라고 별러 왔다. (중략) 내가 그쪽에서만은 자신을 가졌던 데는 그만한 까닭이 있었다 서울에서 다녔던 국민학교와 그 학교의 격차로 보아 학급에서의 일등은 쉬울 것으로 보인 데다 내 눈에는 아무래도 석대가 공부하는 아이로는 비치지 않았기 때문이었다. (중략) 나는 은근히 날짜까지 손꼽아 가며 일제고사를 기다렸으나 결과는 참으로 뜻밖이었다. 놀랍게도 석대는 평균 98.5로 우리 반에서는 물론 전 학년에서 1등이었다. 나는 평균 92.6으로, 우리 반에서 겨우 2등을 차지했지만 전 학년으로는 10등 바깥이었다.[5]

가장 괴로웠던 것은 그날을 시작으로 시도 때도 없이 걸려오는 주먹싸움이었다. 그 무렵 어떤 학급이든 공부의 석차처럼 주먹싸움에도 등수가 매겨져 있게 마련이었고…… 원래의 싸움 등수는 대략 열서너 번째였다. 그런데 갑작스레 그 등수가 무시되고,

---

4 김학돈 「제3부 한국인의 가치관과 인성교육 - 현대의 한국사회에 필요한 리더십 - 이문열의 「우리들의 일그러진 영웅」을 읽고」 『韓國의 靑少年文化』 25, 2015, pp.159~160 참조.

5 이문열 『우리들의 일그러진 영웅』, 민음사, 2016, pp.274~275.

그때껏 내가 이긴 걸 인정하고 있던 아이들이 공공연히 시비를 걸어오기 시작했다. 전 같으면 울거나 달아남으로써 진 것을 자인할 녀석들이 무엇을 믿는지 끝까지 버텨 냈고…… 흙바닥에서 엉겨 붙게 되면, 나는 어느새 알지 못할 손길의 도움에 밀려 밑에 깔려 버리기 일쑤였다. 라이터 사건이 있고 한 달도 채 되기 전에 나는 반에서 아주 제쳐 놓은 조무래기 몇 빼고는 싸움에서 꼴찌나 다름없게 되어 버렸다…….(p.295)

여하튼 나는 석대가 맛보인 그 특이한 단맛에 흠뻑 취했다(중략) 나는 그의 질서와 왕국이 영원히 지속되기를 믿었고 바랐다.(p.317)

너희들은 당연한 너희들의 몫을 빼앗기고도 분한 줄 몰랐고, 불의한 힘 앞에 굴복하고도 부끄러운 줄 몰랐다. 그것도 한 학급의 우등생인 너희들이…… 만약 너희들이 계속해 그런 정신으로 살아간다면 앞으로 맛보게 될 아픔은 오늘 내게 맞은 것과는 견줄 수 없을 만큼 클 것이다. 그런 너희들이 어른이 되어 만들 세상은 상상만으로도 끔찍하다……. 모두 교단 위에 손들고 꿇어앉아 다시 한 번 스스로를 반성하도록.(p.325)

나는 그제야 눈을 뜨고 다시 석대 쪽을 보았다. 그사이 양 손목으로 수갑을 받은 석대는 두 손을 모아 피묻은 입가를 씻으며 비척비척 끌려가고 있었다. 내 곁을 지날 때 힐끗 나를 곁눈질했지만 조금도 나를 알아보는 것 같지는 않았다…….

> 그날 밤 나는 잠든 아내와 아이들 곁에서 늦도록 술잔을 비웠다. 나중에는 눈물까지 두어 방울 떨군 것 같은데, 그러나 그게 나를 위한 것이었는지 그를 위한 것이었는지, 또 세계와 인생에 대한 안도에서였는지 새로운 비관에서였는지는 지금에서조차 뚜렷하지 않다.(pp.342-343)

40대의 한병태가 초등학교 시절을 회상하는 부분으로 이야기가 시작된다. 그는 어린 시절 외로운 싸움을 떠올리고 있다. 한병태는 엄석대 권력에 대항하는 것과 친구 문제로 괴로워한다. 벌써 진학온 지 한 학기가 지났건만 그는 그때껏 단 한 사람의 친구도 만들 수 없었다. 라이터 사건이 있기 전만 해도 내가 애써 다가가면 마지못해 놀아주는 아이들이 있었고, 집까지 따라와준 것도 그럭저럭 대여섯은 되었다. 그러나 그 사건 뒤로는 학교에서뿐만 아니라 동네에서조차 그와 어울리려는 반 아이들이 없었다. 그전의 따돌림과는 견줄 수 없는 철저한 소외였다.

한병태의 자존감 회복은 엄석대에 대한 굴종에서 기인한다. 엄석대에게 저항한 결과 처절한 열등감을 맛보았던 병태는 그에게 굴복함으로써 석대가 보인 단맛에 흠뻑 빠진다. 엄석대에 대한 한병태의 저항과 굴종 그리고 엄석대의 권위를 수용하는 모습을 바라보면 자유와 정의를 향한 투쟁에서 개인이 불의한 집단의 힘 앞에 구부러지는 모습을 볼 수 있다. 한병태가 엄석대의 권위를 거부한 것은 그가 세운 환경과 질서가 그동안 옳다고 배운 것과는 어긋난다는 신념에 기인한다. 불합리와 폭력에 기초한 거대한 불의가 존재한다는 확신과 그것은 합리와 자유에 상충하는 것이었다.

우리의 일그러진 영웅은 누구인가?

물론 독자에게는 엄석대에게 억눌린 현실을 개혁하려는 한병태의 의식 태동, 활동 및 굴복의 일련의 과정에서 한병태가 일그러지는 모습이 보이기 때문에 한병태가 소설의 제목에 걸맞는 사람처럼 보일 수도 있다. 하지만 소설의 제목에 더 적합한 인물은 엄석대다. 두 가지 이유가 있다. 첫째는 초등학교 5학년인 한병태의 의식에는 엄석대가 좌절한 자신을 구원하는 영웅으로 인식되기 때문이며, 둘째는 새로운 담임 선생의 출현으로 갑작스럽게 몰락한 엄석대와 30년이 지난 뒤에 우연히 보게 된 엄석대의 모습에서 한병태는 그렇게 되어서는 안 되는 자신의 - 한병태의 표현에 의하면 우리들의 - 일그러진 영웅을 확인하기 때문이다.[6]

이 작품에서 엄석대라는 인물이 영웅의 권력을 가질 수 있는 이유는 무엇일까? 한국에서 권력 서열에 가장 영향을 미치는 요인에 대해 알아보자. 첫째, 엄석대는 학급에서 가장 나이가 많다(나이에 의한 서열). 둘째, 엄석대는 남성이다(성에 의한 서열). 셋째, 엄석대는 학급 및 전 학년에서 가장 힘이 세다(힘에 의한 서열). 넷째, 엄석대는 전교 일등으로 가장 공부를 잘한다(학력에 의한 서열)를 들 수 있다. 엄석대의 권력은 담임 선생님에 의해서 일방적으로 급장에게 위임된 권위로서 가장 힘이 세고 전교 일등의 성적을 갖춘 '우리'들의 영웅이기에 가능한 것이었다. 아이러니하게도 완고했던 조직은 외부의 힘, 즉 새로운 담임 선생님에 의해서 급장의 허위성이 폭로되면서 와해한다. 즉 엄석대의 성적이 과목마다 가장 우수한 학생이 대리로 작성해 준

---

6 이신형 「소설과 영화, '우리들의 일그러진 영웅'에 대한 정치적 해석」『대중서사연구』 22(2), pp.171~172 참조.

답안지에 의해 가능했다는 비밀이 폭로된 것이다. '영웅'은 '우리'들의 집단적인 합작과 공모로 만들어진 일그러진 허상임이 밝혀진다.

역사·정치적 알레고리 소설

『우리들의 일그러진 영웅』은 역사 · 정치적 알레고리 소설이다. 알레고리란 직접적으로 그리스어 알레고리아(Allegoria, 달리 표현하다)에 어원을 두고 있다. 추상적 생각이나 개념을 의인화하거나 동물이나 식물 형상으로 바꿔 묘사하는 것을 말한다. 넓게는 은유, 직유, 대유의 개념과 비슷하며, 좁게는 우화같은 비유적인 이야기를 뜻한다. 즉 어느 사물을 직접적으로 표현하는 것이 아니라, 다른 사물에 의해서 암시적으로 표현하는 방법이라는 뜻한다. 이 소설은 우리 시대의 정치적 상황에 대한 하나의 알레고리로 보아야 할 것이다. 초등학교 교실이 한국 전체의 상황이 되고, 엄석대의 일생이 한국 정치사의 알레고리가 되고 있다.

이 작은 시골 초등학교를 배경으로 우리가 사는 사회의 모습을 단편적으로 보여주고 있다. 이 소설의 시대 배경은 자유당 정권 말미로 되어있는데 이는 지난날 독재 정권의 시대로 보면 될 것이다. 반 아이들은 부당한 지배를 당하고 있으면서도 그것이 억울하다거나 피해라고 느끼지 못하고 이미 정해져 있던 사실로 받아들여 체념하고 살아가고 있는 사람들 즉, 독재 정권 시대의 민중들을 가리키는 것이다.[7]

7 김지현 「〈우리들의 일그러진 영웅〉의 고찰」『나랏말쌈』 10, 1995, pp.101~102.

영화와 소설

영화와 소설의 차이를 보자. 첫 부분을 보면, 소설은 한병태의 회상에서 시작된다. 영화는 학원강사가 된 한병태가 5학년 담임 선생님의 장례식장에서 학급 아이들을 만나 엄석대의 이야기가 나오고 회상이 시작된다. 엄석대의 최후를 보면, 소설은 한병태가 가족여행에서 엄석대가 수갑을 차고 경찰에 붙잡혀 끌려가는 모습을 목격한다. 한편 영화는 5학년 담임 선생님의 장례식장에서 엄석대의 이름으로 거대한 화환이 등장하고 어디에선가 아직 엄석대는 권력을 행사하고 있다는 것을 의미하고 있다. 엄석대의 비행이 드러났을 때, 소설에서는 엄석대가 반 아이들 하나하나를 찾아가 구타하고 습격하자 김 선생님이 아이들 여럿이 몰려다니도록 하교 지시를 하자 구타하지 못하게 된 엄석대는 자취를 감춘다. 영화에서는 교실에 방화하고 엄석대는 사라진다. 영화에서는 은화와 탄피가 등장한다. 자유의 여신상이 그려져 있는 은화는 '자유'를 상징하며, 탄피는 김영팔이 한병태가 한창 엄석대에게 대항했을 시기에 빌려준 것이다.

영화 결말에 김 선생은 권력의 상징인 금배지를 차고 있는 국회의원이 되어있었고, 제자들에겐 대충 대하며 높으신 분들에게 굽신거리면서 악수한다. 심지어 그 무능했던 5학년 때 담임 선생님을 훌륭한 교사였다고 치켜세우는 아부까지 하며 자기부정을 하고 있다. 이에 학생들은, "변해도 너무 변했어. 출세가 뭔지……." 라고 뒷담화를 한다. 한 마디로, 민주주의와 정의를 외치던 6학년 때의 열혈 담임 선생님의 모습은 이미 권력의 아부 앞에서 사라져 버린 것이다. 미포리에서 병태가 석대 일당과 파티를 할 때, 품에 늘 가지고 있던 자유의 여신상 주화를 모닥불에 던져버린다. 이는 자유를 포기하고 엄석대에게 굴종했다는 것을 의미한다. 영팔이는 처음 한병태가 엄석대한테 저항하자 아끼는 물건이라며 몰래 탄피를 선뜻 주고, 한병태가 건의함 설치를 주장하자 다른 아이들은 눈치를 보는데 혼자 모르는 척 찬성표에 손을 들거나 자기 집이 정반대인데도 하굣길에 한병태 옆에 찰싹 붙어 다니며 네 편임을 강하게 내비치는 등 한병태를 자기가 할 수 있는 모든 방법을 동원해 지지해주었다. 그러나 한병태가 굴복하고 물들어가자 실망해 과거에 준 탄피를 돌려달라고 부탁한다. 하지만 한병태는 탄피를 잃어버렸다며 곤란해한다.

4. 작품의 의의 및 평가

『우리들의 일그러진 영웅』은 우리나라의 굴곡진 현대사를 초등학교 학급이라는 작은 사회에서 구현한 솜씨가 매우 빼어나다. 소설적 재미를 살렸고 통상적인 교양 소설의 형식으로도 읽힐 수 있다는 점에서 뛰어난 소설임에는 분명하다. 또한 90년대부터 꾸준히 교과서에 실리는 작품이다. 한국문학이 낳은 최고 걸작이며 87년 이상문학상을 수상하였다. 반면, 폭력구조의 본질은 덮어둔 채 허약한 좌절만을 나열해 새로운 세계에 대한 민중적 전망이 결여된 이야기라는 부정적 평가도 있다.

엄석대의 몰락은 미국의 암묵적 동의로 유지되던 이승만 독재 정권이 몰락하고 4 · 19 혁명으로 민주주의가 승리하는 과정과 조응하는 것으로 그려지고 있다. 학급의 민주화야말로 조직원 개개인의 의식 자각에 의한 것이기보다는 외부의 힘으로 가능해진다. 즉 새로운 담임 선생님이 엄석대에게 위임된 권위를 거두어들이면서 우리들의 영웅은 몰락하게 되며 동시에 조직원 개개인이 누리던 특권도 사라지고 만다. 이를 통해 권위주의 및 집단주의를 특징으로 하는 한국의 유교적 정치 제도 및 경제 제도의 특징과 구조적 모순이 포착되고 있다.

엄석대의 몰락에 대한 서술자의 시선은 엄석대를 우리 중의 하나로서 힘과 권위가 상실된 무력한 유교적 가부장으로 그려 가고 있다. 여기서 한국적인 집단주의 즉 '우리주의(We-ism)'의 문화적 특성이 포착된다. '우리들의 일그러진 영웅'의 몰락은 곧 유교적 가부장(우리)의 집단적 몰락임을 암시하고 있다. 이런 점에서 이 작품은 근대화 과정 속에서 붕괴하는 절대 권력(독재 정권)과 부권(夫權)을 상징하고 있는 작품으로 볼 수 있다.[8]

5. 생각 나누기 및 토론

역사의 흐름을 변화시킨 다수의 민중에 대해 이야기해 보자.

1960년 4.19혁명

1980년 5.18광주민주화운동

1987년 6월항쟁(반독재 민주화운동)

2004년 노무현대통령 탄핵 반대 촛불시위

2016-17년 촛불시위(박근혜 대통령 퇴진운동)

---

8 김해옥 「문학 정전을 통한 한국 문화 및 한국학 교수 방안에 대한 연구 -『사랑손님과 어머니』와『우리들의 일그러진 영웅』에 나타난 관점 문화를 중심으로」『한국어 교육』 23(2), 2012, pp.110~112.

◆ 독서토론·시사토론·인성 토론

① 내가 한병태나 5학년 담임이었더라면 어떻게 했을까? 6학년 담임의 행동은 또 다른 폭력인가?

② 진정한 시민의식과 책임, 그리고 정의란 무엇인가?

③ 우리 사회에 필요한 리더십이란 무엇인가?

제2장
〈기생충〉
- 신자유주의 시대, 기생하는 자들의 슬픈 삶

1. 작가소개

봉준호(奉俊昊, 1969년 ~)는 영화감독이다. 연세대학교 사회학과를 졸업했다. 그는 1993년 단편 영화 〈백색인〉으로 데뷔 후 2000년 영화 〈플란다스의 개〉로 장편 영화 감독으로 데뷔하였다. 두 번째 장편 영화 〈살인의 추억〉(2003)에 이어 〈괴물〉(2006)과 〈설국열차〉(2013)로 상업적으로 성공을 거두었다. 2017년 〈옥자〉와 2019년 〈기생충〉이 칸 국제 영화제에서 공식경쟁 부문에 초청되었다. 〈기생충〉을 통해 한국 감독으로는 최초로 2019년 황금종려상을 받았고, 2020년 제77회 골든 글로브상에서 최우수 외국어 영화상을 받았다.

영화 〈기생충〉 포스터[1]

제92회 아카데미상에서 최우수 국제영화상, 최우수 작품상, 최우수 감독상, 최우수 각본상의 4개 부문의 상을 모두 받은 최초의 아시아 영화감독이 되었다.

봉준호는 대구에서 2남 2녀 중 막내로 태어났다. 그의 아버지 봉상균은 효성여자대학교 응용미술학과 교수를 지낸 그래픽 디자이너다. 어머니 박소영은 『소설가 구보 씨의 일일』로 유명한 구보 박태원의 딸(차녀)이다. 봉준호는 과거 매체들과 인터뷰에서 "아버지 방에 외국에서 사 온 디자인 책과 화집, 사진집 등이 진열돼 있었다. 아버지가 포스터컬러와 물감으로 작업하는 모습도 많이 봤다."(『한국일보』 2020.1.16.)라고 했다. 그는 중학교 때 영화감독이 되기로 했으며, 영화광으로 청년기를 보냈다. 영화에 대한 열정에도 불구하고 부모의 만류로 대학 진학 때에는 영화 연출을 전공하지 않았다. 1988년 연세대학교 사회학과에 입학하였고, 영화 동아리의 일원으로 활동하였다. 그는 에드워드 양, 허우 샤오시엔, 쇼헤이 이마무라의 팬이었다. 봉준호는 2009년부터 2019년까지 전국 대학생들의 가장 존경하는 인물 중에서 좋아하는 영화감독 1위로 선정되었다. 2017년 메타크리틱은 21세기 최고의 영화감독 25인으로 봉준호를 16위에 선정하였다. 2020년 1월, 미국 엔터테인먼트 전문매체 버라이어티가 선정한 '세계 엔터테인먼트 리더 500인'에 선정됐다. 봉준호의 작품세계는 다음과 같다.

---

1 제작 CJ엔터테인먼트, 출처 위키백과 http://www.kobis.or.kr/kobis/business/mast/mvie/popupImg.do?imgURL=/common/mast/movie/2019/05/72d8601eaf93467993e92e46a45775fc.jpg(검색일: 2021.1.10.)

1996-2002 : 초기 경력 첫 번째 장편 영화 데뷔작인 〈플란다스의 개〉(2000년)

이 영화는 아파트 단지에서 벌어진 강아지 실종 사건을 다룬 코미디 영화로 그가 결혼 후 실제로 거주했던 같은 아파트 단지에서 촬영되었다. 비평가들로부터의 평가는 긍정적이었지만 흥행에는 실패했다. 그런데도 이 영화는 스페인의 산세바스티안 국제영화제 공식경쟁 부문에 초청되었으며, 홍콩의 슬림 댄스 국제 영화제에서 국제영화비평가상과 뮌헨 영화제 신인감독상을 받았다. 해외 영화제에서의 국제적인 입소문을 서서히 구축하는 것도 영화의 재정적 도움을 주었다. 영화가 출시된 지 2년이 지났을 때 영화는 해외 판매 수익으로 인해 손익분기점에 도달했다.

2003-2009 : 〈살인의 추억〉, 성공과 주목받다

1980년대 경기도 화성에서 일어난 장기미제사건이었던 연쇄 살인범 이춘재 사건에 관한 내용이다. 2003년 4월에 개봉되었고, 525만 명의 관객 수를 기록하며 대중적인 성공을 거두었다. 2006년 영화 〈괴물〉은 서울 한강에 나타난 괴생물체에 맞선 한 가족의 사투를 그리고 있다. 당시 최고의 첨단 기술력으로 구현한 한국 괴수영화의 시작, 사회비판과 풍자를 녹여낸 정점의 블랙 코미디다.

2011-2018 : 계속된 영화들

2013년 봉준호는 프랑스의 그래픽 소설을 기반으로 한 첫 번째 영어 영화 〈설국열차〉를 발표했다. 이 영화는 냉전 시대 갑작스러운 기온 강하로 혹독한 추위가 닥친 지구를 배경으로 난방과 식량 자급이

가능한 설국열차가 유일한 생존처가 된다는 설정을 하고 있다. 그의 할리우드 데뷔작이다. 영화는 한국과 해외에서 거의 폭발적인 찬사를 받았다. 〈설국열차〉는 다수의 상과 후보작을 수상한 것 외에도 2014년 10대 최고의 영화에 대한 목록에 선정되었다. 계급성은 봉준호 감독 영화의 근간을 가로지르는 주요한 문제 중 하나로 그는 다양한 방식으로 계급 문제를 재현해 왔다. 그런데 〈기생충〉은 리얼리즘에 기대어 동시대 한국인의 사적인 삶을 파고드는 방식으로 계급성을 노골적으로 파헤친다는 점에서 여타 봉준호 감독 영화와 차별성을 보인다.[2]

2019-현재 : 〈기생충〉, 국제적인 명성을 얻다

2019년에 봉준호는 블랙 코미디 서스펜스 영화 〈기생충〉을 공개했다. 영화는 사회의 극과 극에 있는 두 집단의 희비가 버무려지는 서사를 통해 대한민국 사회에 깊숙이 존재하는 빈부격차 문제를 비판하고 있다. 이 작품은 해외에서도 높은 작품성을 인정받아 2019년 칸 국제 영화제에서 최고의 명예인 황금종려상을 수상했다. 2013년 〈가장 따뜻한 색, 블루〉 이래 만장일치로 수상한 최초의 한국 영화가 되었다. 〈기생충〉은 미국 아카데미상에서 수상한 최초의 한국 영화가 되었다. 또한 개인이 아카데미 4개 부문 상을 모두 받은 것은 1953년 월트 디즈니 이후 67년 만으로 이 작품의 큰 성공으로 봉준호는 세계적 거장 반열에 오르게 되었다. (위키백과)

---

2 이다운「영화 〈기생충〉 연구 - 희비극으로 재현한 계급 공존의 불가능성」『어문연구』 101, 2019, pp.288~289.

2. 작품의 시대적 배경

〈기생충〉(2019)은 21세기 신자유주의를 배경으로 하고 있다. 1990년 중반 대기업을 중심으로 신자유주의 구조조정이 시작되었다. 1997년 IMF 경제위기 이후 정리해고와 근로자파견제가 도입되었다. 이로 인해 떠돌아다니는 노동자의 시대가 본격적으로 시작되었다. 이 영화에서는 이 세상 누구도 자신을 도와주지 않는다는 냉혹한 교훈을 주고 있다. 21세기에 들어선 우리 사회를 특징적으로 나타내는 용어들 가운데 대표적인 것으로 '신자유주의'를 들 수 있다. 1990년대 후반 IMF 구제금융이라는 경제위기 상황 이후 우리 사회에는 기업구조조정과 노동유연화 등의 새로운 현상들이 나타났다. 신자유주의 정책사조의 특징적인 정책 메뉴는 자유화(무역 · 투자 · 자본 자유화), 민영화, 복지축소, 규제 완화, 노동시장 유연화 등이다. 이 정책 패키지는 1980년대 영국의 대처 총리, 미국의 레이건 대통령이 추진한 정책과 일치하며, 신자유주의는 80년대 외채위기 과정에서 IMF가 지원의 조건으로 추진한 라틴아메리카 각국의 개혁프로그램, 90년대 동구, 러시아의 개혁, 97년 외환위기 이후 IMF가 주도하여 추진한 한국 등 아시아 각국의 개혁정책, WTO 의제 등 최근 20년 동안 모든 주요한 정책의 기본적인 기조였다고 알려져 있다.[3]

자본주의의 변화과정은 다음과 같다. 먼저, 애덤 스미스의 초기자본주의가 있다. 애덤 스미스는 『국부론』(1776)에서 시장에서의 자유로운 경쟁이 사회 전체의 부를 증진한다고 보았다. 국가가 시장에 간

---

3 조원희 「신자유주의의 비교학설 사적 고찰 - 보편성 기준의 충족 여부를 중심으로」『국민경제연구』 26, 2004.

섭하지 않아도 시장은 스스로 가격을 조절하며 유지된다는 것이다. 자유 시장의 자율적인 조정 능력이 있고 이를 〈보이지 않는 손〉이라 했다. 경쟁으로 인해 가격 인하의 압박은 받지만, 판매자가 망하지 않는 선에서 가격이 교묘하게 결정된다고 보았다. 하지만 매우 자연스럽고 상식적으로 보이는 초기자본주의는 과열 경쟁에 의한 소비위축과 공급과잉의 문제로 인해 필연적으로 경제 대공황이라는 시장실패 상황을 몰고 온다.

두 번째는 영국의 경제학자 케인스가 제시한 1930년대의 후기 자본주의(수정자본주의)다. 그는 초기자본주의가 자기 조절 능력이 있다고 믿는 것은 잘못된 생각이라고 지적하였다. 그는 정부가 적극적으로 개입해서 시장의 문제점을 해결할 것을 제안하였다. 정부가 세금을 통해 부를 재분배함으로써, 자본에 의한 독점을 막고, 소비가 활성화되도록 보완해야 한다는 것이다. 공공사업을 통해 일자리를 창출해서, 고용된 노동자들이 소비 활동을 할 수 있도록 유도하고, 세금을 적극적으로 징수해서 정부의 재정을 늘리고, 이 자금을 공공사업의 자금으로 재사용하여 경제의 선순환을 이룬다. 이 과정에서 부가 재분배되고, 사회적 빈부격차가 줄어들며, 정부의 재정이 늘어난다. 발전과 성장만을 추구하는 것이 아니라, 사회 전체의 삶의 질을 높이고사회적 소외계층을 보살피는 '인간의 얼굴을 한 자본주의' 시대를 만들어야 한다는 것이다. 문제점은 경기침체와 장기불황, 스태그플레이션이다. 불황인데도 불구하고 가격이 오르는 스태그플레이션 현상이 생긴다. 정부가 노동자의 권익 보호를 위해 너무 과도하게 시장에 개입했기 때문이다.

세 번째는 1970년에 등장한 시카고학파가 주도한 신자유주의이다. 정부의 개입을 비판하며 초기자본주의의 복귀를 주장하는 체제가 다시 도입되었다. 이들은 1970년대 이후부터의 장기불황의 원인을 수정자본주의가 추구한 과도한 정부개입으로 보았다. 세금과 규제가 줄어든 신자유주의 체제에서는 어쩔 수 없이 거대자본력이 독점적으로 산업을 이끈다. 자본에 의한 독점현상과 그로 인한 빈부격차가 심화한다는 문제가 있다. 신자유주의는 급속하게 전 세계의 지배적인 이념으로 자리 잡아 갔다. 1990년대 들어서는 세계적으로 의미가 있는 두 가지 현상들의 출현으로 인해 신자유주의의 지배력이 더욱 강화되었다. 첫째, 1980년대 말 사회주의 국가들의 몰락이다. 이로 인해 계획경제에 대한 자유시장경제의 우위성이 확인되었으며, 시장에 대한 국가의 개입을 용인하는 복지국가에 대한 비판은 더욱 설득력을 얻었다. 둘째, 세계화의 급진전이다. 1990년대 들어 미국 경제가 부흥한 이후 신자유주의는 세계화와 깊은 연관을 맺게 되었다고 한다. 세계화가 진행되면 될수록 모든 국가는 더욱더 시장을 개방할 수밖에 없으며, 시장이 개방되면 될수록 자유경쟁 및 경제효율성과 같은 신자유주의의 가치들이 더욱 존중받게 된다.[4]

2017년, 국가별 통계로부터 신뢰할 만한 부의 측정을 하게 된 이래 처음으로 상위 1% 부자가 나머지 99%의 재산을 합친 것보다 더 많은 재산을 갖게 됐다.[5] 한국의 소득양극화 수준은 경제협력개발기구(OECD) 회원국 36개국 중 30위로 최하위권이다.[6] 부익부 빈익빈이 세계적인 현상이라고 하지만 한국의 상황은 더욱 심각하다. 상위

---

4 「한국의료와 신자유주의 - 새로운 대안을 찾아서」https://khanews.com/news/articleView.html?idxno=64687(검색일: 2020.12.5.)

5 https://www.bbc.com/korean/vert-cap-46773192(검색일: 2020.12.5.)

6 『시사경제신문』 http://www.sisanews.kr(검색일: 2020.12.5.)
이는 2018년 가계금융 · 복지조사 팔마비율(소득상위 10% 인구의 소득점유율을 하위 40% 인구의 소득점유율로 나눈 값) 기준에 따른 것으로, 우리 소득양극화의 현실을 그대로 보여준다.

10%가 전체 소득의 절반을 넘어서는 극단적인 양극화 현상이 심화하고 있다.[7]

〈기생충〉은 1% 대 99% 양극화 담론에 전 세계 젊은 관객들에게 큰 반향을 불러일으켰다. 무엇보다 〈기생충〉이 세계의 관객들과 깊은 공명을 일으킨 이유는 현대 자본주의 사회를 향해 던진 묵직한 주제 의식 때문이다. 한국의 불평등은 2000년대 이후 본격화됐다. 1980년 7.4%였던 상위 1%의 소득점유율은 1995년 7.2%로 오히려 완화됐다. 경제성장과 함께 중산층이 두꺼워진 덕분이다. 그러나 2000년 이후 8.3%로 늘기 시작하면서 2015년 12.1%로 급증했다. "날로 극심해지는 빈부격차의 실상을 실감이 나게 보여줬다."라는 북한 선전매체(『조선의 오늘』, 2019년 6월)의 〈기생충〉 평론과 일치하는 지점이다.[8]

3. 핵심적인 내용 및 주제

〈기생충〉은 2019년 5월 개봉된 봉준호 감독의 작품으로, 극과 극의 삶을 사는 두 가족을 중심으로 빈부격차와 양극화로 인한 계급·계층 간 단절을 다뤄낸 영화다. 〈기생충〉은 식구 전원이 백수인 가족의 장남 기우가 친구의 소개를 통해 유명기업 CEO 딸의 고액 과외 면

---

7 http://www.dt.co.kr/contents.html?article_no=2019031802109958038004(검색일: 2020.12.5.)
전문가들은 주요 50개국 중 3위에 들 정도로 심각한 수준이라고 입을 모은다. 한국노동연구원이 최근 발간한 '2017년까지의 최상위 소득 비중'을 보면 2017년 기준 우리나라 상위 10% 집단의 소득 비중이 50.6%로 절반을 넘었다. 보고서에 따르면 상위 소득 비중 증가는 최상위 1%가 주도하고 있다. 최상위 1% 집단의 소득 비중은 2004년 10.42%로 10대에 진입했다가 줄곧 상승하며 2017년 15.26%로 4.84%포인트 늘어 15%를 돌파했다.

8 https://news.joins.com/article/23702771(검색일: 2020.12.5.)

접을 보러 가면서 시작되는 일련의 사건들을 그려낸다.

〈기생충〉은 빈부격차라는 세계화 담론을 따르고 있으면서 철저하게 한국적인 특징을 드러내고 있다. 주제는 빈부격차와 사회 양극화의 시대상 고발과 불평등한 계급 구조 비판이다. 〈기생충〉은 박 사장네 집에서 기생하는 기택이네 가족의 비정규직 직장을 배경으로 하고 있다. 취업에 규칙이 없고 문서를 쉽게 위조하며 고용주가 적당한 사유를 만들어내면 하루아침에 해고할 수 있다. 고용은 '알음알음' 이루어지고 있다. 여기서 '한국적 특수성과 노동 형태'를 보여주고 있다. 학벌 중심주의가 양산한 특수한 노동 형태가 과외다. 기택이네는 박 사장네 집에서 과외와 가정부, 그리고 운전기사라는 특수한 형태의 노동을 하고 있다. 그리고 기택과 근세는 치킨집과 대만 카스텔라 장사를 하다가 망했다. 이는 자영업자의 몰락을 일으킨 특정 프랜차이즈를 상징하고 있다. 4수 중인 기우와 미대 지망생인 기정의 불안한 상태를 그리고 있으며, 이는 몰락한 중산층이라는 것을 나타내고 있다. 한국적 특수성을 토대로 구조적 모순을 적나라하게 조명하고 있다. 즉 거대한 불가능성으로 고착된 계급성을 잘 나타내고 있다.

〈기생충〉이라는 제목에서 알 수 있듯이 박 사장네(숙주)에 기생하는 기택이네와 문광이네를 기생충에 비유하고 있다. 한국에서 일반인들이 '충'으로 지칭되고 있다. 한남충, 맘충, 일베충, 학식충, 설명충 등이다. 맘충은 '자신의 아이만 아는 몰지각한 엄마'를, 한남충은 '가부장적이고 여성을 배려할 줄 모르는 한국 남성'을 뜻한다. 이처럼 '충'을 붙인 신조어가 확산하고 있다. 기택과 근세 가족은 몰락한 중산층이며 소외된 노동자로 상류계층의 박 사장 저택에 기생하며 충의 삶을 살게 된다. 최근에 평범한 학생과 직장인마저 '충'이라는 접미사로 대상을 지시하고 있다. 세상 '충'들의 삶을 섬세하고 파격적으로 재현하고 있다. 기택은 안분지족이라는 단어를 벽에 걸어놓고 있다. 그는 계급상승이나 투쟁의 의지를 상실하여 현재의 생활에 만족하고 있다. 그리고 요즘 자주 들을 수 있는 맘충 같은 표현도 스스로 벌레에 빗대어 표현하는 것 자체가 성장과 성취의 가능성을 제거하고 있다.

기생충이 된 하층민 기택이네는 박 사장네 집에서 우아한 숙주를 시작한다. 기택네의 반지하는 음습한 어두움이 장악하고 있다. 반지하는 기택 가족이 지상의 삶에 편입할 수 있는 능력이 부재함을 상징하고 있다. 훔쳐 쓰는 와이파이, 꼽등이와 노상 방뇨, 피자 박스 접기 등 한시적 노동이다. 기택의 안분지족과 무계획은 절망과 빈곤을 지족의 상태로 수용하고 포기하는 것이다. 불확실한 노동자는 신자유주의가 배태한 계급이기도 하다. 박 사장네는 현대적이고 고즈넉한 저택에서 신사적이며 단순한 성격으로 묘사된다. 하지만 공격적인 언행과 은연중에 무시하고 깔보는 태도를 보인다. 박 사장이 기택 몸에서 나는 지하철 냄새를 언급하는 순간 기택은 계급적 모멸감을 느낀다. 박 사장 부부는 고용인들이 자신들이 규정한 선을 침범하면 가차 없이 제거하며 고용자를 소모품으로 간주한다. 결국, 생존을 위한 수평 폭력과 기생의 파국이 일어난다. 기택과 근세 가족의 활극은 안정된 생계로부터 추방당한 소외된 노동자는 괴물이 된다는 것을 보여준다. 두 소외된 노동자 계급은 상류계층을 숙주로 삼아 기생하는 것 말고는 대안을 찾지 못한 채 부유하는 프롤레타리아 계급이다. 결국, 기생의 파국이 일어난다. 근세는 기정을 살해하고 근세는 문광을 죽게 한 충숙에 의해 살해된다. 기택이 박 사장을 죽인다. 정규직이라는 선발된 소수의 자리를 차지하기 위해 기택 가족과 근세 부부처럼 서로를 제거해야 하는 생존경쟁의 시대임을 보여준다.

일반적으로 라이트 모티프(Leitmotiv)는 오페라나 교향시 등의 악곡 중에서 특정의 인물이나 상황 등과 결부되어, 반복해 사용되는 짧은 주제나 동기를 가리킨다. 단순한 반복이 아니고, 화성 변화나 대선율로서 더해지는 등 변주 · 전개되는 것에 의해서, 등장인물의 행위나 감정, 상황의 변화 등을 단적으로, 혹은 상징적으로 시사하는 것과 동시에, 악곡에 음악적인 통일을 가져오고 있다. 나중에, 음악에 대하여 도입된 개념인 라이트 모티프는 문학에서도 이용되는 개념이 되었다. 영화에서 라이트 모티브란 특정한 등장인물이나 특정한 상황을 묘사할 때 사용되는 짧은 주제선율이며, 같은 등장인물이나 특정 상황을 묘사할 때마다 반복적으로 나타남으로써 극의 진행을 음악으로 묘사하는 기법이다. 요약하면, 라이트 모티프는 반복과 변조를 통해 주제를 형성하고 관객들에게 제시하는 그 어떤 영화적인 이미지나 소리를 말한다.

라이트 모티브

	하류계층	상류계층
주거공간	반지하/지하(방공호) (변기)	지상
계단	비를 맞으며 계단 내려감	계단 올라감
물	물로 뒤덮인 동네	미세먼지 없는 기분 좋은 날씨
공간(비)	주거지를 잃어 체육관에서 공동생활	아들의 생일잔치
냄새(모멸)	지하철 냄새/하류계층의냄새	경멸의 제스처
빛	어두운 지하	밝은 지상
선	오염된 존재로 박사장 가족 인식	고용자가 자신이 규정한 선을 침범하면 해고/코를 막는 행위

〈기생충〉에서 라이트 모티프는 상류계층과 하류계층(사는 공간, 의상, 말투), 반지하와 지하(방공호), 그리고 지상, 계단 올라감과 계단 내려감, 물로 뒤덮인 동네와 미세먼지 없는 기분 좋은 날씨, 주거지를 잃은 후 체육관에서의 공동생활과 아들의 생일잔치, 어두운 지하와 밝은 지상 등 극명한 대비를 이루는 라이트 모티프를 통해 빈부격차라는 주제를 더욱더 부각하고 있다.

지상의 박 사장네 -성공한 상류층 IT 기업의 젊은 CEO

박 사장의 삶을 상징하는 것은 지상의 현대적이고 고즈넉한 언덕 위의 저택이다. 박 사장의 집은 3층 구조로 구성되어 있다. 1층은 도로와 붙어있으며, 대문과 차고로 구성되어 있다. 2층에는 통창으로 밖을 볼 수 있는 큰 거실과 그 거실과 분리된 주방이 있으며, 3층에는 가족 구성원들이 주로 생활하는 방이 있다. 거실에서 통유리로 보이는 외부는 이 집의 일부를 이루고 있는데, 잔디가 깔려있고 나무가 심겨있는 마당이다. 그곳에서 박 사장의 아내인 연교(조여정)가 낮잠을 즐기기도 했다. 거실 창의 크기부터 시작하여 창밖에 보이는 풍경까지 박 사장의 집과 기택의 집은 시각적 대조를 이룬다. 기택이네는 곰팡이와 노상 방뇨로 냄새나는 불결한 집이다. 반면에 박 사장 집에서는 정원에서의 일광욕, 비가 온 뒤에 맑은 날의 생일파티, 놀이, 거품목욕 등이 가능하다.

기택이네가 박 사장네에 위장취업으로 밀착하여 살아왔기에 박 사장네에 대해 잘 알고 있는 처지다. 그런데도 박 사장네와 기택이네, 문광이네 사이에는 넘을 수 없는 선이 존재한다. 박 사장은 고용한 사람들이 선을 넘지 말아야 한다고 거듭 강조한다. 박 사장네에 고용되는 자는 자신의 자리를 알아서 지켜야 한다. 정해진 자리를 벗어나 박 사장 일가의 생활 및 심리적 공간을 침해할 때 그것은 선을 넘는 것이 된다. 하류계층이 상류계층과 사적인 관계를 맺으려고 시도하지만, 상류계층은 그들만의 리그에 하류계층이 들어오는 것을 용납하지 않는다. 그동안 박 사장 부부는 고용인들이 자신들이 규정한 선을 침범하는 순간 가차 없이 제거해왔다. 그들에게 기택 가족은 자신들의 편의에 의해서만 존재해야 하는 대상일 뿐이다. 그러나 기택이네의 반지하 냄새는 감출 수 없기에 의도하지 않게 선을 넘어 박 사장 일가의 후각에 침투한다. 냄새는 통제할 수 없는 대상이 된다. 어느 날 차 안에서 나는 기택의 냄새에 연교는 얼굴을 찌푸리며 창문을 연다. 박 사장은 다송의 생일날 지하에서 지상으로 뛰쳐나온 근세의 역한 냄새에 박 사장이 코를 움켜쥐는 데 이러한 돌발행위는 기택의 돌발적 살인 행위를 부른다.

반지하의 기택이네 -몰락한 중산층

기택 가족의 삶을 상징하는 것은 그들이 사는 반지하이다. 반지하는 다세대 및 다가구 주택의 지하에 있는 거주지로서 지상부로 창이 나 있어 채광과 통풍이 완전 지하에 비해 양호하다는 이유로 '반지하'라는 이름을 부여받았다. 우리나라의 반지하 주택은 주택마다 방공호 시설을 의무화하던 1970년대 '건축법'과 도시의 인구집중 현상, 주택 공급 능력이 부재했던 정부의 방관, 부를 창출하고자 하는 인간의 탐욕 등이 서로 맞물려 탄생시킨 도시 · 주거정책의 산물로, 그 안에는 계급적 타자화 과정이 고스란히 담겨 있다. 부연하자면 1970년대만 하더라도 주택마다 방공호 시설 설치를 의무화했었지만 1980년대 들어 '건축법'이 개정되었고, 서울로 인구가 몰리는 현상이 발생하자 방공호를 불법 개조하여 거주 공간으로 활용하는 가구들이 늘었다. 그러나 당시 주택 공급 능력이 부재했던 정부는 이를 눈감아주게 되었으며 그 결과 '반지하'라는 독특한 주거 형태가 생겨난 것이다.

반지하는 1984년 건축법 개정으로 규정이 완화되면서 급격하게 확산한 주거 형태로 창고나 대피소 등의 목적으로 만든 다세대 및 다가구 주택의 지하층을 주거용으로 개조하면서 출현하였다.[9] 타인의 빈곤한 정황이 임대수익을 창출하는 기회로 전환되면서 양산된 반지하는 이후 한국인의 빈곤을 상징하는 메타포로 존재해 왔다. 반지하는 기택 가족이 지상의 삶에 편입될 수 있는 능력이 부재함을 상징한다. 기택은 대리운전, 주차요원, 치킨집, 대만 카스텔라 등을 해 왔지만, 현재는 백수다. 영화에서는 기택의 과거를 몇 마디 대사로 흘려보낼 뿐이며 오직 기택의 '하찮은 현재'에 초점을 맞춘다. 따라서 '성공이 새로운 도덕의 기준이라면 새로운 비도덕적 인간은 실패자'인 시대에서 기택 가족은 무능과 태만을 전제로 한 은근한 경멸의 시선 앞에 선다. 더구나 〈기생충〉은 지상의 삶으로 편입하기 위해 고군분투한 기택 가족의 노력을 지워버린다. 지나가는 짧은 대사로만 기택 가족이 '생각보다 열심히 살았을 수도 있다.'라는 정보가 희미하게 흘러들어올 뿐이다. 그로 인해 기택 가족의 빈곤하고 미래 없는 정황의 책임은 오롯이 그들의 무능과 한심한 선택으로 귀결된다. 치킨집과 대만 카스텔라 사업에 뛰어들었다가 망한 것은 기택의 잘못된 선택 때문이며, 4수 중인 기우와 미대 지망생인 기정의 불안한 상태도 불충분한 노력과 능력 때문으로 치부된다.

---

9 홍인욱 「지하주거의 실태와 문제점」『도시연구』 8, 2002, p.61.

그런데 중요한 점은 기택 가족이 빈곤하고 희망 없는 정황을 크게 개의치 않는 듯 그려진다는 것이다. 안방에 걸려있는 '안분지족' 액자가 대변하듯 기택 가족은 현실을 절망하거나 한탄하기보다 부재의 자유를 만끽하기라도 하듯 사뭇 유쾌하기까지 하다. 빈곤은 그 사회에서 행복한 삶이라고 여겨지는 기회들과 단절되고 삶이 제공해야 하는 것을 받지 못함을 의미한다. 이런 이유로 빈곤은 자주 분노와 적의 그리고 자기 경멸을 배태한다. 그러나 기택 가족은 피자 상자를 잘못 접어 노동 수당을 제대로 받을 수 없게 된 상황 앞에서도 호기를 부리며, 반지하로 침투하는 소독차의 연기도 집을 소독할 기회로 활용하는 여유를 부린다. 하지만 기택 가족의 '안분지족'은 실패자의 운명을 받아들인 자들의 전유물로서 증오심마저 제거된 계급 소외의 상태와 다름없다. 말하자면 상류층은 고사하고 중산층의 안정된 삶마저 욕망할 기회를 박탈당한 채 부유할 수밖에 없는 프레카리아트(불안정한 노동자)의 절망이 빈곤을 지족의 상태로 수용하게 만든 것이다.[10]

지하의 문광이네 -유령과 같은 존재 근세

지하는 박 사장 저택의 지하실에 은밀히 상주하고 있던 근세라는 기괴한 인물이 사는 공간이다. 채권자를 피해 박 사장 저택의 지하실 방공호에서 '4년 3개월 17일'이라는 시간 동안 생명을 유지해 오던 근세는 인간이라기보다는 좀비에 가까운 형상을 하고 있다. 실제로 근세는 박 사장 아들 다송이가 귀신으로 오인한 인물로서 존재한다고 상상할 수 없는 혹은 존재해서는 안 되는 유령과도 같은 인물이다. 구

10 이다운, 앞의 논문, pp.288~289.

세는 몰락한 자영업자이자 프레카리아트로 기택 가족의 주거공간인 반지하보다 더 '아래의 공간'에 상주하고 있다. 다송은 생일 케이크를 몰래 먹다가 지하실에서 올라온 근세를 목격한다. 귀신으로밖에 간주할 수 없는 기괴한 근세의 모습을 목격한 다송은 경기를 일으켰고 이 경험은 다송에게 트라우마로 남았다.

기택 가족은 일종의 소모품일지라도 박 사장 가족에 의해 고용된 상태로 박 사장 가족과 일정 시간과 공간을 공유해 오고 있다. 즉 기택 가족은 박 사장 가족에게 적어도 실존하는 대상이다. 그러나 근세는 존재 자체가 인정되지 않으며 출연 자체가 금지된 상태로, 존재하지만 비존재한다. 그런데도 박 사장 집에 은밀히 기생해온 근세는 의도치 않게 자신의 안위를 보장해 주고 있는 박 사장 가족을 위대한 존재로 추앙하며 우상화한다.[11]

조지 오웰(George Orwell)은 1930년대 서구 사회에서 발견되는 계급 구분의 비밀이 "하층 계급에서 냄새가 난다."라는 말로 요약될 수 있다고 언급한 바 있으며 신체적인 느낌만큼이나 근본적인 좋고 싫음의 감정은 없다고 한다. 인종적 증오, 종교적 증오, 교육 정도의 차이, 기질 차이, 지적 능력의 차이, 심지어 도덕적 규약의 차이조차도 극복될 수 있다. 그렇지만 신체적 혐오감은 극복될 수 없다."라고 한다.[12] 노동계급의 냄새는 이들이 부르주아와 달리 땀 흘리는 일을 한다는 것과 이들 가정에 목욕 시설이 제대로 갖추어지지 않았다는 부분적인 '사실'에서 기인하는데, 이 약간의 사실들은 노동계급에서 지각되는 후각적 불쾌와 뒤섞이며 이들에 대한 사회적 통념으로

11 이다운, 위의 논문, pp.294~295.

12 George Orwell, *1937; Classen, Howes & Synott*, 1994, 2002, p.220.

서의 '상식'으로 자리 잡는다.[13] 타자에 대한 냄새를 논할 때 중요하게 지적되는 것은 혐오이다. 혐오는 단순히 싫어함이나 미워함을 넘어 위해나 위험, 두려움, 공포 등을 자아내는 대상으로부터 비롯된다. 왜냐하면 혐오에 담긴 핵심적인 사고는 자신이 오염될 것이라는 생각이며, 혐오의 감정은 자신을 오염시킬 수 있는 것에 대한 거부의 표현이다. 그래서 혐오는 감염 및 오염에 대한 일종의 방어기제로, 접촉하기 싫은 것들에 대한 부정적 감정과 신체적 반응이라고 할 수 있다.[14]

4. 작품의 의의 및 평가

〈기생충〉이 보여준 현실은 불평등한 계급 구조에서 기인하는 모순된 정황들이다. 〈기생충〉은 상층과 하층 계급이 명료하게 분할된 사회와 그로 인해 파생되는 부정한 상황에 초점을 맞춘다. 계급성은 봉준호 감독 영화의 근간을 가로지르는 주요한 사유 중 하나로 그는 다양한 방식으로 계급 문제를 재현해 왔다. 그런데 봉준호 감독은 사뭇 은유적으로 재현했던 계급 문제를 〈기생충〉에서 보다 적나라하게 다루며 새로운 접근을 시도한다. 예를 들어 〈설국열차〉가 SF에 기대어 빙하기와 기차라는 판타지적 설정을 근간으로 계급 문제를 모색했다면, 〈기생충〉은 리얼리즘에 기대어 동시대 한국이라는 설정을 근간으로 계급문제를 공론화한다. 이러한 이유로 〈기생충〉이 보여준 계급적 정황은 그간의 봉준호 감독의 영화들보다 노골적이며 현실적으로 체

13 한송희 「가난 재현의 정치학 - 영화 〈기생충〉을 중심으로」『언론과 사회』 28(1), 2020, pp.26~27.

14 한송희, 위의 논문, p.32.

감된다. 무엇보다 '집'이라는 내밀하고 사적인 공간을 주요 무대로 설정한 덕분에 영화적 재현과 관객과의 거리가 좁혀질 수밖에 없다.

불평등한 계급 구조가 양산하는 부조리는 전 세계적으로 공유되는 문제다. 인간은 본래 평등하다는 전제를 신봉하는 민주주의가 대부분의 나라에서 실현되었지만 아이러니하게도 대다수의 나라에서 부의 불공정한 재분배로 인한 계급 갈등이 심화하고 있다. 이러한 이유로 〈기생충〉은 국지적이지만 세계적이라는 평가를 받으며 전 세계인이 공유할 수 있는 지점을 마련한다. 그러나 〈기생충〉은 '한국 관객만 뼛속까지 이해할 수 있는 요소로 포진'된 덕분에 한국인에게 더 절실하게 다가오는 것이 사실이다. 반지하라는 주거공간에서부터 학벌중심주의가 양산한 특수한 노동 형태로서의 과외 그리고 자영업자의 몰락을 일으킨 특정 프랜차이즈까지, 〈기생충〉은 한국적 특수성을 토대로 한국 사회의 모순을 적나라하게 조명하기 때문이다.[15]

한동안 한국 사회를 장악했던 '헬조선' 담론 이후 한국인들은 이제 부정한 사회를 비판하는 대신 무력한 자신을 '충'으로 지칭하며 자조하고 있다. 혐오스러운 발언과 행위를 일삼는 소수만이 아니라 평범한 학생과 직장인마저도 '충'이라는 접미사를 붙여 대상을 지시하는 분위기는 계급상승이나 투쟁의 의지를 상실한 이들의 자조적 태도에 기인한다. 자신을 벌레에 빗대어 표현한다는 것 자체가 성장과 성취의 가능성을 제거했음을 선포하는 것과 다름없기 때문이다. 〈기생충〉은 바로 이러한 한국 사회의 전면화된 무기력을 포착한다. 이제는 변화의 가능성이 없어 보이는 사회를 비판하거나 개선하려는 의지보다 '충'이 되어 모든 책임을 자신의 무능과 불운으로 돌리는 것이 더

15 이다운, 앞의 논문, pp.284~285.

안락하다고 자족해버리는 시대와 그런 세상을 그림으로써 〈기생충〉은 '충'으로 살아가는 이들의 어쩔 수 없음을 위로하되 거기에서 멈추지 않고 새로운 각성을 요구하고 있다는 점에서 전 세계적으로 엄청난 공감을 불러일으켰다.[16]

다음은 세계적으로 저명한 영화감독과 영화평론가들이 〈기생충〉에 대한 다음과 같은 찬사를 보내고 있다.

· 글로브 앤드 메일: 계급 투쟁을 짜릿하고도 격렬하게 고발한 영화 〈기생충〉은 한국 봉준호가 감독 인생 내내 만들기 위해 힘써온 걸작이 아닐까 싶다.
· IGN 필름: 봉준호의 이번 작품은 코미디, 드라마, 스릴러, 호러 등 다양한 장르를 아우른다.
· 베니티페어: 풍자의 신비를 담은 영화.
· 버라이어티: 봉준호가 화려하게 돌아왔다. 다만 그는 분노해있는 것이 분명하다. 그 대상이 워낙 거대하고 시의적절하며 분노를 살만해서인지 그의 감정이 전해질 정도다. 〈기생충〉은 계급 격차로 인한 분노와 쓰라린 핏물로 가득 찬 진드기와 같은 영화다.
· 할리우드리포터: 〈기생충〉은 전반적으로 흥미롭고 정교하게 제작됐다. 〈기생충〉은 사회 이슈를 다룬 봉준호 감독 작품 중 2003년 작 〈살인의 추억〉 이래 성숙함이 가장 돋보이는 영화다.
· 토탈필름: 첫 장면부터 마지막까지 흡인력을 잃지 않는다.[17]

---

16 이다운, 위의 논문, pp.286 참조.
17 https://www.huffingtonpost.kr/entry/parasite_kr_5d774835e4b064513573c37a(검색일: 2020.11.25.)

5. 생각 나누기 및 토론

〈기생충〉을 감상한 후 가장 감명 깊었던 부분을 떠올려 보고 그 부분이 인성함양과 어떻게 연관이 되는지 이야기해 보자.

◆ 독서토론·시사토론·인성 토론

① 기택과 근세, 박사장 가족의 불행의 원인은 무엇인가?

② 우리 사회의 빈부격차를 해결하고 공존하는 방안은 무엇인가?

③ 신자유주의시대에 행복과 경제는 어떤 상관성이 있을까?

제3장
〈디 벨레〉
- 전체주의와 민주주의, 그리고 정의

1. 감독소개

데니스 간젤(Dennis Gansel, 1973년~)은 독일의 영화감독이다. 〈디 벨레〉(Die Welle, 2008)의 원작은 토드 스트라서(1950~, 모튼 류(Morton Rhue)는 필명)의 베스트셀러 소설이다. 미국 캘리포니아 팔로알토의 큐벌리 고등학교에서 있었던 실화를 바탕으로 하였다. 감독 데니스 간젤은 자유주의의 교육을 받은 독일 청소년들도 파시즘적 집단 최면에 걸릴 수 있다는 사실을 보여준다. 데니스 간젤 감독은 영화〈나폴라-지도자를 위한 엘리트〉(2004)에서 이미 나치정권에 관한 이야기를 다루었다. 그는 그동안 나치 정권에 대한 다양한 계몽 활동이 이루어졌음에도 불구하고 현재 독일에서 과연 독재정권의 출현이 가능할까에 대한 질문을 던지며 영화의 배경을 오늘날의 독일로 옮겨온다.

영화 〈디 벨레〉 포스터1

토드 스트라서는 뉴욕시에서 태어나 행복하지 않았던 자신의 학창 시절을 배경 삼아 1979년 청소년 문학 작가로 등단했다. 성장을 향한 아픔과 고민을 진지하고도 유쾌한 또래 언어로 다룬 그의 작품들은 여러 언어로 번역되었다. 그중에서도 영화〈디 벨레〉의 원작 소설인 『파도』는 청소년 소설의 세계적 고전이 되었다.

2. 작품의 시대적 배경

〈디 벨레〉(2008)는 1967년 미국의 캘리포니아주의 작은 도시 팔로알토에 있는 큐벌리 고등학교 역사 교사였던 론 존스가 학급에서 실제로 수행한 실험에 근거해 제작되었다. 론 존스는 그의 경험을 『제3의 물결 (The Third Wave)』(1972)이란 제목으로 발간하였다. 그의 실험은 1981년 TV 극으로 방영되었고, 미국 작가인 토드 스트라서가 이 실험을 소재로 『파도(The Wave)』(1981)를 발간하였다. 『파도』는 베스트셀러가 되어 여러 나라에 번역되었고 독일에서는 1984년에 한

1 제작 콘스탄틴 필름, 출처 위키백과 http://movie.naver.com/movie/bi/mi/basic.nhn?code=46431(검색일: 2021.1.10)

스 노악에 의해 번역되었다. 그리고 2008년에 데니스 간젤이 현대를 배경으로 〈디 벨레〉라는 영화로 제작하였다. 소설의 배경은 1960년대 후반 미국의 고등학교이고, 영화에서는 2000년대 독일 고등학교로 바뀐다. 따라서 영화는 변화된 시대적, 공간적 배경을 반영하는 요소들이 등장한다.

〈디 벨레〉는 독일의 68세대 이후, 반권위주의적, 자유주의적 교육을 받고 자란 2000년대 독일 청소년을 배경으로 한다. 인터넷과 마이스페이스가 자주 등장하고 학생들의 연락 수단은 핸드폰과 문자(SMS)이며 홈페이지가 회원 카드를 대신한다. 현재 독일의 다문화 상황을 보여주는 터키와 동독출신 학생이 등장한다. 주말 밤을 술집에서 흥청거리며 '디 벨레'라는 명칭의 집회를 열어 술 파티를 하고 대마초가 등장하는 등 자유로운 사회상을 보여준다.

2000년대 독일 한 고등학교에서 체육 교사 벵어는 프로젝트 계획에 따라 독재정치를 수업 주제로 진행한다. 처음 학생들은 현대 독일에서 파시즘이 되풀이되지 않을 것이라 확신하면서 무성의한 태도를 보이지만 이후 공동체에서 느끼는 쾌감과 안정감에 도취하여 '디 벨레'의 이름으로 파시스트가 되어간다. 과거 나치독일의 작동 방식과 파시즘의 원리를 배우려다 실제 파시스트가 되어가는 학생들을 통해 현대인들이 가진 다양한 생각과 개성이 축소되거나 사라지면 언제든지 전체주의가 발생할 수 있다는 사실과 함께 자유와 민주주의를 지키는 일엔 올바른 역사의식과 비판적이고 정의로운 신념이 중요하다는 사실을 배울 수 있다.

독일을 이해하기 위해서는 오늘날의 독일을 존재하게 한 독일의 68운동에 대해 알아야 한다. 독일 학생운동 또는 독일의 68운동은 권위주의의 타파와 나치 청산을 목적으로 일어난 서독의 학생운동(1967-1998)이다. 오늘의 독일은 68세대의 작품이다. 부조리한 세계, 억압적인 사회를 근본적으로 변혁하고자 했던 68혁명의 소용돌이 속에서 성장한 세대가 오늘의 독일을 만든 것이다. 68세대는 나치 전력을 가진 자가 수상이 되는 파렴치한 나라를 철저한 '과거청산의 나라'로 바꾸어놓았고, '라인강의 기적' 속에 사회적 불평등이 심화되던 나라를 모범적인 복지국가로 변화시켰으며, 사회의 모든 영역에서 민주주의를 '감행'함으로써 풀뿌리 민주주의를 정착시켰고, 동서독의 오랜 적대를 허물고 평화의 시대를 열어젖힌 동방정책을 발전시켰다. 한마디로, 68세대는 '새로운 독일'을 탄생시켰다.

68세대의 지지에 힘입어 전후 최초로 정권교체에 성공한 브란트 정부는 68세대의 꿈을 현실로 옮겼다. '경쟁은 야만'이라는 철학 아래 경쟁을 금하고 아이들에게 자유와 행복감을 만끽하게 하는 학교, 학비가 없을 뿐만 아니라 '연구보수'라는 명목으로 생활비까지 주는 대학, 자전거를 타고 다니는 검소하고 유능한 의원들로 채워진 연방의회, 노동자들이 이사회의 절반을 차지하는 기업, 100만 난민을 받아들이는 성숙한 시민사회. 이것이 68세대가 만들어낸 독일이다. 한국에서 독일의 68세대에 조응하는 세대는 86세대(386세대)이다. 86세대는 폭압적인 군사독재에 용감하게 맞서 싸웠고, 민주적인 국가, 정의로운 사회, 평화로운 한반도를 꿈꿨다. 이들의 용기와 사명감은 독일의 68세대보다 뜨거웠다. 386세대는 정치 민주화에는 이바지했으나, 사회를 질적으로 변혁하는 데는 실패한 것으로 보인다.[2]

2 http://www.hani.co.kr/arti/opinion/column/892697.html(검색일: 2020.2.5.)

3. 핵심적인 내용 및 주제

독일의 한 고등학교, 체육 교사 라이너 벵어는 프로젝트 수업 주간에 무정부주의를 가르치기를 원했지만, 동료 교사에게 밀려 독재정치라는 주제를 맡게 된다. 독재정치 수업에 참여한 학생들은 과거 독일의 비극인 파시즘이 다시 등장할 리 없다고 주장하며 무성의한 태도를 보인다. 이를 지켜본 벵어는 학생들에게 일주일 동안 전체주의를 직접 체험해보자는 실험을 제안한다. 먼저 독재정치의 속성에 이어 규율과 통제, 영도자의 존재, 행동의 중요성 등 전체주의의 핵심 행동양식을 강조하며 이를 체계적으로 이행해 나간다. 처음엔 재미로 참여하는 듯한 태도를 보인 학생들은 시간이 지날수록 공동체가 주는 묘한 쾌감에 도취되어 흰색 유니폼을 입고, 로고를 만들고, 고유의 인사법을 만든다. '물결'이라는 뜻인 '디 벨레'는 이들 공동체를 의미하는 이름이다. 아웃사이더, 동독 · 서독 · 터키 등 외국인, 저소득층 자녀, 성적, 외모 열등생들은 '디 벨레'라는 공동체 속에서 안정감을 얻고 자신감을 얻는다. 기어이는 이들의 공동체에 속하지 않는 학생들을 배척하면서 폭력을 자행하는 등 통제가 불가능한 상태에 이른다. 사태의 심각성을 깨달은 벵어는 학생들을 한자리에 모아놓고 실험을 종료하고 '디 벨레'를 해체한다고 선언한다. '디 벨레'에 적극적으로 참여하고 열정적으로 행동했던 '팀'은 이 선언을 받아들이지 못하고 권총으로 친구를 쏜 뒤 자신도 자살한다. 모든 학생이 지켜보는 가운데 벵어는 경찰에게 연행된다.

〈제3의 물결 실험〉 실제 실험(1967년)

〈제3의 물결 실험〉(The Third Wave)은 민주적 사회조차도 파시즘의 유혹에 면역을 갖고 있지 않다는 것을 증명하기 위한 사회 실험이다. 이 실험은 역사 교사인 론 존스가 〈현대 세계〉 강의 도중에 나치 독일에 관한 수업의 목적으로 고등학교 2학년 학생들과 함께 진행하였다. 1967년 미국 캘리포니아주의 작은 도시 팔로알토에 있는 큐벌리 고등학교의 역사 시간에 론 존스라는 역사 선생님이 독일 나치 시대를 가르치면서 홀로코스트에 관한 다큐멘터리를 보여주었다. 이를 본 학생들은 "왜 독일인들이 3제국시대에 독재적이고 야만적인 나치정권에 저항하지 않았는가?"라고 질문한다. 이에 대한 대답을 찾기 위해 존스는 관련 연구자료를 뒤졌지만 찾을 수가 없었다. 그래서 사람들이 전체주의에 빠져드는 심리를 학생들이 체험하도록, 학생들과 함께 나치와 비슷한 독재공동체를 만들어 실험하기로 한다. 실험은 원래 하루만 하기로 예정되었으나, 학생들이 열광하면서 바이러스처럼 학교 전체로 퍼져나가고 확대되었다. 공동체에 속한 학생들이 단합하여 비소속원들과 다른 의견을 가진 사람들을 배척하거나 심지어는 구타하기도 했다. 그래서 5일 후에 론 존스는 실험을 중단해야 했고, 그 후 실험에 대한 글을 발표했다. 이 글은 많은 논의를 일으켰고, 미국에서 TV 드라마와 문학작품으로 만들어졌다.

실험이 이루어진 곳은 캘리포니아주 팔로알토의 큐벌리 고등학교였으며, 실험이 이루어졌을 때는 1967년 4월 첫째 주였다. 역사 교사 론 존스는 '어째서 독일 시민들이 홀로코스트를 몰랐다고 주장할 수 있었는가?'를 학생들에게 설명하기 어려움을 느끼고, 학생들이 스스로 그것을 체험해보게 하고자 하였다. 존스는 민주주의의 제거를 목적으로 하는 〈제3의 물결〉라는 이름의 운동을 시작했다. 민주주의의 개인 중시는 곧 민주주의의 결점으로 생각되었으며, 존스는 이 점을 운동의 요점이라고 강조했다. 제3의 물결의 모토는 "규율을 통한 힘, 공동체를 통한 힘, 행동을 통한 힘, 긍지를 통한 힘."이다. 이 실험은 기록이 제대로 되어 있지 않았다. 실험이 진행된 동시대에 실험이 언급된 곳은 큐벌리 고등학교 교지 『큐벌리 캐터마운트』 뿐이었다. 그나마도 두 호에 걸쳐 짤막하게, 그리고 다른 호에서 실험 결론을 논하는 내용이 그보다는 조금 길게 언급되었을 뿐이다. 약 9년이 흐른 뒤 존스가 실험에 대한 상세한 기록을 남겼고, 실험에 대한 다른 기술들이 뒤따랐다. 이러한 기술 중에는 존스와 피실험 학생들 본인들과 면담한 내용도 포함되어 있다.

소설 『파도』(1981년)

모튼 류의 청소년 소설 『파도』는 전체주의적 실험집단 '더 웨이브'에 소속된 학생들이 집단에 매몰되어 스스로 생각하는 능력을 상실해가며 집단에 소속되지 않은 사람들을 배척하면서 폭력적으로 변해가는 모습을 17개의 장으로 나누어 간결하고 유려하며 익살스러운 문체로 묘사한다. 이 소설은 실제 사건에서 소재를 선별하고 다듬어, 성숙한 민주시민에게 필요한 독립적 사고력과 비판 정신 그리고 개인의 자유를 위한 행동과 책임 등 몇 가지 교훈을 부각한다. 소설 『파도』에서 교실 실험은 '어떻게 대다수 국민이 나치의 끔찍한 홀로코스트 범죄행위를 허용할 수 있었는가'를 알고 싶어 하는 학생들의 질문에서 시작된다. 즉 당시 나치에 저항하지 않았던 독일인들의 심리를 직접 체험하는 것이 수업의 목표였다. 그러나 영화에서는 실험의 주제가

'현재 독일에서도 독재정치가 가능한가.'로 달라진다.

로리 손더스는 실험의 위험성을 파악하고 적극적으로 저항하는 학생이다. 학교신문의 편집장인 로리에게 '신문은 생각을 말살하고 잘못된 선전에 대항하는 매체'이다. 실험에 참여한 로리는 복종을 강요하고 개인의 자유를 억압하는 '디 벨레'의 문제점을 곧 알아차린다. 로리는 친구들에게 배척당하면서도 끝까지 저항하고, 학교신문의 기자 학생들도 신문을 통해 반대운동에 동참한다. 실험에 가장 열광하는 학생은 로버트 빌링스이다. 그는 학업과 생활 태도에서 심각한 문제아이며 학우들의 놀림감이었다. 로버트는 실험 첫날 벤 로스에게 칭찬을 받은 후 자신감을 얻고 다른 학생들과도 어울리고, 로스의 보디가드를 자청하여 '디 벨레'에서 가장 중요한 인물로 부상한다. '디 벨레'를 계기로 갑자기 주목받는 학생이 되었던 로버트는 '디 벨레' 해체 때 가장 큰 상처를 받는다.[3]

영화 〈디 벨레〉(2008)

영화 〈디 벨레〉는 실험이 시작되기 전 금요일부터 실험이 진행된 그다음 주 월요일에서 토요일까지 요일별로 사건을 전개한다. 실험 전 금요일에는 각 등장인물의 상황을 보여준 다음에 월요일부터 규율, 공동체, 행동이라는 전체주의 요소에 따라 학생들이 전체주의를 체험하고 변화되는 모습을 보여준다. 학생들은 호칭과 자리 배치와 자세와 같은 간단한 규율에 따르며, 유니폼과 발맞추어 제자리 걷기 연습 등을 통해 공동체정신을 체험하고, 공동체 안에서 각자 맡겨진

3 김명희 「독일청소년문학과 영화를 활용한 수업모델 연구 - 〈디 벨레〉를 중심으로」『독어교육』 62, 2015, pp.16~17.

일을 실행하면서 전체주의에 빠져든다.[4]

소설과 영화를 비교하면 다음과 같다. 먼저, 시대 배경을 보면, 소설에서 디 벨레의 회원임을 증명하는 것은 회원 카드이지만, 영화에서는 인터넷과 마이스페이스, 문자(SMS), 홈페이지가 회원 카드를 대신하고 술 파티와 대마초가 등장한다. 실험 목표를 보면, 소설은 당시 나치에 저항하지 않았던 독일인들의 심리를 직접 체험하는 것이고 영화는 현재 독일에서도 독재정치가 가능한가이다. 결말에서 소설은 '디 벨레'의 해체선언 후, 충격받은 로버트를 교사 벤 로스가 위로하지만, 영화는 팀이 '디 벨레'가 해체되는 총회에서 동료 학우와 자신을 쏘고 교사가 경찰에 잡혀가는 장면으로 끝난다. 등장인물을 보면 소설은 전원적인 미국 소도시의 중산층 출신들로 가정과 학교에서 교육을 잘 받은 모범적인 인물이지만 영화는 어두운 가정환경에서 술과 마약과 폭력에 노출된 학생. 무관심한 부모와 방탕한 엄마 등 다양한 유형이 나온다. '디 벨레'에 저항하는 인물을 보면, 소설에서 로리는 예쁜 우등생이며 편집장이나, 영화에서 카로는 예쁜 우등생이나 연극부원이며 자기중심적이다. 교사를 보면 소설에서 벤 로스는 역사 교사이지만 영화에서 벵어는 체육과 철학을 담당하고 있다. 라이트 모티프를 보면, 소설은 명령, 복종, 통제, 규율, 공동체, 일체감, 협동, 단결, 이성, 개인, 스스로 생각하기, 독립적 인간이나, 영화는 물의 이미지와 흰색의 유니폼, 강렬한 음향이 등장한다.

4 김명희 「영화 〈디 벨레 Die Welle〉에 나타난 전체주의와 개인」『독일언어문학』 58, 2012, pp.237~238.

전체주의의 폭력성

실험 수업이 시작한 직후부터 디 벨레 회원들은 비회원이거나 규율을 따르지 않는 학생들을 배척하기 시작한다. 자신들이 속한 공동체나 집단 외에 사람들을 배척하는 것은 전체주의의 특징이다. 전체주의 정치체제인 독일의 나치는 독일 민족만의 평등을 주장하며 유대인을 배척했다. '제3제국'(나치 독일)은 평등의 실현에 특별한 가치를 부여했다. '민족공동체' 내에서 모든 계층과 계급에 대한 차별은 지양되어야 한다는 것이다. 그러나 유대인과 소위 '독일 민족에게 해로운 자들'은 나치가 말하는 민족공동체에서 배제되었다. 민족공동체를 위한 자유와 관용이 유대인들에게는 억압과 비관용으로 변질한다. 나치에게 있어서 합법성과 인간 존엄성의 존중은 '게르만 민족'을 위해서만 유효한 원칙일 뿐이다. 보편적인 윤리적 원칙들은 자아도취적인 집단의식을 통해 자기 집단만의 원칙으로 전도되어 버림으로써 보편성을 상실하게 되었다.[5]

나치즘과 같은 전체주의 체제에서는 대중집회, 정치적 의례, 행군, 전당대회 같은 대규모 집단 활동과 다양한 소규모 집단을 중요시한다. 집단에 소속되면 개인은 의식이 확장되는 느낌, 거대한 연대감, 황홀감, 도덕적 예민함의 상실과 탈개인화를 경험하게 된다. 이로 인해 집단 내에서는 개인의 경계가 모호하게 느껴지는 융화감이 생겨, 더 이상 개인은 존재하지 않고 단지 '사람들'만이 존재하게 되어 도덕적 단순화와 지적 평준화만이 남게 된다. 집단은 이지적인 사고를 교란하고 봉쇄하기 때문이다. 그래서 많은 사람이 속한 집단에서 개인은 자신의 정신적 사고능력을 온전히 발휘할 수 없게 된다. 이런 현상은

5 슈테판 마르크스 저, 신종훈 역 『나치즘, 열광과 도취의 심리학』 책세상, 2009, pp.194~196.

집단의 규모가 클수록 더 강렬하며, 감정적으로 전염성이 더 강하고 압도적이다. 대집단에 속한 개인은 내적으로 완전히 흥분되어 아무런 사유도 하지 않고 도취감에 빠져 판단력이 약해질 가능성이 많다.[6]

나치체제는 개인을 어릴 때부터 여러 소집단과 대집단에 속하게 하여 활동하게 했다. 10세부터 14세까지의 독일소년단과 유소녀연맹에서 시작해 14세부터 18세까지의 히틀러청년단, 독일소녀연맹을 거쳐 근로봉사 조직, 국방군, 나치친위대, 나치 돌격대 외에 수많은 나치 조직들이 있다. 최근 연구 결과에 의하면 나치의 집단 활동을 경험했던 사람들은 당시에는 나치의 만행을 몰랐지만 나중에는 알게 되었음에도, 특히 나치 청년조직에서의 공동체 체험을 긍정적이며 열광적으로 기억하고 있다.[7]

전체주의를 지지하는 이유는 무엇인가?

전체주의는 국가의 이익을 위해 개인의 자유를 통제하지만, 대중들의 지지와 참여를 통해 이루어진다. 개인의 자유를 희생하면서도 전체주의를 지지하는 이유는 보상이 따르기 때문이다. 첫째, 소속감이다. 개인은 공동체를 통해 소속감과 더불어 안전감을 얻는다. 학교에서 왕따였던 로버트(팀)은 가장 열성적으로 디 벨레를 지지한다. 로버트에게 디 벨레는 자신을 보호해주는 든든하고 안전한 보호막과 같다.

① 훈련·공동체·행동을 통한 힘

소설에서 벤 로스는 '훈련과 공동체와 행동을 통한 힘'이라는 3가

6 김명희, 앞의 논문, p.247.
7 슈테판 마르크스 저, 신종훈 역, 앞의 책, pp.263~264 참조.

지 구호를 하루에 한 가지씩 순서대로 제시하여 실험을 진행한다. '훈련을 통한 힘'이라는 표어에 따라 학생들은 명령에 복종하는 것을 익히며 일체감을 느끼고 곧바로 수업 태도가 달라진다. 로스가 '공동체를 통한 힘'이라는 표어를 제시하며 평등을 강조하자 놀림당하는 학생과 그를 괴롭히던 학생들이 함께 어울리는 변화가 일어난다. 집단의 소속감과 안정감을 경험한 학생들은 '행동'을 통해 자신들의 집단을 확장하려고 협박과 폭력을 행사하기도 한다.

② 경쟁에서 평등으로

실험이 시작되기 전 학생들은 경쟁 속에서 살았다. 공부를 잘하거나 잘생긴 운동선수거나 부유한 학생들만 주목받았다. 그러나 이들 역시 아무리 친한 친구 사이라도 어쩔 수 없이 모든 면에서 경쟁할 수밖에 없는 현실에 압박감을 느낀다. 경쟁 속에서 지내던 학생들에게 '디 벨레의 공동체를 통한 힘'이라는 구호와 평등이념은 해방감을 주고 열등감과 질투심에서 벗어나게 한다. 또한 스스로 생각하고 판단하는 어려움에서 벗어나게 하고, 이제까지 능력경쟁에서 이길 수 없었던 학생들에게 기회를 제공한다. 그래서 로버트와 같은 낙오자뿐만 아니라 학교의 축구부 스타와 우등생도 열광하게 된다.

③ 집단이 주는 소속감과 유대감

실험이 진행되면서 많은 학생은 개인적인 자신감을 느끼며 열광한다. 학생들은 이제까지 살아오면서 '처음으로' 자신이 전체의 한 부분으로 소속감을 느끼며 자존감을 가지게 되었다. 또한 자신들의 개인적 좌절에 대한 두려움이 사라지고 집단 유대감을 체험했다고 고백

한다. 일반적으로 한 집단에 속한 개인은 그 집단의 다른 성원들과 같이 행동함으로써 집단성원으로 수용되고 인정을 받으려고 하며 집단에서 소외되는 것을 피한다. 집단의 의견에 따르지 않는 개인에 대해 집단은 압력을 가하고 이것이 실패하면 배척하고 따돌리거나 심하면 직접적인 제재를 가한다.[8] '디 벨레'의 학생들도 공동체의 평등의식으로 유대감을 형성하고 행동을 통일하는 한편 비회원인 학생들에게 가입을 강요하며 이를 거부하는 학생을 협박하고 구타하기도 한다. 또한 '디 벨레'에 속해 있으나 규율에 따르지 않는 학생을 비난하고 위협한다. 집단에 소속된 개인은 자유나 개성보다는 명령이나 규율에 복종하는 것을 더 편안하게 느낀다. 지도자의 명령대로 생각하고 행동하며 공동체와 자신을 동일시함으로써 어떤 결정을 위한 심사숙고나 심리적 갈등에서 벗어날 수 있기 때문이다. 집단의 지도자에게 보호받고 안정을 누리면서, 모든 어려운 문제에 대한 간단한 해결을 기대하게 된다.[9]

주체적이고 비판적인 사고의 중요성

로리(영화 카로)처럼 집단 속에서 자신의 길을 가는 것은 쉬운 일이 아니다. 집단에서 주체적인 사고와 행동을 하는 데 필요한 것은 독립적으로 생각하는 힘이다. 로리의 독립적이고 비판적인 사고력은 개방적인 가정환경의 영향을 받았다. 뛰어난 통찰력을 지니고 사회문제에 적극적으로 참여하며 '디 벨레' 운동의 위험성을 간파한 로리의 엄마는 로리에게 독립적 사고력을 갖춘 민주시민의 중요성을 강조한다.

---

8 한규석 『사회심리학의 이해』 학지사, 2009, p.452.
9 안진태 『독일 3제국의 비극』 까치, 2010, p.286.

로리 엄마는 이제까지 로리가 '개인으로 행동하고 독립적인 인간이 되도록' 가정교육을 시켜왔다고 말한다. 벤 로스는 '디 벨레'를 해체하기 위한 총회에서 실험의 의미를 정리하고 히틀러 시대의 독일사람들에게 있어서 지도자의 역할과 의미 그리고 파시즘에 대한 사람들의 무저항에 대해 역설한다. 로스는 학생들이 '디 벨레'에 매몰되어 스스로 생각하는 능력을 사용하지 않고, 집단 밖의 사람들을 배척하고 폭력적으로 변해간 것을, 자기 집단 밖의 사람들의 기본권을 무시하는 파시즘적인 정신적 태도와 다르지 않다고 규정하면서 독립적 사고의 중요성을 강조한다.[10]

4. 작품의 의의 및 평가

〈디 벨레〉에서 독일 청소년들이 반파시즘 교육을 많이 받아왔음에도 불구하고 전체주의에 열광하는 과정을 통해 전체주의의 흡입력과 위험성을 알 수 있다. 전체주의에 열광하는 개인은 독재적 공동체가 주는 소속감과 안정감, 그리고 사회적 인정을 통한 자의식의 충족이라는 보상으로 인해 기꺼이 자신들의 자유를 희생한다. 이러한 과정에서 개인은 공동체의 결속과 동시에 타자를 배척하며 독립적 사고력과 비판력이 약화함을 알 수 있다.[11]

이처럼 민주주의는 저절로 탄생하는 것이 아니다. 토머스 제퍼슨이 말하였듯 민주주의라는 나무는 피를 먹고 자란다는 사실을 다시

10 김명희 「영화 〈디 벨레〉에 나타난 전체주의와 개인」, 앞의 논문 , pp.18~20.
11 김명희, 위의 논문, p.252.

한번 되새길 수 있다. 영화 〈디 벨레〉는 민주주의는 성취만으로 지켜지는 것이 아니라 끝없이 유지보수하는 노력이 필요하다는 것을 알려준다. 〈디 벨레〉는 민주사회에 관한 관심이 일상의 민주주의를 지켜내는 가장 큰 정의로운 일이라는 것을 '교실 실험'을 통해 자각하게 한다고 평가된다. 또한 역사에 대한 무관심은 엄청난 비극을 초래할 수 있음을 알려준다. 전체주의가 동시대 사람들에게 호소력을 갖게 된 이유를 생각해 볼 수 있게 한다. 전체주의가 가진 매력과 위험성, 그리고 파괴력을 교육실험의 과정을 통해 알 수 있게 한 점은 민주주의를 성취하는 것보다 그 가치를 지켜나가는 것이 더 중요하다는 의미를 남긴다.

5. 생각 나누기 및 토론

밀그램실험(Milgram Experiment): 1961년 예일 대학교의 심리학과 조교수 스탠리 밀그램(Stanley Milgram)이 실시한, 권위에 대한 복종 여부에 대한 실험이다. 밀그램은 권위에 대한 복종을 연구하던 중, 사람들이 파괴적인 권위에 굴복하는 이유가 성격보다 상황에 있다고 믿고, 굉장히 설득력 있는 상황이 생기면 아무리 이성적인 사람이라도 윤리적 · 도덕적인 규칙을 무시하고 명령에 따라 잔혹한 행위를 저지를 수 있다고 주장했다.

스탠포드 감옥 실험: 이 실험은 1971년 스탠퍼드대학 필립 짐바르도 교수가 실행한 심리학 실험으로, 당시 짐바르도 교수는 24명의 지

원자를 선발해 수감자와 교도관 역할로 나눈 뒤 스탠퍼드대 건물 지하에 있는 가짜 교도소에서 생활하게 했다. 그러나 수감자 역할을 맡은 이들이 심리적 불안증세를 보이고 교도관 역할을 맡은 이들은 가혹행위를 하는 등 실험 시작 이틀 만에 문제가 발생했고, 결국 2주 예정으로 시작된 실험은 6일 만에 종료됐다.

동조압력(同調圧力, Peer pressure): 동조압력은 직장 등 어느 특정의 또래 집단에서 의사결정을 실시할 때에, 소수의견을 가진 사람에게 암묵 중에 다수 의견에 맞추는 것을 강제하는 것을 가리킨다. 다수결이 아니라, 전회 일치가 구해지는 장면에서 발생한다.

제인 엘리엇(Jane Elliott)실험 : 1968년 마틴 루터 킹 목사의 암살에 충격을 받은 제인 엘리엇은 '푸른 눈 · 갈색 눈 차별 실험'을 고안했다. 이 실험은 순전히 눈 색깔을 근거로 참가자들을 열등한 자와 우월한 자로 분류하고, 초등학교 3학년 아이들에게 신체적 차이에 따른 차별을 경험하게 했던 실험의 과정을 자세하게 보여준다. 인종주의, 성차별, 동성애 혐오 등 온갖 차별주의를 공격하는 이 실험은 큰 반향을 불러일으켜서 여러 편의 다큐멘터리로 제작되었고, 엘리엇은 조니 카슨 쇼와 오프라 윈프리 쇼 등 유명 텔레비전 쇼에 여러 차례 출연하여 실험을 진행해 보였다.

◆ 독서토론·시사토론·인성 토론

① 교장 선생님과 일부 학부모들은 공동체, 결속력, 집단, 단합, 질서 유지로 아이들이 좋은 방향으로 변화하는 것을 보면서 초기 뱅어의 수업 방식을 지지한다. 그렇다면 사회발전의 균형을 유지하기 위해 전체주의의 요소가 필요한 것인가? 아니면 전체주의 자체를 부정해야 하는가?

② 독재자는 어떻게 출현하는가? 전체주의는 어떻게 발생하는가?

③ 자유와 민주주의의 가치를 유지하고 사회정의를 위해 우리는 무엇을 해야 하는가?

에필로그

2019년 12월 중국 후베이성 우한시에서 처음 확인된 코로나19는 이른 시일 내에 전 세계적으로 범유행을 일으켰다. 코로나19로 인해 전 세계적으로 각종 행사는 연기되거나 취소되었고, 공장은 가동을 중지했다. 교육 시설들도 문을 닫았다. 온갖 음모론과 허위 정보가 퍼졌으며, 중국인을 비롯한 동아시아인들에 대해 외국인 혐오증과 인종 차별이 일어나기도 했다. 전 세계의 공장 대부분이 가동을 멈추자 온실가스와 오염물질의 배출이 줄어들어 파란 하늘을 보고 맑은 공기를 마실 수 있었다. 이러한 현상을 코로나의 역설이라고도 한다. 코로나19는 인간의 환경파괴로 일어난 재앙이다. 우리가 자연과 조화로운 삶을 살기 위해 고민이 필요한 시점이다.

〈문학과 영화를 통한 인성함양〉이라는 교과목은 2017년에 개발하여 2018년부터 수업하게 되었다. 하지만 2020년 코로나19로 인해 원격수업으로 전환되면서 너무나 많은 어려움이 있었다. 영화 관련 수업이지만 저작권 문제로 영화 예고편과 영화 포스터를 보여줄 수 없었고 수업 활동을 할 수 없다는 것이 큰 문제였다. 이 수업은 강의만 하는 수업이 아니라, 학생들의 창의적인 아이디어로 작품을 재창작하는 활동과 토론이 수업에 들어 있었기 때문이다. 결국 상황에 맞게 비대면으로 수업 활동을 하고 토론도 진행할 수 있었다. 이러한 과정을 겪으면서 교재의 필요성을 절실하게 깨닫게 되었다. 교과목을 개발하면서 이미 교재를 만들 정도의 분량의 글은 준비되어 있었지만 조금 더 좋은 교재를 만들겠다는 욕심이 있어서 계속 미루고 있었다. 하지만 이번 사태를 겪으면서 더는 미룰 수 없다는 생각에 교재를 만들게 되었다.

코로나19 팬데믹은 우리가 잊고 있던 많은 걸 알려주었다. 자연과 인간의 공존 중요성과 인간이 홀로 존재할 수 없고 결국 협력해야 한다는 사실이다. 코로나19의 범유행은 한 나라만의 문제가 아니고 전 세계와 연관되어 있기 때문이다. 코로나19는 다른 사람을 돕는 것이 결국 나에게 이익이 되다는 '이타주의(利他主義)'의 힘을 알려주었다. 이 책에서 다루는 인성 덕목인 〈책임, 소통, 협동, 배려, 존중〉이 중요한 이유이다. 이러한 인성 덕목을 익히고 실천하게 된다면 우리는 혐오와 차별을 없애고 자연과 인간이 공존하는 삶을 살 수 있다.

2015년 인성교육진흥법이 시행되었고, 인성의 중요성을 실감하고 있다. 하지만 체험 위주의 인성교육이 대부분이라 수업에서 사용할 교재와 프로그램이 마땅히 없는 실정이다. 또한 영화와 관련한 많은 수업이 대학에서 이루어지고 있지만, 교재는 거의 없다. 그래서 이 책이 대학 현장의 교재로 활용되고 대학생이 삶에서 길을 찾고 인성을 디자인 하는데, 많은 도움이 되었으면 한다.

참고문헌

1. 〈서편제〉

김승종 「이청준 소설 「남도사람」 연작에 나타난 '恨'의 미학과 '용서'의 정신」『現代文學理論研究』 39, 2009.

김인식 「〈서편제〉의 한과 한민족의 정서」『우리문학연구』 22, 2007.

박기범 「소설과 영화를 통한 서사 교육 – 〈서편제〉를 중심으로」『국어교과교육연구』 10, 2005.

달마이 라마 · 빅터 챈 저, 류시화 역 『용서』 오래된 미래, 2004.

마셜 매클루언 저, 박정규 역 『미디어의 이해』 커뮤니케이션북스 2007.

배경열 「「서편제」연작에 나타난 '한'의 극복 과정 고찰」『한국사상과 문화』 58, 2011.

이소영 「영화를 활용한 소설 교육의 효과 – 이청준의「서편제」와 임권택의 〈서편제〉를 중심으로」 연세대학교 교육대학원 석사논문, 2005.

이청준 『서편제』 열림원, 1993.

윤영돈 「소설『남도사람』과 영화〈서편제〉의 재매개화 연구」『한국문화기술』 8, 2009.

영화 포스터, 〈서편제〉 제작, 태흥영화, 출처 구글 이미지.

2. 〈키친〉

김선희 「여성언어에 관한 고찰」『목원대학논문집 』 19, 1991.

로즈마리 류터 저, 최광복 엮음 『여성해방과 성의 혁명』 일월서각, 1983.

정수현 「젠더표현의 일한대조고찰」『일본연구』 12, 1998.

안영희 「『키친』론 – 여성언어와 젠더」『일본어문학』 32, 2006.

요시모토 바나나 저, 김난주 역 『키친』, 민음사, 1999.

윤상인 「일본문학의 현재」『일본문학의 흐름 2』 한국방송통신대학대학교출판부, 2000.

최정아 「요시모토 바나나 「키친」론」『외국문학연구』 59, 2015.

夏目漱石 『こころ』 角川書店, 1951.

吉本ばなな 『キッチン』 福武書店, 1991.

曾根博義 「『キッチン』解説」 福武書店, 1991.

飯田祐子『彼らの物語』名古屋大学出版会, 1998.

吉本ばなな『TUGUMI』中公文庫, 2000.

大澤吉博「現代日本文学英訳におけるテクスト操作—吉本ばなな『キッチン』を例として」『外国語紀要』第6号, 2002.

大澤吉博『現代日本社会の男言葉・女言葉—吉本ばなな『キッチン』を例として」『外国語紀要』第6号, 2002.

『키친』표지, 출처 민음사.

3.『나미야 잡화점의 기적』

김동혁「소설 속 시공간에 관한 환상성의 역할 고찰 -『나미야 잡화점의 기적』을 중심으로」『한민족어문학』74, 2016.

박수현「『나미야 잡화점의 기적(ナミヤ雑貨店の奇蹟)』론 - 과거와 현재의 시간 축이 갖는 의미를 중심으로」충남대석사학위논문, 2019.

안영희「『나미야 잡화점의 기적』의 서사구조 - 치유와 판타지의 경계 허물기」『일본어문학』90, 2020.

윤혜영「『나미야 잡화점의 기적』에 나타난 '온가에시(恩返し)'」『한국일본문화학회』『日本文化學報』81, 2019.

이수경『판타지 문학의 비밀』중앙미디어북스, 2018.

츠베탕 토도로프『환상문학 서설』일월서각, 2013.

히가시노 게이고 저, 양윤옥 역『나미야 잡화점의 기적』현대문학, 2012.

東野圭吾『ナミヤ雑貨点の奇跡』角川文庫, 2014.

東野圭吾「特集　東野圭吾　ナミヤ雑貨点の奇跡」『本の旅人』18, 角川書店, 2020.

레이먼드 페더만「초소설」http://daesan.or.kr/webzine_read.html?uid=1571 &ho=39(검색일: 2020.7.10.)

황병하「환상문학과 한국문학」http://www.latin21.com/board3/bbs_view.php?table=theory_fh&bd_idx=6(검색일: 2020.8.6.)

『나미야 잡화점의 기적』표지, 현대문학, 출처 인터파크 도서.

4.〈감기〉

김지미「코로나19 시대, 낯선 현실과 익숙한 영화 -〈컨테이젼〉,〈감기〉,〈사냥의 시간〉,〈친절이는 복도 많지〉」『황해문화』107, 2020.

조흡 「〈감기〉 - 영화와 질병의 지구화」『대한토목학회지』 68(5), 2020.
최은 「추상공간의 폭력과 공포 - 〈감기〉와 〈더 테러 라이브〉와 〈숨바꼭질〉」『영상예술연구』 23, 2013.
최은영 「한국 영화에 나타난 감염의 은유 방식 연구 - 〈감기〉(2013), 〈부산행〉(2016)을 중심으로」『건지인문학』 26, 2019.
한송희 「한국 재난영화의 정치적 무의식 - 2010년대를 중심으로」『언론과 사회』 27(2), 2019.
영화 포스터, 〈감기〉 제작, 아이러브시네마, 출처 위키백과.

5. 〈부산행〉

송영구 「전염병의 역사는 진행 중」『대한내과과학회지』 68(2), 2005.
정병기 「영화 〈부산행〉으로 본 자본의 흐름과 국가 및 대중의 대응」『예술인문사회융합멀티미디어논문지』 7(7), 2017.
영화 포스터, 〈부산행〉 제작, 영화사 레드피터, 배급 넥스트 엔터테인먼트 월드, 출처 위키백과.

6. 〈컨테이젼〉

김기홍 「바이러스 영화와 공공성」『월간 공공정책』 172, 2020.
김언상, 원도연 「〈컨테이젼〉과 코로나19의 위험사회론 연구」『영상문화콘텐츠연구』 21, 2020.
채민석 「어쩌면 바이러스보다 더 무서운 것 - 영화 〈컨테이젼〉으로 읽는 메르스」『의료와 사회』 1, 2015.
최란 『판데믹 영화에 나타난 질병분장 분석 및 작품제작 연구』 서경대학교 석사논문, 2015.
영화 포스터, 〈컨테이젼〉 제작, 워너브러더스 코리아(주), 출처 네이버 영화.

7. 『무소의 뿔처럼 혼자서 가라』

공지영 『무소의 뿔처럼 혼자서 가라』 해냄, 2016.
김완이 「이수(亦舒)와 공지영의 여성주의 소설 비교 - 『나의 전반생(我的前半生)』와 『무소의 뿔처럼 혼자서 가라』에 나타난 지식층 여성상을 중심으로」 성균관대학교 석사논문, 2016.
김혜은 「『무소의 뿔처럼 혼자서 가라』에 나타난 여성성 연구」 순천대학교 석사논문, 2012.

나은정 「무소의 뿔처럼 혼자서 가라」『길을 찾는 사람들』 93(3), 1993.

동환숙, 홍달아기 「소설속에 나타난 부부관계 연구 - 『무소의 뿔처럼 혼자서 가라』를 중심으로」『한국가족복지학』 2(2), 1997.

민정연 「『무소의 뿔처럼 혼자서 가라』 - 21세기, 한국에서, 여성으로 산다는 것은?」『월간 한국노총』 507, 2014.

백지연『한국에 페미니스트는 있는가』 삼인, 1998.

연용순 「〈무소의 뿔처럼 혼자서 가라〉에 나타난 지식인 여성의 의식 고찰」『順天鄕語文論集』 7, 2001.

이전영 「절망의 침묵에서 끄집어내진 여성의 '목소리' - 『무소의 뿔처럼 혼자서 가라』」『월간 사회평론 길』 95(11), 1995.

영화 포스터, 〈무소의 뿔처럼 혼자서 가라〉 제작, 오병철프로덕션, 출처 구글 이미지(씨네21).

8. 『82년생 김지영』

김현 「여성혐오 담론의 경합과 공존 - 〈82년생 김지영〉을 중심으로」 충남대학교 석사논문, 2019.

김민결 「현대소설의 젠더의식 연구 - 『82년생 김지영』을 중심으로」 부산대학교 석사논문, 2018.

조남주 『82년생 김지영』 민음사, 2016.

조형래 「데자뷔의 소설들」『문학동네』 24(3), 2017.

조흡 「〈82년생 김지영〉 - 서벌턴 여성과 듣기의 중요성」『대한토목학회지』 68(2), 2020.

허윤 「광장의 페미니즘과 한국문학의 정치성」『한국근대문학연구』 19(2), 2018.

영화 포스터, 〈82년생 김지영〉 제작, 롯데엔터테인먼트, 출처 위키백과.

9. 〈델마와 루이스〉

민대진 「〈델마와 루이스〉의 젠더 정체성의 횡단」『한국영상학회 논문집』 18(2), 2020.

성재민 「임금불평등에 대한 연구동향」『국제노동브리프』 4, 2015.

이형숙 「영화 〈델마와 루이스〉에서의 장르의 전복과 관객성의 문제」『영미문학페미니즘』 23(2), 2015.

영화 포스터, 〈델마와 루이스〉 제작, 유아이피-씨아이씨 영화 및 비디오 배급, 출처 위키백과.

10. 〈A.I.〉

양윤정 「『슈퍼토이』와 A.I.에서 데이빗의 여행」『미래영어영문학회 학술대회 자료집』 2017, p.78.

유비 『SF 영화 속 인공지능 로봇 캐릭터 및 서사 연구 - 〈바이센테니얼 맨〉과 〈A.I〉 중심으로』 중앙대학교 석사논문, 2020.

영화 포스터, 〈A.I.〉제작, 워너 브라더스, 드림웍스, 출처 위키백과.

11. 〈네버 렛미고〉(『나를 보내지 마』)

손영도 「가즈오 이시구로의 소설 『네버 렛 미 고』 연구 - 기억과 감정의 내러티브」『國際言語文學』 38, 2017.

조성란 「가즈오 이시구로의 『나를 보내지 마』에 나타나는 상실과 기억과 애도로서의 스토리텔링」『比較文化硏究』 58, 2020.

최영미, 조이운 「푸코로 읽는 영화 〈네버 렛 미 고〉의 휴머니즘」『한국콘텐츠학회논문지』 18(1), 2018.

영화 포스터,〈네버 렛 미 고〉 제작, 이십세기폭스코리아(주), 위키백과.

12. 〈바이센테니얼 맨〉

유비 『SF 영화 속 인공지능 로봇 캐릭터 및 서사 연구 - 〈바이센테니얼 맨〉과 〈A.I〉 중심으로』 중앙대학교 석사논문, 2020.

「로봇과 사는 삶을 고민하다 - 바이센테니얼 맨」http://dongascience.donga.com/news.php?idx=21090(검색일: 2020.12.10.)

「로봇과 인간의 사랑, 〈바이센테니얼 맨〉」http://www.cine21.com/news/view/?mag_id=32490 (검색일: 2020.11.23.)

영화 포스터,〈바이센테니얼 맨〉 제작, 월트 디즈니 스튜디오 모션 픽처스(월트 디즈니 컴퍼니 코리아), 출처 다음 영화.

13. 『우리들의 일그러진 영웅』

김중철 「小說과 映畵의 서사전달 방식 비교 - 〈우리들의 일그러진 英雄〉을 대상으로」『한국언어문화』 13, 1995.

김지현 「〈우리들의 일그러진 영웅〉의 考察 - 〈우리들의 일그러진 영웅〉의 고찰」『나랏말쌈』 10, 1995.

김태운「영화를 통해서 본 한국 정치문화의 이해 – 영화 〈우리들의 일그러진 영웅〉을 중심으로」『인문사회 21』 2(1), 2011.

김학돈「제3부 한국인의 가치관과 인성교육 - 현대의 한국사회에 필요한 리더십 – 이문열의「우리들의 일그러진 영웅」을 읽고」『韓國의
青少年文化』 25, 2015.

김해옥「문학 정전을 통한 한국 문화 및 한국학 교수 방안에 대한 연구 -『사랑손님과 어머니』와『우리들의 일그러진 영웅』에 나타난 관점 문화를 중심으로-」『한국어 교육』 23, 2012.

민신기「영화 〈프리즌〉과 〈우리들의 일그러진 영웅〉 캐릭터 비교 연구」『조형미디어학』 20(2), 2017.

송영숙「이문열 소설의 군중과 권력 연구 - 「들소」,「칼레파 타 칼라」,「우리들의 일그러진 영웅」을 중심으로」 부경대학교 석사논문, 2009.

슈테판 마르크스 저, 신종훈 역『나치즘 열광과 도취의 심리학』 책세상, 2009.

이문열『우리들의 일그러진 영웅』 민음사, 2016.

이신형「소설과 영화, '우리들의 일그러진 영웅'에 대한 정치적 해석」『대중서사연구』 22(2), 2016.

이영호「문학을 활용한 논술 쓰기 사례 분석 – 이문열의 〈우리들의 일그러진 영웅〉을 대상으로」『國語教育學研究』 36, 2009.

이태숙「권력과 폭력의 알레고리로서의 학교 - 〈우리들의 일그러진 영웅〉과 〈아우를 위하여〉를 중심으로」『한중인문학연구』 43, 2014.

장윤의「학습자 활동 중심의 국어과 소설 지도 방안 연구: 10학년 국어교과서를 중심으로」 이화여자대학교 석사논문, 2004.

허경선「사회의 구조적 모순과 영웅의 모습 - 이문열「우리들의 일그러진 영웅」을 읽고」『心靈科學會誌』 12, 1988.

영화 포스터, 〈우리들의 일그러진 영웅〉 제작, 명필름 · 대동흥업, 출처 네이버 영화.

14. 〈기생충〉

김문주「영화「기생충」에 나타난 냄새의 타자성」『인문사회』 21, 11(2), 2020.

손성우「영화 〈기생충〉의 욕망의 자리와 환상의 윤리」『영화연구』 81, 2019.

육정학「영화 〈기생충〉을 통해 본 가족과 사회」『한국엔터테인먼트산업학회논문지』 14(5), 2020.

이다운「영화 〈기생충〉 연구 - 희비극으로 재현한 계급 공존의 불가능성」『어문연구』 101, 2019.

정현경 「평등의 몰락에 대한 영화적 대응과 의미 - 영화 〈설국열차〉와 〈기생충〉을 중심으로」『批評文學』 75, 2020.
조원희 「신자유주의의 비교학설사적 고찰-보편성 기준의 충족 여부를 중심으로」『국민경제연구』 26, 2004. 2.
조흡 「조흡의 영화 이야기 - 〈기생충〉과 국가적 알레고리」『대한토목학회지』 67(10), 2019.
한송희 「가난 재현의 정치학 - 영화 〈기생충〉을 중심으로」『언론과 사회』 28(1), 2020.
홍인옥 「지하 주거의 실태와 문제점」『도시연구』 8, 2002.
영화 포스터, 〈기생충〉 제작, CJ엔터테인먼트, 출처 위키백과.

15. 〈디 벨레〉

김명희 「영화 〈디 벨레 Die Welle〉에 나타난 전체주의와 개인」『독일언어문학』 58, 2012.
김명희 「독일 청소년문학과 영화를 활용한 수업모델 연구」『獨語教育』 62, 2015.
안진태 『독일 3제국의 비극』 까치, 2010.
지희경 「영화를 이용한 전체주의 바로 알기 - 영화 〈디 벨레〉, 〈더 리더 - 책 읽어주는 남자〉, 〈타인의 삶〉을 중심으로」 2011.
토드 스트라서 저, 김재희 역 『파도』 이프, 2006.
한규석 『사회심리학의 이해』 학지사, 2009.
영화 포스터, 〈디 벨레〉 제작, 콘스탄틴 필름, 출처 위키백과.

16. 인성교육 일반

구민정 「고전소설을 통한 인성교육 내용 연구」 부산대학교 석사논문, 2014.
김선심 「우화 소설 교수 · 학습 방안의 실제 - 인성교육을 중심으로」 한국교원대학교 석사논문, 2015.
김정선 「간호대학생을 위한 인성교육 프로그램 개발 및 효과」 한양대학교 박사논문, 2016.
김진이 「동화 읽기를 통한 다문화 시대 인성교육 방안연구」 한양대학교 석사논문, 2016.
남지연 「대학생 창의 · 인성교육으로서의 도슨트 프로그램의 교육적 의의 - ASYAAF SAM 도슨트 프로그램 사례를 중심으로」 국민대학교 석사논문, 2015.
박선병 「성장소설을 통한 인성교육 방안연구」 충남대학교 석사논문, 2010.
박종희 『영화와 문학으로 열어 가는 인성교육』 학지사, 2003.
송병욱, 박현숙 「대학생의 용서와 분노에 대한 고찰 - 대학생 인성교육을 위한 제언」『가톨릭사상』 29, 2003.

이미경 「대학생의 자아존중감에 영향을 미치는 요인에 관한 연구」 상지대학교 석사논문, 2009.

이정현 「고전소설을 통한 창의 · 인성교육 방안연구 - 〈홍부전〉을 중심으로」 전북대학교 석사논문, 2013.

이제영, 문철수 「미디어를 통한 청소년 인성교육의 효율성 인식 연구」『언론과학연구』 15(2), 2015.

장홍준 「인성에 대한 대학생의 인식연구」 금오공과대학교 석사논문, 2016.

전경희, 김은하 「창의융합인재 선발을 위한 인성교육 및 인성평가 요소 분석」『한국융합학회논문지』 8(2), 2017.

조명실 「현실치료를 적용한 대학생의 인성교육」『현실치료연구』 2(1), 2013.

지희진 「대학생의 인성교육 프로그램이 자아존중감 향상에 미치는 영향」『한국교양교육학회 학술대회자료집』 6, 2016.

진은희, 김훈희 「영상매체를 활용한 전문대학생들의 인성덕목 교육프로그램 효과」『한국콘텐츠학회논문지』 17(1), 2017.

최현주, 최연철, 딩슈잉 「창의성과 인성의 통합 관점에 따른 창의 · 인성 연구의 동향 분석」『幼兒 教育學論集』 20(4), 2016.

팽영일 「대학생을 위한 인성교육 프로그램 개발」『동서논문집』 7, 2001.

한송이 「대학생들의 자아존중감, 인성, 학교생활만족도 간의 구조적 관계 분석」『학습자중심교과교육연구』 17(2), 2017.

함정현, 민현정 「대학 교양교육에서 고전 활용에 대한 연구 - 한국 · 일본 · 미국 대학의 교양 고전교육 사례 비교」『東方學』 31, 2014.

홍성화 「창의 · 인성교육에 대한 대학생의 인식 및 개선방안 탐색 - J대학교 사례를 중심으로」『교육혁신연구』 25(3), 2015.